詮釋學

Hermeneutics

著 —— 帕瑪 R. E. Palmer

譯 —— 嚴平

校 —— 張文慧、林捷逸

序　言

　　本書可以被稱之為《什麼是詮釋學？》或《詮釋學的意義》，因為本書是除其他著作外，作者自己對理解術語的探求記錄。這一術語對於絕大多數受過教育的人並不熟悉，而同時，它對於許多關注於詮釋，尤其是文本詮釋的學科，又具有潛在的意義。

　　這項研究起因於一項更為特殊的設計，而此設計關係到文學理論中，有關聖經詮釋的布特曼理論（Bultmannian theory）的意義。研究期間，需要對變得日漸明晰的詮釋學本身的發展、意義和範圍，做某種基本的澄清。事實上，這種澄清成為原初設計的先決條件。當我在著手這項預備工作時，一般的、非神學的詮釋學（它實際上是布特曼的理論以及「新釋經學」理論的基礎）之饒富啟發的可能性，使我全然投注於詮釋學的前神學形式，正如同詮釋學涉及到文學詮釋的理論一樣。

　　由於這個相對鮮為人知的領域中的主要來源大部分出自德國，所以我不得不對這些來源做更多的解說。又因為詮釋學這一術語的定義已成為激烈爭論的主題，所以在討論四個主要的理論家之前，有必要相當仔細地深入到這個定義的問題之中。最後，對於適合文學詮釋的詮釋學涵義，我則已將其保留在日後的著作中（這亦即是首先著手這項設計的目的），雖然本書的第一章以及最後一章均將給對此有興趣的讀者提供一個相關的暗示。

　　也許還應附加一個技術性的註釋，以說明為了指出詮釋學的

領域，為何我選擇了「詮釋學」（hermeneutics）而非「釋經學」（hermeneutic）這一詞的原因❶。羅賓遜（James M. Robinson）在《新釋經學》（*The New Hermeneutic*）中表明，此詞末尾的這個"S"並沒有哲學上的證明；「算術」（arithmetic）和「修辭」（rhetoric）也都不需要加一個"S"，二者都指出一種一般的領域。進一步說，「詮釋學」（hermeneutics）一詞在其他語言中（德語是"Hermeneutik"；法語是"herméneutique"）是陰性單數，是來自拉丁語 "hermeneutica"。羅賓遜提出，漏掉一個"S"，或許還表明了詮釋學理論中的新轉機。這種轉機最終被稱之為「新釋經學」。

我並未就這個論證在哲學上的力量，向這位美國神學大家提出質疑；我將"S"保留在「詮釋學」一詞中，也不應當被視為是對新釋經學的詮釋學觀點的拒絕。相反的，海德格和高達美對詮釋學的貢獻正是新釋經學的基礎。我打算擺脫對詮釋學所做的狹隘的哲學探討，並且同時提出詮釋學問題更具有現象學觀點的豐碩性。然而，我決定讓陳述語言學原罪的「詮釋學」嚴格處於實踐範圍內：如果沒有這個附加的難題，「詮釋學」一詞就會是非常陌生的。

在本詞伸縮性的用法中，保留 "S" 還有一些好處。譬如，人們就能從種屬關係上談論詮釋學的領域，談論由布特曼提出的釋經學的特殊理論。此外還有這一因素：詮釋學的形容詞形式既可

---

❶ 在作者看來，"Hermeneutics" 和 "Hermeneutic" 是有區別的。前者是指一般意義上的詮釋學，後者則專指神學的解釋。但這種解釋已與過去的「聖經詮釋學」的涵義有很大的出入，為區別起見，我譯為「釋經學」。這種「釋經學」在德國的神學大家布特曼（Rudolf Bultmann）那裡，是以「消解神話」（Demythologizing）的形式出現的。以後作者又對其做了詳盡的論述。——譯註

以是 "hermeneutic"，也可以是 "hermeneutical"，如在釋經學的理論或釋經學的神學中一樣。既然 "hermeneutic" 聽起來就像一個形容詞（除非它伴有 "the" 或其他修飾詞），既然詞尾的這一 "S" 表示「規則」和「理論」，那我就沿用這一標準用法。

我想感謝美國知識團體協會給我提供的博士後研究助學金，這使我能在蘇黎士（Zurich）大學和海德堡（Heidelberg）大學的詮釋學研究所度過一九六四至一九六五這兩個學年。尤其要向研究所所長艾貝寧（Gerhard Ebeling）教授和他的執行助理亨特爾（Friedrich Hertel）致以謝忱，他們使我能在整個著書期間，在那裡研究、打印，而他們無盡的好意和幫助更不在話下。在海德堡，高達美友好地允許我參加他的黑格爾團體（Hegel-kreis），並提交一篇題為〈高達美《真理與方法》（*Wahrheit und Methode*）對文學詮釋的意義〉的研究論文；高達美教授那時所做的批判和個人反思對於我是十分有助益的。我也感謝他將我引荐給海德格教授；同時亦感謝海德格教授對這個觀點所做的普遍贊同的反應，此觀點即：將他的理解理論用作對文學詮釋之現象學進路的基礎。

還應感謝麥克墨瑞（MacMurray）大學的理事，他們為美國知識團體協會助學金提供了一筆補助經費，這使我能攜帶家眷去歐洲，也感謝他們近來在打印審定稿的經費上給我提供更多的幫助。下列同事很友好地閱讀了手稿的部分章節，並提出了批評意見：Lewis S. Ford（Raymond College），Severyn Bruyn（Boston College），William E. Umbach 和 William W. Main（University of Redlands），John F. Smolko（Catholic University of America），Gordon E. Michalson（School of Theology，Claremont），Karl Wright，J. Weldon Smith，Gisela Hess，Philip Decker，和 Ruth O. Rose（均在 MacMurray College）以及 James M. Edie（Northwestern Univers-

ity）。我要向在不同時期讀過全部手稿的同事尤其表達謝意。
他們是：Calvin Schrag（Purdue University），Theodore
Kisiel（Canisius College），Ruth Kovacs（MacMurray Col-
lege）。我特別要向 Roger Wells（已從 Bryn Mawr 名譽退
休，現在麥克墨瑞）致以謝忱，我很欣賞他在編輯方面的提議。
作者還感謝麥克墨瑞圖書館的 Victoria Hargrave 小姐和 Glen-
na Kerstein 女士不斷提供的幫助；此外，尚要感謝麥克墨瑞大
學的下列學生打印稿件和提出建議：Jackie Menefee，Ann Bax-
ter，Shamim Lalji，Sally Shaw，Peter Brown 和 Ron
Heiniger。

　　最後，值得一提的是，我的妻子和孩子們毫無怨言地放棄了
許多與我在一起的時間。我妻子為我校讀了全稿。西北大學出版
社的 Edward Surovell 也仔細閱讀了手稿，在此一並致謝。

帕瑪

麥克墨瑞大學，一九六八年一月

1968.01.
民57年1月.

縮寫書目

著　作

AAMG　Betti，*Allgemeine Auslegungslehre als Metho-dik der Geisteswissenschaften*
貝諦，《做為人文科學方法論的一般詮釋理論》

D　Bollnow，*Dilthey：Eine Einführung in seine Philosophie*
波爾勞，《狄爾泰：其哲學導言》

DI　Ricoeur，*De l'interprétation*
呂格爾，《論詮釋》

DT　Heidegger，*Discourse on Thinking*
海德格《談論思維》

EB　Heidegger，*Existence and Being*
海德格，《存在與存有》

EHD　Heidegger，*Erläuterungen zu Hölderlins Dich-tung*
海德格，《對賀德齡詩歌的解釋》

F H　Fuchs，*Hermeneutik*

福赫斯，《詮釋學》

G　　　Heidegger，*Gelassenheit*
　　　　海德格，《泰然處之》

G&V　　Bultmann，*Glauben und Verstehen*
　　　　布特曼，《信仰與理解》

GGHK　Ast，*Grundlinien der Grammatik，Hermeneu-*
　　　　tik und Kritik
　　　　阿斯特，《語法、詮釋學和批判的基本因素》

GS　　　Dilthey，*Gesammelte Schriften*
　　　　狄爾泰，《全集》

H　　　Schleiermacher，*Hermeneutik*，ed. Heinz Kim-
　　　　merle
　　　　施萊爾馬赫，《詮釋學》，海因茲・金姆勒編纂

H&K　　Schleiermacher，*Hermeneutik und Kritik*，ed.
　　　　Friedrich Lücke
　　　　施萊爾馬赫，《詮釋學與批判》，弗里德里希・律
　　　　克編纂

HAMG　Betti，*Die Hermeneutik als allgemeine Metho-*
　　　　dik der Geisteswissenschaften
　　　　貝諦，《詮釋學做為人文科學的一般方法論》

HE　　　Bultmann，*History and Eschatology*
　　　　布特曼，《歷史和來世學》

HH　　　*History and Hermeneutic*，ed. Robert W. Funk
　　　　and Gerhard Ebeling
　　　　《歷史與詮釋學》，羅伯特・馮克和吉哈特・艾貝
　　　　寧編纂。

Ho　　　Heidegger，*Holzwege*
　　　　海德格，《林中路》

HPT	Fuchs，*Zum hermeneutischen Problem in der Theologie*
	福赫斯，《神學中的詮釋學問題》
IINT	Ernesti，*Institutio Interpretis Novi Testamenti*
	恩內斯特，《對新約的組織結構的解釋》
IM	Heidegger，*An Introduction to Metaphysics*
	海德格，《形上學導論》
KPM	Heidegger，*Kant und das Problem der Metaphysik*
	海德格，《康德與形上學問題》
L	Bollnow，*Die Lebensphilosophie*
	波爾勞，《生命哲學》
NH	*The New Hermeneutic*，ed.James M.Robinson and John B. Cobb, Jr.
	《新釋經學》，詹姆士‧羅賓遜和小約翰‧科布編著。
PhWD	Hodges，*The Philosophy of Wilhelm Dilthey*
	荷吉斯，《威爾海姆‧狄爾泰的哲學》
PL—BH	Heidegger，*Platons Lehre von der Wahrheit*：*Miteinem Brief über den "Humanismus"*
	海德格，《柏拉圖的真理學說。附關於人道主義的信》
SZ	Heidegger，*Sein und Zeit*
	海德格，《存在與時間》
TGI	Betti，*Teoria generale della interpretazione*
	貝諦，《關於詮釋的一般理論》
TPhT	Richardson，*Heidegger : Through Phenomenology to Thought*

理查德遜，《海德格：經由現象學到思維》

UK　　Heidegger，*Der Ursprung des Kunstwerkes*，
　　　ed. H.－G. Gadamer
　　　海德格，《藝術作品的起源》，高達美編纂。

US　　Heidegger，*Unterwegs zur Sprache*
　　　海德格，《通達語言之途》

V　　　Wach，*Das Verstehen*
　　　瓦赫，《理解》

VA　　Heidegger，*Vorträge und Aufsätze*
　　　海德格，《演講與論文集》

VEA　Wolf，*Vorlesung über die Enzyklopädie der*
　　　Altertumswissenschaft
　　　沃爾夫，《關於古代知識百科全書的學術報告》

VII　　Hirsch，*Validity in Interpretation*
　　　赫許，《解釋的有效性》

WF　　Ebeling，*Word and Faith*
　　　艾貝寧，《語詞與信仰》

WM　　Gadamer，*Wahrheit und Methode*，1st ed.，
　　　高達美，《真理與方法》，第一版。

期刊、字典、年鑑

ERE　　*Encyclopedia of Religion and Ethics*
　　　《宗教與倫理學年鑑》

GEL　　*Greek－English Lexikon*，ed. Liddell and Scott
　　　《希臘文—英文百科辭典》，利德爾與史考特編纂

ISN　　*Illinois Speech News*
　　　《伊利諾斯演講新聞》

JAAR	*Journal of the American Academy of Religion* 《美國宗教學院雜誌》
M&W	*Man and World* 《人與世界》
MLR	*Modern Language Review* 《現代語言評論》
OED	*Oxford English Dictionary* 《牛津英語詞典》
OL	*Orbis Litterarum* 《知識文獻》
PhR	*Philosophische Rundschau* 《哲學的展望》
RGG	*Die Religion in Geschichte und Gegenwart*，3d ed. 《歷史的和現代的宗教》，第三版。
RM	*Review of Metaphysics* 《形上學評論》
RPTK	*Realenzyklopädie für protestantische Theologie und Kirche*，3d ed. 《真正適用於新教神學和教會的百科全書》第三版。
TDNT	*Theological Dictionary of the New Testament*，ed . G. Kittel 《新約神學詞典》，奇特爾編纂
YFS	*Yale French Studies* 《耶魯法國研究》
ZThK	*Zeitschrift für Theologie und Kirche* 《神學與教會雜誌》

目　　錄

第三部分　對美國文學詮釋的一個詮釋學宣言

第一部分
論詮釋學的定義、範圍和意蘊

第一章　導　論

詮釋學（Hermeneutics）一詞，在神學、哲學，甚至文學界中日漸為人所知。在歐洲基督教神學中，新釋經學（New Hermeneutic）已成為主流運動出現，主張詮釋學是今日神學爭論的「焦點」❶。在德魯（Drew）大學，已經舉辦了三次國際性的「詮釋學的會議」❷。英國近年來出版的論詮釋學的著作，都可運用於神學論著的文脈之中❸。馬丁‧海德格（Martin Heidegger）近年發表了一系列評論，均是討論他從早期到晚期思想中一貫的詮釋學特性❹。海德格主張，哲學本身就是（或應當是）「詮釋學的」。一九六七年，赫許（E. D. Hirsch）的

---

❶ 見吉哈特‧艾貝寧（Gerhard Ebeling）所說的詮釋學是今日神學問題的焦點（Brennpunkt）這一陳述。載〈新教中教會和神學的批判的──歷史的方法的意義〉，WF，第 27 頁；這篇文章原初是做為 ZThK（1950 年，第 157 期，第 1～46 頁）中的系列論文發表的。

❷ 會議分別在 1962，1964 和 1966 年舉行。1962 年的會議論文發表在 NH 上，1966 年的會議論文由斯坦尼‧哈佩爾（Stanley R. Hopper）和大衛‧米勒（David L. Miller）編輯，題為《詮釋：意義的詩歌》（*Interpretation: The Poetry of Meaning*）。與此會議密切相關的《後期海德格和神學》（*The Later Heidegger and Theology*），由詹姆士‧羅賓遜（James M. Robinson）和小約翰‧科布（John B. Cobb）編輯。

《詮釋中的有效性》（ *Validity in Interpretation* ）一書打破了美
國文學批評與詮釋學之間長久的隔離。赫許的論文向普遍文學批
評所秉持的觀念提出了重要的挑戰。照赫許看來，詮釋學能夠並
且應當做為對於所有文學詮釋的一門基礎及預備學科。

　　隨著對三門人文科學——神學、哲學和文學詮釋——中詮釋
學的核心重要性提出了這些當代要求，那麼愈益明顯的是，此領
域將會在美國人思維的未知範圍中居於重要的地位。然而，這一
語詞無論在哲學或文學批評中，還未成為一個常用語；即使在神
學中，它的用法也時常以一種限定的涵義出現，此涵義與當代神
學中「新釋經學」的廣義用法恰相對立。由此人們常提這樣一個
問題：什麼是詮釋學？《韋伯新國際詞典第三版》是這樣定義的：
「詮釋學乃是對詮釋和解釋的方法論原則的研究；尤其指對《聖
經》詮釋的普遍方法之研究。」這個定義，對於那些只想對這個
語詞本身做一般理解的人來說，也許是綽綽有餘了，而那些希望
從詮釋學領域獲得一種觀念的人，卻會有不僅於此的要求。不幸
的是，雖然對於神學背景中的「解釋學」（不帶"S"的）倒有一
些很好的介紹。但是，即使是就這些資料來源，也沒有要求為理
解做為一門普遍的、非神學學科的詮釋學之特點和意義，配備一
個適合的基礎。

---

❸此外，還有 NH，以及最近羅伯特・馮克（Robert W. Funk）著的《語
　言、詮釋學和上帝的語詞》（ *Language, Hermeneutic, and Word of*
　God ），見《神學雜誌》（ *The Journal of Theology* ），以及馮克和艾貝
　寧合編的一系列宗教著作，尤其見《聖經解釋的布特曼學派：新的方向》
　（ *The Bultmann School of Biblical Interpretation: New Directions?* ）
　和《歷史與詮釋學》（ *History and Hermeneutic* ）。

❹見〈從對一次語言的談論而來〉（ Aus einem Gespräch von der Spra-
　che），載 US，尤見第 95～99 頁，120～132 頁，136 頁，150～155 頁。

　　因此，在非神學的背景中，迫切需要對詮釋學做一介紹性的
處理，此處理意在澄清這個術語的意義和範圍。它將給讀者提供
詮釋學的某些流動性觀念，並提供有關定義它的複雜問題。它還
將討論有關這一主題的四個最重要思想家的基本問題。我還附上
可供參考的基本書目提要，以備進一步考察之用。

　　然而，於作者來說，此書還處於另一種設計──即對文學詮
釋做一個更為充分的考察──的背景之中。在德國，詮釋學理論
根本上可以用來為更廣泛的文學詮釋中的理解問題奠定哲學基
礎。這樣，就使得本書考察詮釋學的目的與另一目的不謀而合
了。這另一目的是：對探究的模型做出描繪，在此模型內，美國
文學理論家能夠有意義地向哲學標準上的詮釋問題重新開放。這
種哲學標準先於所有文學分析技術中對運用的探討。為了便於有
計劃地做出安排，本書的目的，即是要求美國文學詮釋在現象學
的背景中重新考察這一問題："什麼是詮釋？此項研究最終表明了
對這一問題──即現象學探究──的特殊取向。它在與其他形式
的詮釋學相對峙的現象學詮釋學中，察見到探究這一問題最為充
分的語境。

　　依照這個有關文學詮釋的、研究的綱領性目的，以下兩個部
分將對美國的文學批評狀況，以及美國文學思想中重新評價哲學
的需要，做某些序言性的評論。

美國文學批評中常識客觀性的某些結果

　　在英國和美國，文學詮釋從哲學上看，大部分是在現實主義
的框架內發揮作用的❺。譬如，它傾向於預設，文學作品純粹是

---

❺ 見尼爾・奧申漢德勒（ Neal Oxenhandler ）的〈美國和法國的文學批評〉
　（ Ontological Criticism in America and France ），載 MLR，第 55 期
　（ 1960，第 17～18 頁。）

在世界中的「此地之外」。它本質上是獨立於其觀察者的。一個人對作品的感知被視為與作品本身相分離的，文學作品的任務就是談論「作品本身」。作家的意圖也被嚴格地看做與作品相分離的東西；作品是一種自為的「存在」，它具有自己的力量和動力。具有代表性的現代詮釋者，一般都為文學作品的「存在的自律」（autonomy of being）辯護，並認為他的任務就是通過對本文的分析，滲透到這種存在的自律中。"在實在論中已成公理的主—客體的預先分離，成了文學詮釋的哲學基礎和框架"。

　　這種框架所帶來的巨大成就，將其自身展示在近年來高度發展的本文分析技術中。這種技術在其技巧能力和敏銳性上，是西方文學詮釋史中的任何技術都不可能相比的。然而，現在到了該向依靠這種技術的預設基礎提出詰難的時候了。最好的辦法不是藉用實在論自身的觀點，而是在它之外對其做出檢視。歐洲思想中，有一個對感知和詮釋的實在論觀念做激進批判的運動。這就是現象學。通過重新評價預設——英美的文學詮釋都建立在這種預設上——來提供解答，現象學就能為美國的詮釋理論和實踐的下一步決定性發展提供原動力。

　　現象學的研究使得實在論與「科學的」觀察之間，本質上的親緣關係尤為明顯。文學詮釋已達到變為科學家思維方式的程度：即他滑入客觀性，將靜態事物概念化，缺乏歷史意識，偏愛分析。因為在這樣一個技術時代裡，現代文學批評自身與其他所有的人文主義要求，和為詩歌堂而皇之的辯護一道，日益變成技術性的了。它越來越仿效科學家的方法。文學作品的本文（儘管它是自律的「存在」）易被看做一個客體，看做一個「美學的客體」。人們是在與任何知覺客體的嚴格分離中來分析本文的，而分析實際上又被認做是與「詮釋」同義。

　　甚至近來與某種開明的形式主義中的社會批評之和解，也僅

僅是使客體的定義擴大到包容其分析中的社會語境。❻文學解釋
總體上仍被普遍看做是對文學客體（或「存在」）實行「解剖」
（一個生物學上的比喻！）。當然，既然這種存在或客體是一個
「美學」客體，人們就設法認為解剖它比在試驗室裡解剖一隻青
蛙更富於「人味」；然而，科學家將客體分離開，以便看它是如
何構成的這一比喻（即解剖），已成為詮釋這門藝術的流行模
式。上文學課時，老師有時告訴學生，他們對一部作品的個人體
驗，是某種與對作品的分析無關的謬誤❼。聚集在重大集會上的
教授們彬彬有禮地悲嘆他們的學生發現了文學的「不相關性」；
但是他們詮釋的技術性概念，與其鞏固的實在論形上學一道，實
際上促進了他們徒勞地悲嘆這種不相關性。

無關≠不相關 性"

　　法國後期現象學家梅洛龐蒂（Maurice Merleau-Ponty）告
訴我們，「科學操縱著事物，並拒絕處於事物之中」❽。此句話
所反映的情況也出現在美國文學詮釋中。我們忘了文學作品並不
是一件完全聽任我們操縱的客體，它是來自於過去的人類之音，
來自於一種人們必須設法使其復生的聲音。揭示文學作品的世界
的是對話而非解剖。乏味的客觀性並不適合於理解文字作品。當

---

❻見瓦爾特・蘇頓（Walter Sutton）的《現代美國批評》（*Modern Ameri-*
can Criticism）中有價值的最後一章〈批評作為一種社會行為〉（Criti-
cism as a Social Act），第269～290頁。

❼如在威廉・威姆沙特（William K. Wimsatt）的《語詞的偶像》（*The*
Verbal Icon.）中所展示的那樣，我正在思考著名的「偏執的謬誤」
（affective fallacy）。

❽〈眼睛與心靈〉（Eye and Mind），由卡爾頓・達勒利（Carleton Dal-
lery）翻譯，載梅洛龐蒂（Merleau-Ponty）的著作《知覺的原始性及其
他論文》（*The Primacy of Perception and Other Essays*），由詹姆士・
艾迪（James M. Edie）編輯，第159頁。

然，現代批評家是在為激情辯護，甚至還在向作品的「自律的存在」做出讓步，然而，他卻一直在將作品當做一件分析的客體。但是，人們最好是將文學作品看做人為創造的說話本文，而非根本上是一件分析的客體。如果一個人想進入偉大的抒情詩歌、小說或戲劇的生活世界中，他就必須以他的個人「世界做代價。為此，所需要的就不是一種虛假的科學方法，或者以一種最為顯著、敏銳的分類著稱的批判的解剖學」❾，而是需要根據人文主義觀點理解詮釋一部作品所涉及到的東西。

文學詮釋、詮釋學與對作品的詮釋

　　詮釋的任務與理解的意義截然有別，後者更加捉摸不定，更富於歷史性。它與一部作品而非與一件「客體」有關。「作品」總是標有人類的印跡；語詞自身就表明了這一點，因為作品總是人的（或上帝的）作品。另一方面，一件「客體」既可能是一部作品，也可能是一件自然物體。用「客體」一詞來指代作品就混淆了一個重要的區別，因為一個人需要的是把作品看做作品而非客體。文學批評需要尋求一種尤為適合辨讀作品中，人類印跡及其意義的「方法」或「理論」。這種「辨讀」過程，這種對作品意義的理解，即是詮釋學的關注焦點。詮釋學是對理解，尤其是對理解文本這一任務的研究。自然科學有理解自然客體的方法；「作品」則需要一種詮釋學，需要一門適合理解作品之為作品的「科學」。當然，一個人能夠、也應當將「科學的分析」方法運用於作品中，但這樣做時，他就將作品當做了一個沉默的、自然

---

❾見諾斯諾浦・費利耶（Northrop Frye）的著名著作《對批評的解剖》（ *Anatomy of Criticism* ）。

的客體。就作品都是客體而論，它們都應服從科學的詮釋方法；
但是做為作品，它們則要求有更為敏銳、更為廣泛的理解模式。
詮釋學領域逐漸演變為描述後者，尤其是描述「歷史的」和「人
文的」理解模式的努力。

　　我們在以下各章中將會看到，詮釋學當不再是一種適用於本
文說明的技術和手段的堆積，並試圖在對詮釋本身做一般說明的
視域內觀察理解問題時，就展示了它的真諦。這樣，詮釋學就演
變為兩個各不相同又相互作用的關注中心：(1)理解一篇本文的事
件，以及(2)什麼是理解和詮釋本身這個更具有涵蓋性的問題。

　　健全的詮釋理論，以及由此展開健全的文學詮釋理論──的
一個本質因素，足以成為詮釋本身的廣義定義⓫。讓我們考慮一
下詮釋的無處不在性，和這一詞用法的普遍性：科學家把他對數
據的分析稱做「詮釋」，文學批評家把他對一部作品的考察稱做
「詮釋」；人們把語言的翻譯者稱為「詮釋者」；新聞評論員在
「詮釋」新聞。你解釋或誤解一位朋友的評論，一封家書，或一
個大街上的標誌。事實上，從你早晨醒來到你晚上沉入夢鄉，你
都在「詮釋」。醒來時，你看一眼床邊的鬧鐘，並詮釋其意義：
你回想今天是什麼日子，在對這天意義的把握中，你基本上已經
回憶起你自己被置放於這個世界的方式，以及你對未來的籌劃；
你從床上起來，必須去解釋日常事務中與你打交道的那些人的語
詞和姿勢。如此觀之，詮釋也許就是人類思維的最基本行為；生
存本身確實可以說是一種從不間斷的解釋過程。

　　詮釋比人類賴以生存的語言學世界更具有包容性。因為即使
是動物，都得依靠詮釋而存在。它們感覺到它們身處於世界中的

⓫ 見我的文章〈朝向更廣的解釋觀〉（Toward a Broader Concept of Inter-
　pretation），載 ISN（1967 年 1 月），第 3～14 頁，以及我在 JAAR
　第 1116 期（1968 年 12 月）上發表的評論，第 243～246 頁。

方式。黑猩猩、狗或貓面前的一塊食物,都將依照它們自己的需要和經驗得到詮釋。候鳥認識指示牠們南遷的標記。

　　當然,在許多非語言學標準上的詮釋,都不斷被編織到所有人類在一起共同生活的網絡之中。姚金姆‧瓦赫(Joachim Wach)觀察到,沒有語言,人類存在也可以想像,但卻不能沒有人與人之間的相互理解,即不能沒有詮釋⓫。然而,我們知道,人類存在事實上總是涉及到語言,因此,人類的任何詮釋理論都必須處理語言現象。人類使用各種不同的符號表達媒介,沒有哪一種在交際的伸縮性、交際能力,或一般重要性中超過語言的⓬。語言形成了人的觀察和思維──既思維他自身的觀念,也思維他的世界(二者似可分卻又不可分)。語言也形成了他對實在的看法⓭。人類更沒有體會到,他通過語言開闢了他的生活──他的敬畏、喜愛、社會行為、抽象思維──等各方面的途徑;即使他情感的形成,也是遵從語言的。倘若我們更深刻地探究這一問題,那麼很明顯,語言是我們生活、運動,並擁有我們存在的「媒介」⓮。

　　如此觀之,詮釋就是一種複雜的、滲透性的現象。然而,文學批評家在其理解中,到底把它想像得如何複雜、如何深奧呢?我們需要詢問,批評家是否不希望將分析與解釋等同起來?我們還需要問道,是否基於現代批評的實在論形上學,及其假設並

⓫見 V,第一部分,第 1 頁。

⓬見恩斯特‧卡西勒(Ernst Cassirer)的《符號形式的哲學》(*Philosophy of Symbolic Forms*),以及他在《人論》(*An Essay on Man*)一書中論語言的章節。

⓭見班傑明‧沃爾夫(Benjamin Whorf)的著作《語言、思想和實在》(*Language, Thought, and Reality*)。

⓮見以下論海德格和高達美的章節。

未在其主要形式中，表現一種過於簡單，甚至是歪曲了的詮釋觀？文學作品並不是我們將其概念化、分析化就可以理解的一個客體；它是我們必須聆聽的聲音，它須通過聆聽（而非視看）來理解。下一章將表明，理解既是認識現象，又是本體論現象。文學理解必須根植於更為原初、更具有包覆性的理解模式，此模式與我們的在─於─此─世（being-in-the-world）有關。因此，理解文學作品不是一種逃避生存，而進入概念世界的科學認識；它是一種歷史的遭遇，此遭遇喚起這一世界中在此存在的個人經驗。

詮釋學是對這後一種理解的研究。它試圖把理解理論的兩個領域──理解本文的事件中所涉及到的問題，和理解自身在其最基本的及「存在的」意義上是什麼的問題──結合在一起。詮釋學做為德國的思想傾向，深受德國現象學和存在主義哲學的影響。當然，由於它把這一思想運用於本文解釋的癥結上，所以它對美國文學詮釋的意義就有所增加

不斷地處理理解現象的努力，當其超越了純粹的本文解釋時，就給詮釋學潛在地賦予了一種廣泛的，適合於那些習慣上被稱做人文學的學科的意蘊。當詮釋學被定義為對人類作品的理解研究時，它就超越了詮釋的語言學形式。詮釋學規則不僅適用於書面形式的作品，而且也適用於任何藝術作品。既然如此，詮釋學就是所有的人文學──即所有那些專事於解釋人類作品的學科──的基礎。它不僅僅是交叉學科，因為它的規則構成了人文學的理論基礎❶；這些規則應當成為研究所有人文學科的一種必要的基礎。

上述的在科學理解與我們稱之為的歷史理解，或詮釋學理解之間所造成的對立，使人文學中詮釋任務的顯著特徵得到更進一

---

❶ 見 HAMG 和 AAMG。

步的澄清。相對的，它也澄清了科學中的詮釋特性。通過對詮釋理論的研究，人文學就能獲得更為完滿的自我認識之尺度，獲得對其任務的性質一種更好的理解。

　　然而，目前這項研究試圖為探究文學詮釋的詮釋學意蘊奠定哲學基礎。此基礎必須是一種對詮釋學本身的充分理解。在對理解的探究中，本書從「詮釋學」這一現代詞語的詞源談起，然後追溯詮釋學理論（就它稱自身為詮釋學來說）在現代的某些概念發展，最後詳細考察有關這一主題的四個主要思想家的問題。這種探究絕非是要窮盡一切，而是做一些預備的工作；它並未分析詮釋學在現代神學中的運用⓰，也不試圖討論它在法國的發展⓱。結尾章節將給文學詮釋的現象學之詮釋學予某些指示。但是目前研究的主要意圖是做為詮釋學的哲學導論，此導論又能同時做為第二卷討論有關文學詮釋的詮釋學基礎。

⓰ 本領域中的著作目錄參考參見前面註釋❸。

⓱ 見呂格爾的 DI 第 5 章，也見他的〈存在與詮釋學〉（ Existence et her-méneutique ），載《對話》（ Dialogue ）第 4 期（ 1965～1966 ），第 1～25 頁，以及他的〈結構及其語詞事件〉（ La Structure, le mot, lévéne-ment ）一文，載 M&W，第 1 期（ 1968 年 ），第 10～30 頁。

第二章
Hermēneuein 和 Hermēneia：
它們古代用法的現代意蘊

　　詮釋學（Hermeneutics）一詞源於希臘動詞 "hermēne-uein"，名詞 "hermēneia"。它們一般都被譯做「詮釋」。對這兩個詞的起源，以及它們在古代用法中具有的三個基本意義指向的考察，會令人驚異地揭示神學和文學中的詮釋特性。在現在的上下文中也將用作理解現代詮釋學有價值的序言。

　　"hermēneuein" 和 "hermēneia" 以其不同形式出現在許多古代保存下來的原典中。亞里斯多德在《工具論》（*Organon*）這部重要論文集中找到一個有價值的主題，那著名的〈論詮釋〉（Peri hermēneias）❶。這一詞以各種形式出現在《卡羅魯斯的俄狄浦斯》（*Oedipus at Colonus*）中，並幾次出現在柏拉圖的著作中。這些不同形式確實可以在古代最為人熟知的作家——諸如賽諾風（Xenophon），普魯塔克（Plutarch），尤里披蒂（Euripides），伊比鳩魯（Epicurus），盧克萊修（Lucretius）和朗

---

❶ 見亞里斯多德的《基本著作》（*The Basic Works*），第 40～61 頁。有趣的是近來的一些翻譯文章：亞里斯多德的〈論詮釋〉（On Interpretation），由聖·湯瑪斯·阿奎那（St. Thomas Aquinas）和卡杰塔（Cajetan）評註，讓·奧斯特勒（Jean T. Oesterle）翻譯並介紹。

吉奴斯（Longinus）那裡找到❷。此項研究可以富有成果地運用
於每一出現的原典，以確定在不同情形中意義的細微差別；然
而，本章現在單單只注意這個詞與赫密斯（Hermes）的結合，
指出它們三個基本意義的指向，並展示它們的現代意蘊，尤其是
展示它們對文學和聖經解釋的現代涵義。

Hermēneuein-Hermēneia 的來源 及其意義的三種指向

希臘詞"hermeios"指在德爾菲神廟發布神諭的僧侶。這一詞
以及更為常見的動詞"hermēneuein"和名詞"hermēneia"都指腳上
生翼的眾神使者赫密斯。從名字上看，這詞顯然是派生的（或正
好相反？）。重要的是赫密斯是與這一功能——將人類理解的東
西變成能夠把握的人類知識——結合在一起的。這個詞的各種形
式都表明將事物或境況從未知帶入理解的過程。希臘人認為是赫
密斯發現了語言和書寫——這些用於把握意義，並把意義傳達給
其他人的人類理解的工具。

把哲學自身看做「詮釋」的馬丁·海德格（Martin Heideg-
ger），明確地將做為詮釋學的哲學（philosophy-as-hermeneu-
tics）與赫密斯聯繫起來。赫密斯「帶來命運的訊息；就被暴露
的東西能夠變成訊息而言，hermēneuein 就是對帶來訊息的某物
之揭示。這種揭示，成為對詩人已經說出的東西『展開』說明。而
詩人自己，按照蘇格拉底在柏拉圖對話裡的《愛奧尼亞篇》（Ion
534e）的觀點，則是『眾神的信使』[Botschafter]（hermēnēs ei-

---

❷ Hermēneia 和 hermēneuein，見 GEL。又見約翰尼斯·貝姆（Johan-
nes Behm）撰寫的詞條〈Ermēneuo, ermēneia〉，載 TDNT，第 2 卷，
第 661～666 頁。

sin tōn theōn）。」❸這樣，「詮釋學」和「詮釋學的」這兩個詞的現代來源，當追溯到它們最早為人所知的希臘語詞根時，就表明了「帶入理解」（bringing to understand）的過程，尤其因為語言在這個過程中是同樣優越的媒介物，所以這過程就涉及到語言。

這種與赫密斯相關的「達成理解」的傳達和帶來訊息的過程，在"hermēneuein"和"hermeneia"（詮釋）的古代用法的三個基本意義指向中，是模糊不清的。這三個指向（以動詞形式"hermēneuein"為例），即是：(1)用語詞大聲表達，即「說話」；(2)說明，譬如說明一種境況；(3)翻譯，譬如翻譯外國語❹。這三種意義，都可用英語動詞「翻譯」（interpret）來表示，然而，每一種都構成了詮釋的一個獨立且又重要的意義。以此觀之，詮釋在希臘語和英語用法中，即可指示三種截然不同的東西：一是口頭陳述，一是合理的說明，還有就是根據另一種語言所做的翻譯（如希臘語和英語用法）。然而，人們也許還注意到這種基本的「赫密斯過程」（Hermes process）在起作用：在上述三種情況中，某種外來的、陌生的、在時空和經驗中分離的東西，成為熟悉的、現刻的、可理解的東西；某種需要陳述、說明或翻譯的東西就能被「得到理解」——即被「詮釋」。

人們可以注意到，文學詮釋從一開始就涉及前兩個過程，更多的是第三個。文學必須表現「最終被理解」的某物。本文的主題可以因為時間、空間、語言和其他理解障礙與我們分離開。這也適用於理解聖經本文。詮釋的任務必須是使某種在意義上陌生的、遙遠的、模糊的東西，成為某種真實的、接近的、可辨的東

---

❸ US，第 121～122 頁。

❹ 關於意義的這三個指向，見艾貝寧的有價值的文章〈釋經學〉，載 RGG 第 3 卷，第 242 頁。

西。這種詮釋過程的各個方面是富有活力，並與文學和神學結合在一起的。讓我們逐一考察它們對文學和神學詮釋的意義。（注意到很多文學批評家考察詮釋任務時多麼無知是很有趣的。他們那種考察，也可在當代基督教神學中找到。）

ch2-2

詮釋做為「說話」

具有"声响"的詮释方式

「詮釋」一詞意義的第一個基本指向，是「表達」（to express）、「斷言」（to assert）、或「說話」（to say）。這關係到赫密斯的「發布」（announcing）功能。

具有神學意蘊的詮釋學是一個有爭議的詞源，它表明最初的"herme"形式很接近拉丁詞"sermo"（即「說話」），也接近拉丁詞"verbum"（即「語詞」❺。）這提示，攜帶語詞的公使是在「發布」和「斷定」某物；他的作用不只是說明，而且還有宣告。這位公使像赫密斯和德爾菲神廟裡的僧侶一樣，從神那裡帶來幸運的消息。在他的「說話」或宣告中，他與赫密斯一樣，是神與人的「中間人」。甚至簡單的說話、斷言，或宣告都是詮釋的一個重要行為。

在此之內，短語「表達」提示第一個相同的意義指向是有細微差別的，它仍有「說話」的意義，但這種說話本身就是詮釋。為此，就把一個人導向一種表達事物的方式，即一種表演「風格」（style）。當我們談及一位藝術家對一首歌的詮釋，或一位指揮對一首交響曲的詮釋時，我們就使用了詮釋一詞的這種細

❺ 同上。羅賓遜在 NH 第 2～3 頁中評論道：詮釋（hermēneia）在古代也曾被使用過，以指示論述邏輯公式或藝術家雄辯術的著作，也即今日被稱之為的「口頭詮釋」。

微差別。在這種意義上，詮釋即是一種說話形式。同樣，口頭說話或唱歌也是一種詮釋。例如在古希臘，"hermēneia"（詮釋）可以指荷馬詩歌的一種口頭朗誦。在柏拉圖的《愛奧尼亞篇》中，年輕的詮釋者朗誦荷馬詩歌，並通過音調的不同來「詮釋」它、表述它，甚至敏銳地說明它，傳達比荷馬體會和理解到的更多東西。他因此就像赫密斯一樣，成為荷馬訊息的媒介。

當然，荷馬本人就是往來於神人之間的一個「中間人」，一個「詮釋者」，按彌爾頓的話說，他「辨明溝通神與人的途徑」。因此，在一種更為根本的意義上，荷馬就是一個詮釋者，在他之前還沒有人說過這些話。（傳說以前明顯存在；由此，一個人就可能說，他僅只在「詮釋」或「闡明」傳說。）據傳荷馬是為眾神所激，他在其「說話」中成為眾神的詮釋者。

說話和口頭朗誦做為詮釋，提醒文學界人士存在著一種他們許多人都易於忽視或甚至忘記的標準。然而文學的動力大多來自口頭語詞的力量。在遠古時代，人們就已把用語言表達的偉大作品來指大聲地被說出和聽到的東西。口頭語言的力量提醒我們存在著這樣一個重要現象：書面語言的軟弱。書面語言缺乏口頭語言的原始「表現性」。很明顯，書面語言固定，保存了口頭語言，給了其耐久性，並因此成為歷史（和文學）的基礎。但是，它同時也弱化了口頭語言。柏拉圖在他的《第七封書信》（*Seventh*）以及《菲多篇》（*Phaedrus*）中，強調了書面語言的弱點和無助性。所有書面語言都需要重新轉換成其口頭形式；它需要獲得它失去的力量。書面語言是一種「語言的異化」，是語言及其活生生的力量之異化——即一種語言的自我異化（Selbstentfremdung der Sprache）❻，一種與談話的自我疏遠。（語言，德語詞為"Sprache"。它本身就暗示語言是被口頭表達出來的原

---

❻ 見 WM，第 370～371 頁。

始形式）。

　　口頭語詞具有一種幾乎是魔幻般的力量，而它一旦變成可視形象，這種力量大多就失去了。文學運用語詞以增加其有效性，然而當聆聽變成閱讀的視覺過程，它們的力量就被大大削弱了。我們今天不能回復到文學的口頭傳達（書面傳達有許多益處），此乃自然之理。但我們也不應當忘記：語言在其原初形式中是被聆聽而非被視看的，並且我們有充分的理由認為口頭語言比書面語言更容易被人理解。

　　讓我不妨探討一下大聲閱讀的行為。口頭詮釋並非播放唱片的唱機，只是行文符號的一種消極反應。它也是一種創造，一段表演，如同鋼琴家詮釋一段音樂一樣。任何鋼琴家都可能告訴你音符本身只是一種外殼；要詮釋音樂，必須抓住樂句的「意義」。讀閱書面語言同樣。一個口頭詮釋者如果不把音高，強語勢，和姿態表現出來，他就只是表現了原作的外殼──那音響的「輪廓」。然而，他必須以活生生的音調來「複製」它們。而且，這位複製者即使為了表述一個句子，也必須把握語詞的意義。這種神秘的、對意義的把握是怎樣發生的？此過程是一令人困惑的悖論：為了閱讀，有必要事先理解所說的東西，然而這種理解又必須來自閱讀。當理解把握住了一個句子的意義時，在此開始出現的東西就成為了涉及到所有理解的複雜過程，並設法在一種相反方向上提供姿態和語調，唯有它們才可使書面語言具有意義。這樣，口頭解釋就具有兩個方面：為了表達某物而有必要去理解它，但理解本身卻來自一種釋讀（interpretive reading）──表達。

　　口頭詮釋自身做為一種詮釋現象，對那些專事「文學詮釋」的人，尤其是那些文學教師意味著什麼？它基本表明，需要在所有文學教學中重新考察口頭解釋的作用。閱讀文學作品（在學生看來）不是類似於詮釋樂曲的「表演」嗎？我們有必要追問，有

多少文學原本就是被書寫下來供人默讀的？很明顯，小說就是，某些近代詩歌，偶爾也不藉助於視覺效果；然而即便如此，當我們閱讀時，我們也不經常地（和正確地）想像我們閱讀的聲響嗎？

例如，閱讀杜思妥也夫斯基（Dostoevsky）的小說，難道不是用「內耳」聽見對話的嗎？意義難道因此可以與人們提供的聽覺中的語調相分離嗎？這種被提供的聽覺中的語調，與在閱讀作品的過程中建立起來的「語境的意義循環」是一致的。（正如我們將看見的，這實際上是「詮釋學的循環」。）意義難道由此可以與這些語調相分離嗎？這裡又是辦證法中的相反方向，讀者依照他對原典的「理解」提供「表達」。口頭詮釋的任務顯然不純是一門表達完全抄錄下來的意義技術；它是哲學的和分析的，它永不能與理解本身的問題相分離。更為特殊的「理解問題」，尤其是對語言的理解，是所有「文學詮釋」的本質。

讓我們將此當做原理來陳述：文學作品的每一種默讀都是口頭詮釋隱蔽形式。這條理解原則既在完美的口頭詮釋那裡有效，亦可運用到做為一個整體的文學詮釋中。一心想成為「權能附與條件」（enabling act）的文學批評部分，是一種補償書面語詞弱點和無助性的努力；它試圖將說話（speech）方面又放回到作品中。考慮一下這個問題：文學批評家面對一首口頭朗誦的十四行詩而非十四行詩的文字時，會產生一種不同的詮釋行為嗎？如果是口頭朗誦，他實際上不會提供一個對抗的詮釋，實際上不會與他自己所想像的表演相比較嗎？如果詩是書面文字，那他不會尋求其他文字（和因此同樣遭到削弱而只保留它們基本概念的、視覺的、非音響的內容），以便用語詞的聲音去替代失去的東西嗎？從某種意義上說，他不是在提供一個完美的口頭詮釋在純粹音響的媒介裡所提供的東西嗎？

尤其在新批評那裡，不藉助傳記的、歷史的，或心理的背景

數據說話，而想像原典通過自身說話，這已成為習慣之理。本文自身在語詞自身中，在語詞的排列中，在語詞的意圖中，以及在做為一種特殊存在的作品意圖中，具有它自己的「存在」。如果這樣，在觀念上並沒有控制作品的存在，而是向它讓步的批評家（這就像它應當如此那樣），不是有助於恢復書面語言中失去的模糊不明嗎？當批評家把外面的概念因素（他的工具）帶入探究（無論這些因素是否是形式的或質料的）中時，他不是建構了一種意義的語境（一種「詮釋學的循環」）嗎？那使在更為深刻詮釋的默讀外觀下，一種更為充分的口頭行為都將會從這語境中產生。此乃新批評家們仍想實現的意圖：從「釋意的異端」中保存作品自身存在的完整性，因為他正在力圖使本文自身說話。照此，新批評家無疑會贊成此點：真正「有效的」批評，旨在於使本文自身實現一種更為充分的口頭閱讀，以便本文能夠又做為時間中有意義的口頭事件，做為一種其真心的本性和完整性能向外顯示的存在而存在。

　　文學批評未將作品的「存在」定義（以更有意識的方式）當做靜態的、概念的東西，並未當做一種非時間「本質」（此本質已變成用語詞表達了概念之物），而是當做一種存在，此存在在將其存在的力量體現為發生在時間中的口頭事件。當這樣做時，文學批評藉助於口頭詮釋，就可喚起它自己的內在意圖。語詞必須停止成為語詞（即視覺的和概念的）並變成「事件」（event）；文學作品的存在乃是一個「語詞事件」，此事件做為口頭表演而發生❼。一種健全的文學批評應朝集中體現作品的口頭詮釋發展。與此相矛盾的文學作品的「存在的自律」並不存在；相反，存在

---

❼ 這裡，我有意使用神學中的「談話事件」（speech-event）這一熟悉詞彙；見 WF，第 295、313、318～319 頁，以及書中的其他諸頁。

的自律與它是和諧一致的❽。

　　口頭語詞的力量在以本文為中心的宗教、基督教中也是至關重要的。聖·保羅和路德二人的著名格言是：救贖來自耳（Salvation comes through the ears）。保羅書信寫出來是為了大聲地閱讀而非默誦的。我們有必要提醒自己，是印刷本的發明才導致了快速默讀這種現象。我們所處的速度決定一切的時代，甚至使「速讀」成為了一種優點；孩子們學習閱讀時，我們努力去根據語詞的半母音化，而這在早期還是相當正常的。聖·奧古斯丁說過這就是他的閱讀方式。基督教神學必須謹記，「文學的神學」並非一種書面文學的神學，而是口頭文學的神學，是在口頭語詞的「語言事件」中遭遇到的文字。聖經（尤其是布特曼神學中的《聖經》），是〈福音書宣言〉（Kerygma）❾，是一種被宣布的訊息。神學的任務當然在於說明每個時代的語言和語境中的文字，但它也必須表達和宣示那個時代語彙中的文字。倘若把《聖經》根本上看做一種契約，一個法律文獻，或看做一種對世界的概念說明，那麼使印刷《聖經》廣泛傳播的努力就將自我失效。聖經語言是在一種與一本建構某種東西，或提供一張訊息單的指南手冊完全不同的媒介中起作用的。「訊息」是個有意義的詞；它指一種語言的運用截然有別於在聖經中發現的東西。它訴諸於理性的能力而非完整的人格；為了理解訊息（包括不受默讀太大影響的訊息），我們不得不召集起我們的個人經驗，或以獻出我們自身為代價。然而《聖經》並不是訊息，它是一則消息，一個宣告，它意味著被大聲宣讀，意味著被人聆聽。它不是一套科學原

---

❽口頭詮釋的某些現代理論在集中於語詞事件的範圍內發展著；見唐·蓋格爾（Don Geiger）的《聲響、意義與文藝演出》（*The Sound, Sense, and Performance of Literature*）一書。

❾Kerygma，神學術語，係指福音書宣言，或布道、宣告之意。──譯註

理；它是一種與科學真理的實在截然有別的秩序之實在。它是一種被理解的歷史故事、一種被人聆聽過的事件之實在。原理是科學的，而事件卻是歷史。原理的合理性並非是事件的合理性。在「歷史的」這一詞的更深意義上，文學和神學都被嚴格地當做「歷史的」而非「科學的」學科。❿適合於科學的詮釋過程有別於適合於歷史事件，或試圖去理解神學或文學之事件——的詮釋過程。

目前，對"hermēneuein"（詮釋）在古代用法中的第一個意義指向——即詮釋做為「說話」和「表達」——的探討，使我們肯定了詮釋（即包括文學詮釋，又包括神學詮釋）的某些基本原則。它使我們回到語言做為活生生的音響之原始形式和功能。這種活生生的音響充滿著有意義的言辭力量。語言當其從虛無中出現時，就不是符號而是音響。當它被還原為視覺形象——即空間的沉默世界時，它就失去了其某種表現能力（由此也失去了其意義）。因此神學和文學詮釋必須重新將文字轉變成談話。使這種轉變得以進行的理解原則，正是現代詮釋學理論所倍加關注的。

詮釋做為「說明」

詮釋中意義的第二個指向是「說明」（to explain）。做為說明的詮釋強調理解的推論方面；它指示詮釋的說明，而非表達方面。語詞畢竟不只是某種說出的東西（雖然語詞也要表現某種東西，此乃詮釋的一種根本的運動）；它們說明某物，將其理性化，並加以澄清。一個人可以表現一種境況而不說明它；表現它

---

❿見卡爾・米恰爾遜（Carl Michalson）的《信仰的合理性》（*The Rationality of Faith*）。

是一種詮釋，但說明它也是一種「詮釋」形式。讓我們探究一下
這第二種意義的某些方面，探究一下詮釋更為明顯的形式，以及
它們的現代意義。

來自德爾菲神廟（Delphi）神論的那些神秘訊息並未解釋
一個預先存在的本文；它們是對境況的「詮釋」。（訊息本身就
需要詮釋）它們使某種東西表現出來（此即意義第一個和更原初
的指向），它們帶來的東西同時是對某物，即某種從前從未說明
過的東西的說明。它們將語詞的結構帶入一種境況的「意義」
中；它們說明它，有時又像將它們揭示出來一樣地在語詞中取消
它。它們用語詞談說某種有關情境和有關實在的東西。意義並非
隱匿在說話的語調和方式之中；這不是探討的中心。相反，就它
談論另一物的意義上，它正是一種說明。這樣，在某種意義上，
神論純粹只進行談說或闡釋，而做為說明的神論則移向詮釋的第
二個因素——對某事做出說明。

亞里斯多德在其〈論詮釋〉一文中，把詮釋定義為「闡釋」
（enunciation）。這個定義表明意義的第一個指向是「說話」
或「宣布」。然而，倘若現在更進一步地深入到本文，那麼說英
語的讀者也許會感謝聖·湯瑪斯（St. Thomas）做了廣泛註釋
的近代翻譯原典⓫，第二個指向也許也可以運用。

亞里斯多德將詮釋（hermēneia）定義為在進行陳述時心靈
的操作，此操作與事物的真假有關。在此意義上，「詮釋」就是
在闡述一件事物的真值判斷時智力的基本操作，一個祈禱，一個
命令，一個問題，或一個祈使句，這些照亞里斯多德看來都不是
陳述，而是來自於境況，是句子的一種附屬形式，此形式適用於
智力者以一種陳述的形式察見到的某種境況。（對亞里斯多德來
說，智力典型地將意義領悟為陳述。）原初的陳述或詮釋（如

⓫ 見以上註釋❶。

「這樹是棕色的」）先於表達一種希望或希望的用途的任何陳述。「詮釋」由此就不是指向一種適用的陳述（如一個祈禱或一個命令）。相反，詮釋是對或真或假的某物之陳述。亞里斯多德將這些陳述定義為「含有真假的談話」（17a2）。這種詮釋定義的後果之一即是：既然修辭學和詩學目的都在於接近聽者，那麼它們就在論詮釋這篇論文的範圍之外。

照亞里斯多德看來，闡釋（即詮釋）與邏輯並不相混，因為邏輯是從比較闡釋的陳述中產生的。闡釋是對陳述本身的系統說明，而非從已知到未知事物的推理過程。一般來說，亞里斯多德把智力的基本操作劃分成：(1)對簡單客體的理解，(2)構成和劃分的操作，(3)從已知到未知的推理操作。正如〈論詮釋〉中所討論的，闡釋只涉及第二種：做出或真或假的陳述構成，和劃分的操作。如此看來，闡釋既非邏輯，亦非修辭的或詩學的，它是更為基本的東西；它是對做為陳述的事物真（或假）的闡釋。

構成這一雖帶限制性，但卻富有成果的特殊詮釋定義是什麼？首先，至關重要的是，闡釋並非是「對簡單客體的理解」，而是處理涉及到建構一個真的陳述過程。它是在語言的標準上發揮作用的，但它還不邏輯；闡釋接近事物的真理，並將其具體表現為陳述。這一過程的目的（telos）並非是為了激發起情緒（詩學），或產生政治行為（修辭學），而是將理解帶入陳述。

闡釋在尋求表達做為命題陳述的事物真值時，屬於心靈的更高、更純粹的操作，屬於理論的而非是實踐的操作；它不關注實用而關注真假。這難道不是意義的第一個（而非第二個）指向嗎？也就是說，這難道不是表達或說話而非說明嗎？也許是這樣；但人們應當注意到表達與風格有關，而說話則幾乎是一種神性的操作：它不是向理性做出闡釋，而是向神宣告。照亞里斯多德看來，闡釋來自於一種理性的智力的操作，而非神的訊息。照此，它就令人覺察不到地轉變成為說明。人們已經在進行組成和

劃分以找到一種陳述的真值；正像說話已被認做陳述一樣，理性因素正在肯定自身，並使真理成為靜態的和提供訊息的東西；它是有關一件符合其本質事物的陳述。真理已經成為「符應」，說話已經成為「陳述」；「事件」的真理已經令人覺察不到地轉變成有關原理和陳述的靜態真理。

然而，亞里斯多德恰當地使詮釋的因素先於邏輯分析的過程。這促使我們注意到現代思想中的一個錯誤，這種錯誤也很容易迅速地把詮釋固定在邏輯分析的因素中。邏輯過程也是詮釋，但是人們必須謹記後者乃是先天的和更為基本的「詮釋」。譬如一位科學家把詮釋稱為對給定數據的分析，把他對數據的觀察稱為詮釋亦同樣正確。甚至在數據變成陳述那一刻起，詮釋已經發生了。同樣，文學批評家稱他對作品的分析為詮釋；把它觀察作品本身的方式稱為詮釋，這也同樣在理。

但是，做為詮釋基礎的「理解」本身就是已經形成著和調整著的詮釋──它是一種預先的詮釋，但由於它為前後相續的詮釋劃定了不同階段，所以它就能使詮釋顯出區別來，既使一個文學詮釋者轉向詩歌，並有效地說：「這是一首詩；我將如此這般地來理解它」──他這樣做時，就已經在詮釋他的任務，並由此形成了他對詩歌的視見⓬。他已經用其方法形成了客體的意義。方法與客體確實不可分離：方法限定了我們所見的東西。它告訴我們客體做為客體是什麼。為此，所有的方法都已經是詮釋；然而，它僅僅是一種詮釋；用不同方法觀察到的客體將是不同的客體。

──────────

⓬ 這是類型批評（genre criticism）的一個固有的弱點，例如它對悲劇的論述。參見基托（H. D. F. Kitto）對這種批評（它可運用於古希臘悲劇詩人阿斯基洛斯）所做的著名抨擊著作《戲劇中的形式和意義》（*Form and Meaning in Drama*），以及他的近作《論製作》（*Poiesis*）。

那麼，人就必須在一種更為基本的說明或詮釋語境之內來觀察說明，並將說明看做是基本的人轉向客體的方式，而發生的詮釋。說明當然依靠客觀分析的工具，但是選擇相關的工具就已經是一種對理解任務的詮釋。分析即是詮釋，需要分析的感情也是一種詮釋。這樣看來，分析就不是真正根本的詮釋，而是一種派生形式；在它處理數據之前，它預先用一種本質的和根本的詮釋來劃定階段。不幸的是，這是與詮釋日常事件的「新聞分析」（如試驗室的科學分析或教室裡的文學分析）一樣真實。當分析依賴命題時，這種邏輯的派生特性就清楚昭然；從特徵上看，說明或分析的派生特性雖不明顯但仍然真實。

詮釋（hermēneuein）一詞的一種有趣運用出現在《新約·路加福音》24：25～27 中。現在，復活的耶穌出現了：

> 他對他們說，「哦，愚蠢的人們，不要匆忙去相信先知所說的一切吧！基督難道沒有必要去忍受這些痛苦之事，並以此成為他的榮耀嗎？他以摩西和所有先知開始，向他們解釋（diermēneusen）了在全部聖經中有關他本人的事情。」

注意基督訴諸於了他們的理性能力：「難道沒有必要⋯⋯嗎？」這樣，由於他將他們置放於救贖受難的語詞中，並於將那種受難置放於《舊約全書》的先知們的語境中，他就揭示了本文的意義。雖然將《舊約》運用於《新約》本身就非常有趣，但還是讓我們把神學問題撇在一邊，詢問是什麼例子表明詮釋做為說明。引文顯然是說明的一個例子，因為耶穌所做的，不只是純粹重複和重新肯定較為古老的原典；他說明它們，並用它們來說明他自己。這裡，詮釋涉及到一個外在因素的帶來者基督，從強調古老本文的「意義」。另一方面，基督同樣注意表明，唯有依照本文，他的贖罪才與預言的救世主的歷史成就一樣成為有意義的。

從詮釋學上來看，這表明了什麼？它表現了意義是一個語境的問題；說明的過程為理解提供活動的場所。一個事件唯有在特殊的本文之內才是有意義的。進一步說，基督唯其死關係到救世主的希望時，使這種歷史事件與個人希望和聽眾的意圖有關。這樣，他的意義就變成一個個人的和歷史的贖罪者的意義。意義是一種與聽者自己的設計和意圖的關係；意義不是在歷史之外和與其聽者的關係之外為耶穌本人所擁有的事物。我們可以說，一件客體在與某人關係之外時是無意義的。關係決定意義。談說一個與知覺的主體相分離的客體，是由一種對知覺和世界所抱有的一種不健全的實在觀所引起的一個概念，但是，即使贊同這種實在觀，談說與知覺主體相分離的意義和意蘊就有意義嗎？神學家喜歡強調基督的"pronobis"（為我們）方面：但是，人們可以斷定，原則上所有的說明都是「為我們」，所有說明性的詮釋都假定了說明所指向的那些人的意圖。

說話的另一方式是陳述：說明性的詮釋使我們意識到說明是與上下文有關的，是「歷史的」。說明必須在一種已經得到贊同的意義和意圖的視界內被做出。在詮釋學中，這一假定理解的領域被稱做前理解（preunderstand）。為了理解給定的本文，一個人可以富有成果地詢問前理解必須的東西。耶穌就向他的聽眾提供了理解先知們所必要的因素；此乃必要說明之部分。即便如此，耶穌在向他的聽眾說明之前，還不得不假定一種關於什麼是預言，以及預言對他們意味著什麼的前理解。人們也許要問，偉大的文學本文是處於什麼詮釋的視域中，然後詢問一個個體的意圖，希望和前理解是如何與其聯繫起來的。這兩種視域的出現被須被認做是所有說明性詮釋中的基本因素。

正如已經表明的，把最完全可能的口頭詮釋當做其目標的那種文字詮釋形式，仍未忽視詮釋的說明方面。與之不同的理解框架（理解就出現在這一框架內），乃是一種真正交往的口頭詮釋

之基礎。（應當謹記：口頭詮釋就是我們在閱讀一篇原文、試圖補充其細微意義時所做的一切；它無須公開的、甚至大聲的讀出。）對於「表演」（performance）❸原文的詮釋者來說，他必須「理解」它：在他能夠進入本文意義的視界之前，他必須預先理解主題和境況。僅當詮釋者步入原文視界魔幻般的圈內，他才能理解原文的意義。此乃神秘的「詮釋學循環」（hermeneutical circle）。如果沒有這種循環，原文的意義就不能出現。然而，這裡存在著一個矛盾：當人們已經理解了什麼是原文理解的條件時，人怎樣去理解一篇原文？答案是：設法通過辨證的過程，將部分的理解運用於更進一步的理解，正像用一則謎語去推測省略的東西是什麼一樣。文學作品為它自己的理解配備了一個語境；詮釋學中的基本問題即是一個人的視界怎樣才能適應作品的視界。主體的某種前理解是必要的，否則就沒有交流發生。理解還必須依照理解的行為而變化。文學詮釋中之說明的詮釋功能在此語境中，可被看做是為理解本文奠定「前理解」的基礎的一種努力。

當我們探究詮釋的前兩個指向（說話和說明）時，建立在理解中的詮釋過程和解釋方式的複雜性就開始出現了。做為說話的詮釋令人聯想到閱讀的表演特性；然而，即使是閱讀一篇文學原文的表演，表演者也必須已經「理解」它。這就涉及到說明；而在此的說明仍是建立在前理解基礎上，因此為了先於任何意義的說明，他必須進入主體的視界和境況。他必須在自己的理解中去把握本文或為本文所把握。他在此遭遇中的姿態，他對他必須恢復的素材或境況的前理解，換言之，他的理解視界隨同本文中與

---

❸「表演」（performance）一詞作者常用，但意義已不局限於舞臺戲劇中的表演。在他看來，文學的每一詮釋行為，都具有表演的特性。——譯註

他相遇的理解視界一起出現的整個問題——這就是詮釋動力的複雜性，即「詮釋學的問題」。

對以上詮釋問題的因素探究，並不似某些人認為的那樣，會墜入「心理學主義」。因為，這種具有意義的「心理學主義」的職責和反心理學（負責預設的）態度的觀點，一開始就假定了客體的分離，然後如在「感情」不可捉摸的領域中一樣輕蔑地瞧著「主觀的」反應。然而，在此提出的討論並不論及感情，而只論及理解的結構和動力，論及意義能夠出現在讀者與本文的相互作用中的條件，也論及這種方式，在此方式中，所有的分析都預設了一個已經形成的對境況之定義。在這些探究的框架內，喬治‧古爾維奇（Georges Curvitch）所觀察到的真理——即客體和方法始終不能分離開來——才會被人領悟❶。這種真理自然是一種異於實在論觀察方式的真理。

ch2-4

詮釋做為「翻譯」

詮釋（hermēneuein）的第三個方面內容與前兩者一樣，對詮釋學以及文學詮釋理論幾乎是提示性的。在這方面，「詮釋」就意味著「翻譯」（to translate）。當原文是在讀者自己的語言中時，原文世界與本文讀者之間的世界間衝突也許不引人注目。然而，當原文是在一種外來語中時，觀點和視界中的矛盾就不可能再被人忽略。但是，一如我們所見的，語言詮釋者的問題從結構上看，與他自己語言中的文學批評工作之問題並無不同之處。不過，它們卻能使我們更為清晰地察見到出現在任何一種原文中

---

❶見喬治‧古爾維奇（Georges Gurvitch）的《辯證法與社會學》。（*Dialectique et sociologie*）。

的情況。

　　翻譯是「帶入理解」這種基本詮釋過程的一種特殊形式。在翻譯中，人們將不同的、陌生的或不可解讀的東西，帶入到他自己的語言媒介中。翻譯者像赫密斯神一樣，傳遞著這一世界和另一世界之間的訊息。翻譯行為並不純粹是一種尋找同義的機械之事，正像翻譯機器也使得其產品明顯變得荒謬可笑一樣。因為翻譯者是在傳達兩個不同世界的訊息。翻譯使我們意識到這一事實：語言自身包含著一種對世界的包覆性詮釋，翻譯者必須對此相當敏感，即使當他在翻譯個體的措詞時亦是如此。翻譯僅僅使我們更為完整地瞭解到，語詞實際上構成了我們的世界觀，甚至還構成了我們的知覺方式。語言顯然是文化經驗的儲存庫，我們就存在於語言這種媒介中，並且還要經由此種媒介；我們通過語言的眼睛來視見。

　　《聖經》翻譯一般可以用做翻譯問題的說明❺。《聖經》從一個在時間、空間和語言上相隔遙遠的世界，從一個我們必須提出質疑（並且它也向我們提出質疑）的陌生世界來到我們身旁。我們理解世界的視域必須設法與本文中理解的視域相遇、合併。由於傳達訊息不僅要通過語言，而且要通過歷史（即一條兩千年的時間鴻溝），所以《新約全書》就必須最終用我們世界的語詞、用我們察見什麼是（What is）的媒介來說話。我們應當怎樣理解根本上不同於現代世俗的城市、大眾交往、世界戰爭、毒氣、燃燒彈、原子彈和細菌戰的背景？難道我們還應試圖保存《新約全書》的文字作用（literal action），或表現它在現代的等同物嗎？譬

---

❺ 歐根尼‧寧達（Eugene A. Nida）的《走向翻譯的科學：尤其有關聖經翻譯中的原理和步驟》（*Toward a Science of Translating: With Special Reference to Principles and Procedures Involved in Bible Translating*）。

如歐根尼・寧達（Eugene Nida）就在其論翻譯科學的著作中，引證了保羅的一例熟悉短語：「用一個神聖的吻向另一個人致意」。接吻是新約時代而非今天的問候致意之習慣方式。難道二十世紀的翻譯者應當將此譯做「用誠摯的握手彼此互致問候嗎？」

　　然而，這個例子提出了一個小問題。人們可以將它與這一更深刻的問題——新約時代的整個世界觀與現代「科學的」，或後一神（post-deistic）的世界觀之間的衝突做一比較。而這正是德國神學家魯道夫・布特曼（Rudolf Bultmann）使之與他的意圖遭遇的問題。布特曼注意到，聖經訊息是被存放在天上、地上和地下——這三重宇宙的宇宙觀語境之中的。他對這種情況的反應是：斷定《新約》的訊息並不依賴於它的宇宙學（此宇宙學僅僅與個人服從和轉變成「新人」的訊息語境有關）。消解神話（demythologizing）即是將現代人不可能相信的、本質的訊息從宇宙的「神話」中分離出來的一種努力。

　　無論消解神話做為對這一詮釋的兩難推理的解答具有多少神學上的優點，這種設計本身還是指出了這一深刻的問題：我們如何去理解《新約》？我們試圖理解的是什麼？在詮釋《新約》之前，我們怎樣才能進入《新約》的思想，和經驗的歷史世界中？找到「理解」《新約》的對等物是完全可能的嗎？我們的世界能夠在一個世紀內起很大的變化，以至《新約》會變得不可解讀嗎？由於荷馬生活中的簡單成分——如船、馬、犁、茅、斧、皮酒囊——都只是在書籍或博物館中常見的條目，所以如今在城市環境中長大的年輕人更難以理解荷馬了。這不是表明荷馬不久就將過時，而是說，當我們把我們的生活方式機械化時，我們理解他就更為困難。

　　消解神話並不純是一個神學問題；它隨試圖理解古代任何偉大作品的次要、但仍具有意義的緊迫情形一起產生。今天，「上

帝死了」的神學實際上是消解神話的另一種形式，但它使得現代
理解古希臘戲劇的問題更為明顯。譬如，假使古老的形而上學的
上帝死了，與人類相互關係的、活生生的上帝還沒有降生，那我
們怎樣才能使自身感受到索福克勒斯戲劇中的意義？希臘戲劇是
一個死亡之神或眾多死亡之神的紀念碑嗎？也許，正像批評家拉
列（Sir Walter Raleigh）❶評論的《失樂園》（*Paradise Lost*）
一樣，它是一個「死亡觀念的紀念碑」嗎？一齣希臘戲劇應當被
怎樣轉譯成現代語言？或者應當怎樣理解古代術語？人們怎樣才
能使古代作品避免外表上看來是錯誤的喜劇？我認為，當許多教
古典著作的教授們在作品的永久性人類意義基礎上，為作品的相
關性辯護時，他們正在做的事情實際上就是消解神話。

　　即使如此，也必須有人將這種「人類意義」向現代人之耳做
出詮釋（詮釋的說明階段），在詮釋時，我們必定更加明白一件
事物怎樣才是有意義的。一種文學詮釋中的考察實際上已超越了
「意義」的爭論。此考察集中於說明一種或另一種比喻，或將重
點放在作品的形式，或在作品之內和作品之間做主題性的分析。
把作品視為與知覺主體相分離的客體，這種文學考察很容易，或
自動地對真正構成作品的人類意義問題視而不見、避而遠之。然
而，美國文學批評也許某天會醒來發現，既然它將自身與這個問
題——即一部偉大的文學作品怎樣才能通過詮釋，而構成人為地
相關東西——切斷開來，那麼對英語教師來說，它在幻想的、形
式的，或主題的分析中精心做成的練習，就成為無意義的過去時
了。假如像上帝死了一樣，「文學死亡了」（原因是文學詮釋者
對認識文學的結構和自律功能比使文學生機勃勃、富於人類意義
更感興趣），那麼他們的解剖便失去了意義。由於沒有感知到與

---

❶拉列（Raleigh, Sir Walter, 1552～1618），英國探險家、政治家、朝
　臣、歷史家及詩人。——譯註

讀者的關係，文學也可能飢渴而死。今日神學與文學詮釋既可以說於人類有意義，又可以說一文不值。

文學教師需要成為「翻譯」專家而非「分析」專家。他們的任務是將文學意義中陌生的、不熟悉的東西帶入「說我們的語言」之有意義的某物中。這並不意味著用二十世紀的英語來使經典著作變得「花里花俏」，或給喬叟（Chaucer）喬裝打扮一番；它意味著承認一種視界衝突的問題，並採取步驟去處理它，而不是把它撇在一旁不了了之，卻去專注於分析的遊戲。在一首詩中模糊不明的世界觀，或由詩歌預設的世界觀，以及由此而結合到詩歌理解中去的世界觀，都不應被當做某種陳腐過時的歷史批評之謬誤。

譬如理解《奧德賽》（*Odyssey*）的一個基本的必要條件，即是一開始就承認自然事物是活生生的、有意圖的，宇宙如人們所見那樣，是土和水的質料，每一自然過程都是超自然存在的意志之結果，眾神是超人的最高統治者，他們帶有人類的全部弱點，而這些弱點也在希臘英雄們視榮譽為核心準則的高尚心靈中產生了影響。唯有當我們進入這個對我們不再真實的世界，我們才會專注於那些有無盡謀略的人類，如毫無懼意地冒險進入死亡之門的英雄，很容易用講故事來欺騙他的女保護人雅典娜的紡紗者，不知饜足地尋求冒險知識的奧德賽。埃里希‧奧爾巴哈（Erich Auerbach）原文分析的天才之處（如處理奧德賽的「傷疤」），不僅在乎他忠於荷馬講述這個故事的方式和對此做出的反應，而且在於他感受到，對實在的基本感覺是理解的關鍵[17]。這樣，表現於作品中對實在的感覺，和在一於一此一世（being-in-the-world）的方式，就必須成為一種「有效的」文學詮釋

---

[17]〈奧德賽的傷疤〉（Odysseus' Scar），見《論摹仿》（*Mimesis*），第1～20頁。

之焦點，必須成為閱讀作品的基礎，此閱讀能夠把握閱讀行為的
人類意義，並為意義所把握。在作品中，形而上學（實在的定
義）和本體論（在─於─此─世的特性）是使得一種有意義的理
解成為可能的詮釋基礎。

　　這樣，翻譯就使我們意識到我們自己的理解世界，與作品起
作用的世界之間存在著的衝突。當語言障礙使得這兩個理解的世
界更為人關注時，翻譯就以我們自己的語言、以任何真正的「對
話」，尤其是以地理上不同的人們之間的對話，出現在任何書面
作品的詮釋中。在英國文學作品中，即使一百年的時間鴻溝使得
作品在語言上有某些改變，因此詮釋華滋華斯（Wordswor-
th）、坡（Pope）、彌爾頓（Milton）、莎士比亞（Shakes-
peare），或喬叟的問題時，要涉及兩種對立的歷史世界和語言
學世界的遭遇，並且對於從未去過英國的美國人來說，還有更深
的隔閡。

　　一種歷史的想像和「翻譯」的努力，需要直覺到華滋華斯的
英格蘭世界，此世界雖處於工業化的邊緣，但本質上仍是田園似
的。要觀察但丁的義大利，並在理解《神曲》（Divine Comedy）
中進入這個世界，就不僅僅是一個語言學的翻譯問題了（雖然語
言告訴了我們許多東西）；它是一個歷史的翻譯問題。即使用再
好不過的英語翻譯，捲入到理解人類存在的另一種不同視界遭遇
中的理解問題也仍然是現在的。消解神話是依照聖經詮釋對這一
問題的認識；但是，正如已經注意到的，消解神話原則上必須與
任何歷史文獻或文學本文的閱讀一起發生，即使消解神話並不試
圖剝奪戲劇直接性的原貌。簡言之，對在語言自身中和一部文學
作品的語言運用中，模糊不明的世界觀所做的說明，是向文學詮
釋的一個基本的挑戰。

　　現代詮釋學在翻譯和翻譯理論中，發現了一個探究「詮釋學
問題」的巨大儲存庫。的確，詮釋學在其早期的歷史階段中，始

終涉及到語言的翻譯，它既是做為語文學的詮釋學，又是做為《聖經》的詮釋學。翻譯現象乃是詮釋學的核心：在翻譯中，人遭遇到將片斷結合成本文意義的基本詮釋學境況，此境況與語法的、歷史的以及其他的工具一起發揮作用，以翻讀一篇古代的本文。然而正如我們談到過的，這些工具不過是各種因素──它們被捲入到任何與語言學的本文之遭遇中，甚至還被捲入到我們自己的語言中──的明顯形式化而已。始終存在著兩個世界，即本文的世界和讀者的世界，因此，也就需要赫密斯將這一世界「翻譯」成另一世界。

以上對詮釋（hermēneuein 和 hermeneia）的起源以及它們在古代用法中意義的三個指向的討論，一般是在詮釋學問題的語境中著手進行的。由此，這一討論就可用做下一章將要遇到的詮釋學某些基本問題和概念之導言。現在，詮釋學的當代定義，又將重點放在這一意義之豐富儲存庫中的另一個指向上。此指向棲居於「詮釋學」這一詞源的希臘詞根中。詮釋學的領域仍不時返回到詮釋做為說話、說明和翻譯的三個意義指向的意蘊之中。

第三章
詮釋學的六個現代定義

隨著詮釋學在現代的發展，它的領域至少以六種相當清晰的方式得到界定。詮釋學一詞自一開始就指詮釋的學科，尤其指適合於原文註釋的原則。但詮釋學的領域已被解釋為（粗略地按編年順序）：(1)聖經註釋的理論；(2)一般文獻學方法論；(3)一切語言理解的科學；(4)人文科學（Geisteswissenschaften）的方法論基礎；(5)存在和存在理解的現象學；以及(6)既是重新恢復、又是破壞偶像的詮釋系統，人們用此系統來把握神話和符號後面的意義。

這些定義中的每一個都不只是一個歷史階段；每個定義都暗示了一個重要「因素」或接近了詮釋的問題。可以說，它們都強調了聖經的、哲學的、人文科學的、存在的和文化的方面❶。每

---

❶ 所有這些帶有特徵的形容詞稍稍有些不足；我小心地、臨時性地運用它們，以便僅僅指示六種不同方法的區別。「聖經的」詮釋學許多不同的指向；在 18 世紀，它僅僅指語法的、歷史的、虔信派的及其他的學派，現在，它仍有多方面。「語文學的」詮釋學在 18 世紀也有過一些綜合的發展。「科學的」詮釋學在施萊爾馬赫那裡有點誤入歧途，它純粹意指他為詮釋學奠定一個一般系統的基礎努力。「人文科學的」詮釋學指狄爾泰的設計，但它還不足以表明狄爾泰對歷史性的強調。「存在的」詮釋學擴大到既指海德格、又指高達美的詮釋學觀。最後，「文化的」詮釋學幾乎不可能表明呂格爾將詮釋學運用探究一種更為健全的哲學——這種哲學集中於對象徵的詮釋——的豐富性。司法的詮釋學一併從略。

個定義本質上都表現了一種見地，詮釋學通過這種見地得以被考察。每個定義都揭示了詮釋行為，尤其是原文詮釋的不同但又合法的方面。隨著這些見地的改變，詮釋學的內容自身亦日趨改變。對這六個因素的概述將說明這一點，此概述將用做詮釋學觀念的一個簡短歷史導言。

ch3-1

詮釋學做為《聖經》註釋的理論

對「詮釋學」一詞的最為古老、可能也是最為廣泛的理解，是指《聖經》詮釋的原則。既然本詞進入現代是因為提出確切註釋適合於《聖經》教條的著作需要它，那麼對其定義就得做一個歷史的明斷。可能這一詞做為書名的最早記錄是湯恩豪爾（J. C. Dannhauer）的《做為說明聖經文獻方法的聖經詮釋學》（*Hermeneutica sacra sive methodus exponendarum sacrarum litterarum*）。此書出版於一九六五年❷。即使從書的標題上，人們也會推斷出詮釋學並不同於做為詮釋方法的註釋。實際的註釋（exegesis）與支配詮釋學的規則、方法或理論之間的這種區別，要追溯到它最早的用法，並基本上把詮釋學的定義保留在神學範圍內，後來這個定義被擴展時，又指非聖經的文獻。

湯恩豪爾的著作出版後，這一術語的出現日趨頻繁，尤其是在德國。新教集團深感需要詮釋手冊，以反擊牧師們對《聖經》的攻擊。因此，牧師求助於教會的權威來決定詮釋問題的途徑就被切斷了。這樣，就存在著一種強烈的動力，以發展一種可行的、獨立的詮釋《聖經》的標準；在一七二〇年到一八二〇年之間，每

❷ 艾貝寧的〈詮釋學〉（*Hermeneutik*），載 RGG 第 3 卷，第 243 頁。

不到一年，就有支持新教牧師的某種新詮釋學手冊出現❸。

　　在英國以及後來的美國，「詮釋學」一詞的用法普遍傾向於特指《聖經》註釋。此詞第一次的使用被記錄在《中津英語詞典》中，日期可追溯到一七三七年：「隨便對待《聖經》，就像隨便對待任何公正嚴肅的詮釋學認識規則一樣，是絕對不允許的」❹。朗費羅（Longfellow）在其《海培利翁》（Hyperion）這本傳奇著作中，藉柏納兄弟之口，談到「我的論《聖經》詮釋學的文章和鉅著」❺。

　　當這一詞的用法在英國被擴大到指非聖經原文時，由於原文的模糊不明而需要一些特殊的、抽引出背後意義的方法就已為人關注了。例如，在某種情況中談及到的「詮釋學沈思的訓練」（W. Talor，1807）❻就表明了這樣一種詮釋如同「深奧的和隱藏的意義之詮釋學方法」所表明的那樣〔見 D. Hunter 翻譯 Reuss 的《歷史的規則》（Historical Canon），1884〕。❼同樣，愛德華·本納特·泰勒（Edward Burnett Tylor）在《原始文化》（Primitive Culture）中也斷言：「神話、預言、搖籃曲都免不了要受到徹底的神學理論家攻擊的危險」。❽在英語用法中，此

---

❸ 同上書，第 242 頁；海恩利西（Heinrici）的〈詮釋學〉（Hermeneutik）載 RPTK，第 7 部分，第 719 頁；以及多伯蘇茲（E. Dobschütz）的〈論詮釋〉（Interpretation）載 ERE，第 7 部分，第 390～395 頁。

❹ 見 V，第 243 頁。

❺ 亨利·華滋華斯·朗費羅（Henry Wadsworth Longfellow）的《散文集》（Prose Works）第 2 卷，第 309 頁。《海培利翁》（Hyperion）是一本傳奇故事，兩本散文故事集中只有一本他希望保留。

❻ 見 OED 第五部分，第 243 頁。

❼ 同上。

❽ 《原始文化》（Primitive Culture），第 1 卷，第 319 頁。

詞隨後又指非聖經的詮釋。但原文在這些情形中一般是曖昧不明
的，或帶有象徵性的，它們需要一種特殊的方法以期獲得隱藏的
意義。而在英國，它更為普遍的定義仍指《聖經》註釋的理論。

原文註釋的操作和宗教的、文學的、法律的詮釋理論，都可
以追溯到古代，而「詮釋學」這一術語本身，卻只能追溯到十七
世紀。這樣，此詞做為表示註釋的理論一旦為人接收，那它所涉
及的範圍一般來說就擴展了（人們也可以說追溯到）《舊約》時代
的聖經註釋。那時有一些適合詮釋天啟（the Torah）的規則。
❾按照《聖經》中的預言書，當耶穌向猶太人詮釋自身時，在《新
約》和《舊約》之間，就存在著一種重要的詮釋學關係。研究《新
約》的學者在《福音書》（尤其是在《約翰書》）❿，和在保羅書信
中，能夠覺察到耶穌按照某種理解的系統向他的聽眾「詮釋」的
操作。「神學」已經起作用了；在某種意義上，神學做為聖經訊
息的歷史詮釋者，本身就是詮釋學的。聖經詮釋學的歷史可以追
溯到原始教會；父權制社會；中古對《聖經》的四種詮釋；路德對
神話的、教條的、人文主義的，和其他詮釋系統的反叛；十八世
紀批判的──歷史的方法之興起，以及這一時期重新對《聖經》做出
詮釋的複雜力量；施萊爾馬赫的貢獻；一九二〇年辨證神學的興
起；以及當代神學中新釋經學的興起。這裡，不可能逐一詳盡展
示這段歷史；確切地說，這裡僅注意兩點：一是由聖經詮釋學的

---

❾ 以上所引艾貝寧的定義性文章將聖經詮釋學的發展區分為7個歷史時
　期：前基督教的、原始基督教的、早期基督教的、中世紀的、宗教改革
　和東正教的、現代的、當代的。他還提供了每一時期的參考書目。

❿ 見弗里德里克・赫爾佐格（Frederick W. Herzog）《理解上帝》（Un-
　derstanding God）一書中的〈第四福音書中歷史的──本體論詮釋學〉
　（Historico-Ontological Hermeneutic in the Fourth Gospel）一文，第
　65〜88頁。

範例所指示的詮釋學特徵，另一是詮釋學的範圍問題。

如果深入到細節，僅注意依靠詮釋系統（據此系統，單獨段落即可得到詮釋）的聖經詮釋學的一般傾向亦是十分有趣的。即使是新教徒的詮釋學，也依然在探求一種做參考指南的「詮釋學原則」。❶原文並不依其自身得到詮釋；這確實是一種不可能實現的理想。譬如，在啓蒙時代中的《聖經》原文就是各種道德真理的容器；人們之所以能在那裡找到這些真理，乃是因為人們設計了一種發現它們的詮釋原則。在此意義上，詮釋學就是詮釋者發現原文「隱藏的」意義系統。

另一問題涉及到詮釋學的範圍。即使一個人回顧性地承認，從舊約時代到現代，包含在聖經詮釋學中的所有註釋理論具有合法性，但仍有這一問題：詮釋學是否既包括實際表達註釋規則的明確理論，亦包括未明確說明的、曖昧不明的、通過實踐揭示的註釋理論。例如神學家艾貝寧就研究「路德的詮釋學」。❷這裡，人們是在關注路德關於《聖經》註釋的主題陳述呢，還是關注通過對他的布道，以及其他作品的分析所揭示出來的註釋實踐？艾貝寧的研究包括了二者，這就大大擴展了聖經詮釋學的範圍，也隨之擴大了寫作的任務。例如，聖經詮釋學的的歷史，就從一種討論詮釋學問題的相對好處理的史料探討，擴大到了在從古至今所有主要對《聖經》註釋中還模糊不明的詮釋系統考察上。❸這種歷史於是本質上就成為神學的歷史。❹

由於把這個範圍更廣的詮釋學的涵義（做為既是模糊又是明

---

❶見〈神學註釋的詮釋學規則〉（Das hermeneutische Prinzip der theologischen Exegese）載 FH，第 111～118 頁。

❷見《福音派新教會的福音書闡釋：路德詮釋學的一個考察》（Evangelische Evangelienauslegung. Eine Untersuchung zu Luthers Hermeneutik）。

確的詮釋系統），轉化為既可運用於聖經文獻，又可運用於非聖
經文獻的詮釋學定義，非聖經的詮釋學範圍，從歷史上看就已擴
大到難以處理的程度。比如，誰能夠想到寫一部這樣限定的詮釋
學歷史？對西方思想的原文（法律的、文學的、宗教的原文）所
做的每一評述中之模糊詮釋系統必須被包容進來（確實，為什麼
不包括東方的系統）。貝諦（Emilio Betti）在其兩卷本的鉅著
中❺，為表現理解今日詮釋的各種解釋學科的橫斷面做出了重要
的貢獻，而這種多卷本的努力僅僅是此種「詮釋學歷史」所涉及

---

❸ 對提供歷史的、詳細說明的聖經詮釋學，有以下幾種很好的處理：布萊
　克曼（E. C. Blackman）的《聖經詮釋》（Biblical Interpretation）；弗
　里德里克・法拉爾（Frederic W. Farrar）的《詮釋的歷史》（History of
　Interpretation）；羅伯特・格蘭特（Robert M. Grant）的《聖經詮釋簡
　歷》；（A Short History of the Interpretation of the Bible）；斯蒂
　芬・賴爾（Stephen Neill）的《對新約的詮釋：1861～1961》；（The In-
　terpretation of the New Testament：1861～1961）；斯瑪勒（B.
　Smalley）的《中世紀對聖經的研究》（The Study of the Bible in the
　Middle Ages）；詹姆士・伍德（James D. Wood）的《對聖經的詮釋》
　（The Interpretation of the Bible）。在德國，值得介紹的是羅塔・斯
　泰格爾（Lothar Steiger）的近作《做為教義問題的詮釋學》（Die Her-
　meneutik als dogmatisches Problem）因為它論及了自施萊爾馬赫以來的
　神學詮釋學。

❹ 見吉哈特・艾貝寧（Gerhard Ebeling）的《做為聖經闡釋史的教會史》
　（Kirchengeschichte als Geschichte der Auslegung der Heiligen Sch-
　rift）

❺ TGI，由其作者譯成德文，並節略三分一做為 AAMG 發表。亦見姚金
　姆・瓦赫（Joachim Wach）對這項設計的貢獻。他的著作 V 是一本三
　卷本的19世紀詮釋學史

到的一部分。

　　人們可能要進一步追問：無論是詮釋的整個歷史，還是許多不同的詮釋理論學科的包容性綜合（假使二者都是可能的），是否都會真正對今日詮釋學問題構成一個健全的反應。兩種設計都已注意到在過去和現在已經被現實化的東西，並照舊對此表現出一種保存和鞏固的努力。但是革新以及新提出的觀點還不存在。而這遠比歷史的和科學的綜合更為需要。與需要這兩者一樣（無人能否認它們的價值），我們還需要一種對詮釋現象本身做一更深刻的理解，一種從哲學上看足以適合於認識又適合於本體論的理解。在特殊學科中的詮釋學理論史正像是幾種交叉研究的綜合一樣，它對於這種不懈的探求——即探求詮釋做為一種更為深刻的理解——當然是充滿活力的；它們自身卻又是不足夠的。

詮釋學做為語文學的方法論

　　理性主義的發展以及與之相伴的十八世紀古典語文學（Philology）的出現，都對聖經詮釋學產生了深遠的影響。在神學中，出現了歷史的—批判的方法；❶聖經詮釋的「語法」學派和「歷史」學派都斷定，運用於《聖經》的詮釋方法正是適合於其他著作的方法。例如約翰‧奧古斯特‧恩內斯特（Johann August Ernest）在其一七六一年的詮釋學手冊中就斷定：「聖經語詞的意義，必須以我們確定其他著作的語詞意義之相同方式來確

---

❶ 見漢斯—姚金姆‧克勞斯（Hans-Joachim Kraus）的《從宗教改革到現代對古老聖經歷史的——批判的考察史》（*Geschichte der historisch-kritischen Erforschung der Alten Testaments von der Reformation bis zur Gegenwart*），尤見第 3 章，第 70～102 頁。

定。」[17]由於理性主義的興起，詮釋者感到了試圖克服前判斷是義不容辭的。在斯賓諾莎看來，「《聖經》註釋的規則對一切人來說，只能是常識之光」[18]葉辛說：「歷史的偶然真理從不能成為理性的必然真理的論據」[19]；這樣，對詮釋的詰難便使得《聖經》與啓蒙時代的理性之人聯繫起來。

　　這種詰難正如庫爾特‧弗累爾（Kurt Frör）在其論聖經詮釋學的著作中已經覺察到的，導致「聖經斷言的理性化」[20]。既然被觀察到的歷史的偶然真理必然低於「理性真理」，聖經詮釋者就以為《聖經》中的真理是超時間，也是超歷史的；《聖經》並不告訴人任何真實的東西，這東西他永遠不會通過運用他的理性來加以認可。它純粹是在它產生之前就被揭示出來的理性的、道德的真理。如此觀之，《聖經》的任務就是用天然理性的工具深入到原文之中，找到作者意指的，但又隱藏在不同的歷史術語中的那

---

[17]見法拉爾（F. W. Farrar）《詮釋的歷史》（*History of Interpretation*）第402頁，引述 IINT 中恩內斯特之語。這二篇論述的英譯本著於19世紀早期（見參考書目）。

[18]見 *Tractatus theologico-politicus* (I670)；第7章，引述艾貝寧〈論詮釋〉（*Hermeneutik*），載 RGG 第三卷，第245頁。

[19]見《關於精神與力量的證明》（*Über den Beweis des Geistes und der Kraft*, 1777）："Züfallige Geschichtswahrheiten können der Beweis von nothwendigen Vernunftswahrheiten nie werden"。載於庫爾特‧弗累爾（Kurt Frör）的《聖經詮釋學：布道和演講的文字闡釋》（*Biblische Hermeneutik: Zur Schrift-auslegung in Predigt und Unterricht*），第26頁，見亨利‧恰迪威克（Henry Chadwik）編輯的《萊辛的神學著作》（*Theological Writings*）〈關於精神和力量的證明〉（On the proof of the Spirit and of Power），第51～56頁。

[20]同上。

些偉大的道德真理。他們爭辯道：所需要的是一種得到發展的歷史理解，這種理解能抓住作品背後的精神（Geist）並將它譯成啓蒙理性可以接受的術語。人們可以將此稱為「消解神話」的啓蒙形式，雖然這一術語在二十世紀意指詮釋而非純粹指清除《新約》中的神學因素。

　　儘管啓蒙時代信仰「道德真理」——此真理現在看來，似乎導致對《聖經》訊息的歪曲——但它對於詮釋學以及對《聖經》研究所產生的影響，一般來說還是頗有裨益的。聖經詮釋將語法分析的技術發展到爐火純青的地步❷❶，而絕非僅僅與以往一樣，使詮釋者全心專注於整個聖經說明的歷史語境的知識。例如塞姆勒（J. S. Semler）他就爭辯道，詮釋者「現在必須能夠以這種方式，隨時代的變化和人們環境的變化，而非隨我們需要的方式，來談這些（《聖經》中的）主題」❷❷。

　　由於這些發展，聖經詮釋學的方法本質上就與詮釋的世俗理論——古典語文學同義了。至少從啓蒙時代起，研究《聖經》的方法就與語文學不可分離地聯繫在一起了。這樣，「聖經詮釋學」這一短語就取代了「詮釋學」而專指《聖經》註釋的理論。未做限定的「詮釋學」從定義上看，實際上已經與語文學的方法論不可分離了。下一章將著重考察十九世紀初的語文學內涵，並隨之討論施萊爾馬赫時代的弗里德里希・奧古斯特・沃爾夫（Friedrich August Wolf）和弗里德里希・阿斯特（Friedrich Ast）這兩位偉大的語文學家。在此，完全可以簡略地說，詮釋學做為嚴

----

❷❶ 恩內斯特的 IINT 是個著名的例子。

❷❷ 見克勞斯（H-J. Kraus）論塞姆勒的著作，轉引自第 93～102 頁。塞姆勒斷言，「歷史的理解者現在唯當他能夠隨我們自身需要之時代的改變，和人類環境的不同這樣一種方式，去談論這一對象時」，《聖經》的涵義才會有用。

格的聖經詮釋學的概念，已經逐漸演變為詮釋學做為語文學註釋一般規則的概念。詮釋學與《聖經》一起成為這些規則的其他對象之一。

ch3-3

詮釋學做為語言學理解的科學

施萊爾馬赫（F. E. D. Schleiermacher）曾經把詮釋學重新設想為一門理解的「科學」或理解的「藝術」這種區分。既然以下有整整一章來談論他，那麼這裡只需注意到這種詮釋學觀念涉及到對語文學觀點的根本批判，因為它力圖超越做為一種規則集合的詮釋學觀念，並系統地使詮釋學成為一門描述所有對話條件的科學。其結果就不純粹是語文學的詮釋學，而是一種「一般詮釋學」（allgemeine Hermeneutik），這種詮釋學的規則可以做為各種原文詮釋的基礎。

這種一般詮釋學的觀念於現在的討論來說，標誌著至關重要的非學科的「詮釋學」之發軔。詮釋學由此才第一次將自身界定為對理解本身的研究。幾乎可以說，這裡的詮釋學歷史地出現自它的父代——《聖經》註釋和古典語文學上。

ch3-4

詮釋學做為人文科學方法論的基礎

威爾海姆・狄爾泰（Wilhelm Dilthey）是施萊爾馬赫的傳記作者，也是十九世紀來一位偉大的哲學思想家。他從詮釋學中看到這門核心科學可以用做一切人文科學（Geisteswissenschaften）——即一切集中於理解人的藝術、行為和作品的學科——

的基礎。

狄爾泰斷定，為了理解人類生活的偉大表現——無論這種表現是法律、文學作品，還是神聖的經文——都要求一種歷史的理解行為，一種基本上是對自然界定量的、科學的把握之操作，因為在這種歷史的理解行為中，起作用的是關於人類意想到的個人知識。他相信，在人文科學中，所需要的是對理性的另一種「批判」，此批判如康德的純粹理性批判適合於自然科學一樣，也適合於歷史的理解的「歷史理性批判」。

狄爾泰在其思想的早期階段，就從一種觀點有所改變的心理學中尋找他批判的根據。既然心理學還不是一門歷史科學，他的努力一開始就受到阻礙。在詮釋學——這門始終集中於詮釋，尤其集中於一個始終是歷史的客體、一篇原文——的理論中，狄爾泰為自己努力闡述一種真正的人文科學的人文主義方法論找到了更加人性的和歷史的基礎。

ch3-5

詮釋學做為此在和存在理解的現象學

馬丁·海德格（Martin Heidegger）在把握本體論問題時，轉向他的導師愛德姆·胡塞爾（Edmund Husserl）的現象學方法，並對世界上人的日常存在做現象學的研究。這一研究結果《存在與時間》（Being and Time，1927）現已是舉世公認的傑作。它是確切理解他思想的關鍵。他將出現在《存在與時間》中的分析稱為一種「此在的詮釋學」（Dasein Hermeneutik）。

詮釋學在這種文脈中，既非指原文詮釋的科學或規則，亦非指人文科學的方法論，而是指他對人存在本身的現象學說明。海德格的分析表明，「理解」和「詮釋」都是人類存在的基本模式。因此，海德格的此在「詮釋學」（尤其就它表現一種理解的

本體論來說），證明也是詮釋學的；他的探究在內容和方法上亦
都是詮釋學的。

　　海德格對詮釋學概念的深化，和《存在與時間》中的詮釋學標
誌著這一詞和這一領域的發展和定義中的轉捩點。詮釋學於是立
刻就與理解的本體論方面（它涉及到了一切）聯繫起來，同時又
與海格德的特殊現象一致。

　　漢斯・喬治・高達美（Hans-Georg Gadamer）教授追隨海
德格這位先導，把海德格對詮釋學的貢獻（這種貢獻既體現在
《存在與時間》中；又體現在後期著作中）的內涵發展成一部系統
的論述「哲學的詮釋學」（philosophical hermeneutics）的著作
《真理與方法》（Wahrheit und Methode, 1960）。從施萊爾馬
赫到狄爾泰，再到海德格、高達美詳細追溯了詮釋學的發展，為
包容和反映海德格革命性貢獻的觀點詮釋學，提供了第一手充足
的歷史說明。然而，《真理與方法》並不僅僅是一部詮釋學歷史，
它也是一種將詮釋學與美學，以及與歷史理解的哲學聯繫起來的
努力。它表現了健全發展的形式中，海德格對狄爾泰較為陳舊的
風格中之詮釋學批判。它既反映了黑格爾的某些東西，也反映了
海德格對「歷史上的效果意識」，與通過本文傳達的傳統辨證
地、相互作用的詮釋學思考。

　　由於高達美的有爭議的斷言了「能被理解的存在就是語
言」，所以詮釋學就邁進了一步，進入語言學階段。詮釋學是一
種通過語言與存在的遭遇。最終，高達美又斷言了人類實在本身
的語言特性，並使詮釋學完全陷入語言與存在、語言與理解、語
言與歷史、語言與生存和語言與歷史的哲學問題中。詮釋學被放
置於今日哲學問題的核心；當理解自身被界定為一種本體論或認
識論的東西時，它就不能迴避認識論或本體論問題。

dh3-b

詮釋學做為詮釋的系統：
意義恢復與破壞偶像

保羅・呂格爾（Paul Ricoeur ）在其《論詮釋》（ De l'inter-
prétation，1965 ）中採納了一個詮釋學定義，此定義又回到集
中於本文註釋做為詮釋學中顯著的和中心限定的因素這一集點
上。「我們把詮釋學看做統管註釋規則的理論，即是說，看做對
一種特殊原典的詮釋，或看做被認為是原典值得懷疑的符號之集
合。」㉓。心理分析，特別是夢的詮釋，明顯是一種詮釋學形
式：詮釋境況的因素處處存在：夢就是篇原文，是一篇充滿著符

㉓ 「同時，在語言的廣闊範圍內，精神分析的領域可以這樣來確定：它同
時是象徵的領域，或者雙重意義的領域，又是推動不同詮釋者做出詮釋
的領域。這樣一種比精神分析更為廣泛的對境遇的描述，同時又是比較
受局限的。它比完全的語言理論狹窄。而這種語言理論可以做為描述的
視界，我們由此就稱之為詮釋學的領域：我藉詮釋學來指規則的理論，
這種理論能夠領導一種註釋，即是說，領導一種詮釋，這種詮釋是一特
殊的原文詮釋，或者可能被視為一種原文的符號的總體詮釋」（ Ainsi,
dans la vaste sphère du langage , le lieu de la psychanalyse se précise:
c'est ā la fois le lieu des symboles ou du double sens et celui oū s'af-
frontent les diverses maniēres d'interprēter. Cette circonscription plus
vaste que la psychanalyse, mais plus ētroite que la théorie du langage
total qui lui sert d'horizon, nous l'appellerons désormais le'champ
hermēneutique': nous entendrons toujours par hermēneutique la thé-
orie des rēgeles qui prēsident à une exēgesē, c'est-ā-dire à
l'interprétation d'un texte singulier ou d'un ensemble de signes sus-
ceptible d'etre considéré comme un texte ）（ DI，第 18 頁 ）。

號比喻的原文。心理分析學家運用一種詮釋系統，把隱藏的意義帶到表層的註釋中。詮釋學是一種辨讀過程，此過程從明晰的內容和意義，進入到潛在的或隱藏的意義之中。詮釋的客體——原典，在最廣泛的意義上可以是夢中、甚至神話中的符號（symbol），也可以是社會和文學中的符號。

呂格爾的研究在單義和多義的符號之間做了區別：前者像符號邏輯中的符號一樣，是一種指示意義的符號；而後者則真正集中在詮釋學上。因為詮釋學要處理具有多重意義的符號原文；它們可以構成一個語文學的統一體，此種統一體（正如在神話中一樣）有完全連貫的表面意義，同時又有一種更深刻的意蘊。詮釋學就是更深刻的意蘊在明晰內容下藉此被揭示出來的系統。

然而，尋找夢中和口誤中隱藏意義的操作，實際上證明了對表層和明顯實在的不信。佛洛依德的成就在於使我們懷疑對我自身的有意識的理解，最終還要求我們粉碎我們的神話和幻覺。即使是我們的宗教信仰，如佛洛依德試圖在《幻覺的未來》（ *The Future of an Illusion* ）中表明的那樣，實際上只是嬰兒的幻覺。如此看來，佛洛依德詮釋學的功用就是破壞偶像（iconoclasm）。

這就導致呂格爾提出，在現代，有兩種不同的詮釋學併發症；一是由布特曼提出的消解神話，它喜歡處理努力恢復隱藏在符號背後的意義；另一種則尋求做為虛幻實在的表現符號，它無情地、理智地致力於「消解神話」，以摧毀面罩和幻覺。呂格爾從詮釋學的後一種形式例子中，挑選出三位消解神話的偉人：馬克思、尼采和佛洛依德。他們三人中的每一個都把表面實在詮釋為虛幻，並提出要摧毀這種實在的思想體系。三個人都極力反對宗教；對他們來說，真正的思想就是一種「懷疑」和疑惑的訓練。他們以自己的信仰和動機，暗中破壞了個人對實在虔誠的信任；每個人都為一種立場的轉變、為一種詮釋我們世界明晰內容

的新體系，即為一種新的詮釋學而進行辯護。

　　呂格爾主張，今天，由於對符號的詮釋這兩種真正的考察，於是就不可能再有註釋的普遍規則，而只有關注詮釋規則分離的、相對的理論㉔。消解神話的人把符號或本文看做一扇窗戶或一件神聖的實體；他們又把相同的符號（如《聖經》經文）當做必須打碎的虛幻實體。

　　呂格爾本人以前一種詮釋方式對佛洛依德所做的考察，本身就是一項壯舉。因為他恢復並詮釋了佛洛依德更新現代歷史因素的意蘊。呂格爾試圖在其反思哲學中包容懷疑的合理性，並重新恢復詮釋的信仰。這種反思哲學並沒有退避到抽象之中，或蛻變為純粹的思維訓練，而是蛻變為這樣一種哲學，它接收了神話和符號中詮釋學的挑戰，並反思地將語言、符號和神話背後的實體主題化。今日哲學已集中在語言上，從某種意義上來說，語言已經是詮釋學；而挑戰，就是創造地使它成為詮釋學的。

㉔ 同上書，第 35 頁。

第四章
關於詮釋學的當代爭論：
貝諦與高達美

剛才討論過詮釋學的六個相互影響、又時常重合的定義，使我們從一六五四年回到現在。六個定義都不同程度地仍可在當代詮釋學的思想系列中找到，然而，唯至今日，才存在著一種清晰的兩極分化。施萊爾馬赫和狄爾泰的傳統信徒，將詮釋學看做為詮釋奠定基礎的方法論原則之普遍部分。海德格的追隨者則將詮釋學看做對所有理解的特徵和必要條件的考察。

這兩種基本態度在今日的著名代表，是專論詮釋理論的作者愛米利略·貝諦（Emilio Betti）❶和漢斯·喬治·高達美（Hans-Georg Gadamer），前一章已簡略討論過他的《真理與方法》（*Wahrheit und Methode*）。貝諦的目的是意欲在狄爾泰的傳統基礎上提供一種普遍的理論：人類經驗的「客觀性」怎樣才能得到詮釋？他對使得詮釋有效的詮釋客體的自律和歷史「客觀性」的可能性提出強烈異議。高達美緊步海德格後塵，將思維定向於更富於哲學性的問題上：理解本身是什麼？他以同樣的確信爭辯道：理解是一種歷史的行為，因此，它就始終是與現在相連的。他斷言，談說「客觀上有效的詮釋」是天真素樸的，因為，這樣做就假定了從歷史之外的某個立場去理解歷史是可能的。

---

❶ TGI 和 AAMG。

我們可以將消解神話（demythologizing）的神學家魯道夫·布特曼（Rudolf Bultmann）和新釋經學（New Hermeneutic）的兩位領導人，吉哈特·艾貝寧（Gerhard Ebeling）以及恩斯特·富赫斯（Ernst Fuchs）包容進來，做為基本上是海德格和現象學考察的聯盟。新釋經學與高達美的一致之處既顯而易見又相互共有；高達美在其著作中頗為讚許地引用過艾貝寧和富赫斯的話❷，而這兩位神學家亦勸其學生仔細研讀高達美的著作。❸新釋經學的神學和哲學批評家——如沃夫哈特·帕儂伯格（Wolfhart Pannenberg）❹——就明顯將釋經學與高達美的主張聯繫起來。貝諦在其一九六二年的小冊子《詮釋學做為人文科學的一般方法論》（*Die Hermeneutik als allgemeine Methodik der Geisteswissen schaften*）中，將布特曼、艾貝寧和高達美當做敵手來攻擊，赫許（E. D. Hirsch）繼後響應，並在高達美詮釋理論的文章中設法擴大這場爭論。❺

當然，誰在反擊，誰在辯護，或由誰發起了這場反擊，這仍舊是一個值得爭論的問題。看來貝諦和赫許都在攻擊詮釋學和新釋經學的所有海德格觀點。❻然而，他們只是反應和辯護之聲，

---

❷ WM，第 313 頁

❸ 此書出版後不久，艾貝寧教授親自指導朱里希（Zurich）大學的學期討論班對之進行討論。現在還保留著這一討論過程的記錄。此記錄對於評價艾貝寧與高達美的關係是非常有趣的。

❹ 見〈詮釋學與宇宙史〉（Hermeneutics and Universal History），載 HH，第 122～152 頁。原載 ZThK（1963），第 90～121 頁。

❺ 見 HAMG；亦見赫許〈高達美的詮釋理論〉（Gadamer's Theory of Interpretation），載 RM 第 18 期（1965），第 488～507 頁，重載於 Ⅶ，第 245～264 頁。

❻ 貝諦在 HAMG 中討論了布特曼、艾貝寧和高達美。赫許把高達美的《真理與方法》稱做神學中新釋經學的「知識之總匯」。

因為他們要求回到「客觀性」，要求重新肯定把歷史學家自己的現在觀點拋之於後的歷史研究；他們要求詮釋學必須起到補充客觀詮釋原則的作用。高達美在為自己辯護時，陳述了他在每一種理解行為中僅僅從事於描述是什麼（What is）；他著手的對象是本體論而非方法論。❼

這些問題出現在這一事實中：高達美的本體論即是那種對客觀歷史知識的可能性的詰難。從貝諦立場看，海德格和高達美都是消解客觀性的批評家。他們希望使詮釋學陷入到相對主義無標準的泥沼之中。歷史知識自身的完整性遭到攻擊，因此必須堅決地為它辯護。

為了理解貝諦與赫許的客觀性對布特曼、艾貝寧和高達美詮釋學的普遍攻擊，有必要簡略地考察一下布特曼以及他兩個弟子艾貝寧和富赫斯。

ch4-1

布特曼、艾貝寧和富赫斯的詮釋學

人們熟知的魯道夫‧布特曼（Rudolf Bultmann）是本世紀主要的新教徒神學家之一，雖然他的名字時常與消解神話有爭議的設計密切相關。在他一九四一年發表的〈耶穌基督和神話學〉

---

❼ 致貝諦的信，載於 HAMG 中第 51 頁。後來，高達美在其〈詮釋學與歷史主義〉（Hermeneutik und Historismus）一文中引用了這封信，載 PhR 第 9 期（1962），第 248～249 頁。在《真理與方法》第二版序言中，這一論點得到進一步的澄清。亦見羅賓遜在 NH 第 76 頁中對這封重要的信所做的討論。見賴爾‧圖爾斯特魯浦（Neil Thulstrup）的〈有關過去和現代詮釋學的一個考察〉一文，載 OL，第 112 期（1967），第 24～44 頁中有關高達美與貝諦的比較。

（Jesus Christ and Mythology）這篇著名論文之前，他做為一位偉大的新約學者已經揚名在外了。❽然而他側重於神學的存在主義主要路線（如他在一九六二年早期的《耶穌》（*Jesus*）中表明的那樣❾）是顯而易見的，並且此後一直持續著。這種對神學的強調，本身就是更有意義地面對將《新約》（*New Testament*）向二十世紀的人詮釋這一詮釋學問題的一種努力。

「消解神話」（demythologizing）可能是術語的一種不幸選擇。它傾向於表明：維持原狀的《新約》被認做是不真的（即神話的），它的訊息將必須與我們後神的世界觀一致。機敏的神學家很容易構成這樣一幅圖畫。他們準備把神話因素當做無意義的東西加以清除，並展示一種被人分析過的《聖經》（*Bible*），在此《聖經》中，唯有最可信的因素才值得保存。情況顯然並非如此。恰恰相反，消解神話並沒有假定要刪除或迴避《聖經》中的神話因素，而是強調它們的原貌及其保存下來的意義。消解神話絕非是一種使《福音書》與現代視見方式一致的努力，而是直接反對現代視見方式中膚淺的、拘泥於字面的「直譯主義」（litera-lism），反對俗人、甚至神學家把語言僅視為訊息而非媒介的傾向。正是藉此媒介，上帝才以一種根本全新的（非希臘的、非自

---

❽ 布特曼的著作很適於翻譯過來，如《福音書的傳統歷史》（*The History of the Synoptic Tradition,* 1921）；《耶穌和語詞》（*Jesus and the Word,* 1926）；《新約神學》第 1 卷（*Theology of the New Testament,* Ⅰ, 1941）和第 2 卷（1951）。他還有兩個文集：《哲學和宗教短論》（*Essays: Philosophical and Theological*）以及《生存和信仰》（*Existence and Faith*），由蘇伯特・奧格登（Schubert M. Ogden）翻譯並編輯。（括號裡的是德文原版，而非翻譯版的數據）。

❾ 猶見第 11～19 頁：〈導言：觀點和方法〉（Introduction: Viewpoint and Method）。

然主義的、非現代的）自我理解的可能性來面對著人類。消解神話並不是一件理性主義者消除神秘的工具，也不是以佛洛依德、尼采或馬克思的方式去打倒偶像（也可提及呂格爾在消解神秘和消除神話之間所做的區別）的工具；它並不試圖去打倒或摧毀神話的象徵，而是要把這些象徵視做聖者之廟。詮釋象徵就是重新恢復它原來的、真正的，但現在卻隱藏起來的意義。

　　布特曼對消解神話的強調明顯改變著人們的自我理解。在有關存在的自我理解問題上，布特曼也明顯受海德格的影響。他一九二〇年中期在馬堡大學與海德格過從甚密，當時後者正著力撰寫《存在與時間》（Being and Time）。海德格對布特曼的影響眾所皆知，以致這種影響被人們過高估計了。然後在海德格的概念和布特曼的概念之間，建立論點與論點的類比這一試圖（一如John Macqurrie 所表明的），❿既可歸因於海德格本體模式的無意識宗教特性，也可歸因於布特曼的影響，雖然可以公正地說，海德格是布特曼思考詮釋學問題的決定力量。這一試圖將自身反映在消解神話中，它本質上是存在詮釋中的一種詮釋學設計。

　　比如，布特曼之人的概念，就不僅是做為定向於未來的、歷史地存在著的存在（這與《存在與時間》中所闡述的存在非常接近），而且，至少還有布特曼神學追隨海德格的三個相當特殊的方面。⑴僅僅被用做訊息（此訊息被客觀地解釋為事實）的語言與充滿著個人涵義，以及命令服從的力量語言之間存在著區別，此區別類似於海德格的斷言判生特性（尤其是邏輯）的概念。⓫⑵還存在著這種觀念：上帝（存在）做為語詞、語言面對著人

---

❿《一種存在主義者的神學：海德格與布特曼之比較》（An Existentialist Theology: A Comparison of Heidegger and Bultmann）。

⓫ SZ，§33。

們，這類似於海德格日益強調的存在，向人類展示自身的語言學
觀念。(3)第三種觀念是：在語詞中，布道（kerygma）做為語詞
談說存在的自我理解。布特曼說，《新約》在其自身中是朝向一種
新的（「真正的」）自我理解的運動；今日的《新約》在向現代
人宣講時，那種發布功能就產生了這一全新的理解。這樣，新約
的語詞就成為海德格在《存在與時間》中描述過的一種良知呼喚之
現實化一樣的某物。❷

　　當然，「要求一種全新的自我理解，也就是要人面對當下在世
的存在方式」布特曼不希望去除《新約》中的「醜聞」（scandal），
而是希望把它放在應當放的地方：不是放在字面上對被接受神
話的可靠肯定中，也不是放在相信明顯虛妄的宇宙論訊息中，而
是放在根本服從的要求、向仁慈的開放，以及信仰的自由中。布
特曼在討論解釋學問題時尤為指出：對他來說，詮釋學總是依照
歷史上傳達本文的註釋被定義的。無論海德格對他影響多大，他
仍將詮釋學視為應當指導註釋的哲學，而非視為理解理論本身。
他在〈詮釋學問題〉一文（1950）中，又重新肯定了自由的新教
（這種新教極力主張完全的探索自由，即主張批判的、歷史的方
法），並進一步斷言，《聖經》從屬於理解的條件、從屬於語文學
的和歷史的規則，這些條件或規則，都同樣可運用於其他著作。
❸「詮釋學問題」雖然始終與註釋有關，但並非不同地和特別地

---

❷ 同上，§60。

❸ 《《聖經》詮釋並不基於做為另一種文獻理解的條件》（Die Interpretation
der biblischen Schriften unterliegt nicht anderen Bedingungen des
Verstehens als jede andere Literatur），載 G&V，第 2 期，第 231
頁。本文首次做為〈詮釋學問〉（Das Problem der Hermeneutik）發表於
ZThK 第157 期（1950），第 47～69 頁，以後又出現在翻譯版《哲學與
宗教短論集》第 234～261 頁上。

被視為神學問題，而被視為棲居於所有原文詮釋之中的東西，無論這種原文是否是法律文獻、歷史著作、文學或《聖經》經文。

　　當然，這一難題仍保留了構成有關一篇原文歷史理解的定義。對於布特曼來說，詮釋學問題即是「怎樣理解傳統移交下來的歷史文獻」，而這一問題又有待於對回答「歷史知識的特點是什麼？」[14]他在吉浮特講座（Gifford Lectures，1955）中有一半都在致力於回答這一問題。貝諦後期極力排斥的，也正是在此展示的分析。[15]

　　布特曼指出，對歷史或歷史文獻的每一種詮釋，都要受某種興趣的指導，反過來這種興趣又是基於對主題的某種預先理解。「問題」就是在這種興趣和理解中形成的。沒有這些興趣和理解，就既不可能有問題出現，也不會有詮釋。這樣看來，所有的詮釋都受詮釋者的「前理解」所引導。[16]〔這裡，對理解的分析又明顯關係到海德格《存在與時間》中的前有（Vorhabe）、前見（Vorsicht），和前把握（Vorgriff）做為詮釋的先決條件的描述[17]。〕這運用於歷史，意味著歷史學家總是選擇某個觀點，此觀點反過來又意味著，他主要是使被揭示的歷史過程方面向產生那種觀點的問題開放。無論歷史學家怎樣客觀地從事他的研究課題，他都不可能逃避他自己的理解：「在選擇觀點時我稱之為與歷史存在的遭遇已經生效。唯有當歷史學家本人身處歷史之中並

----

[14] HE，第 110 頁。

[15] 見 HAMG，第 19～16 頁。

[16] HE，第 113 頁。見貝諦對這種「最好被避免的模糊語詞」的批判，載HAMG，第 20～21 頁。

[17] SZ，§32。Vorhabe(前有)、Vorsicht(前見)，和 Vorgriff(前把握)從字面上大致可譯做"prior having"、"prior view"和"prior conception"。

參與了歷史時，歷史才獲得了意義」。⓲布特曼接著引述柯林烏
（R. G. Collingwood）的觀點，大意是：事件必須在歷史學家
心靈中重演，它們都是客觀的，他之所以熟知它們，僅僅因為它
們又是主觀的。⓳既然意義僅僅出現自詮釋者與未來的關係，那
麼照布特曼的看法，談說客觀的——即無立場的意義，就變得不
可能了；既然我們不再要求去認識歷史的結局和目標，那麼「歷
史（做為一個整體）中的意義問題就變得毫無意義」。⓴

　　「海森伯格原理」（Heisenberg principle）或場理論在此
發揮的作用，大體上可以以更為根本的形式被人觀察到；也就是
說，被觀察到的客體自身純粹由被觀察到的條件微妙地改變著。
歷史學家是他正在觀察的這個領域之一部分。歷史知識本身就是
一個歷史事件；歷史科學的主體和客體彼此並不獨立存在。㉑照
布特曼看來，既然尤其要通過來世學因素，基督教才被拔高到歷
史之上，基督教才以一種新的未來進入歷史，由此也給了歷史予
一種新的意義，那麼，這就涉及到基督教的信仰。在此，可以談
及到布特曼在來世學的觀念中力圖超越柯林烏，以便對歷史中的
意義問題做一種神學的（來世學的）考察。㉒但是布特曼的核心
意圖顯然是（這一爭端是由貝諦發起的）：歷史中的客觀意義不
可能被人談說，因為如不通過歷史學家本人的客觀性，歷史就不
能為人認識。

　　艾貝寧和富赫斯緊步布特曼後塵，將詮釋學問題置於他們思
考的核心位置上。他們與布特曼一樣，繼續設法解決現代實在

⓲ HE，第 119 頁。

⓳ 柯林烏（Collingwood）的《歷史的觀念》（The Idea of History），218 頁。

⓴ HE，第 120 頁。

㉑ 同上書，第 133 頁。

㉒ 同上書，第 136 頁。

觀，與《新約》中所提出的實在觀之間的明顯差異。他們繼續推進了布特曼的思想：反對語言中拘泥於字面意義的直譯主義，並力圖恢復語詞的本真力量。他們與布特曼一樣集中於《新約》中證據的意義，而非它的事實性特點；他們強調詮釋者總是處於他要詮釋的歷史之中，歷史的意義在於與詮釋者對未來的理解關係。

　　要說有什麼不同的話，艾貝寧和富赫斯只是把布特曼有關歷史、語言和消解神話的假設，推進得更遠一些，給它們提供了一種更為激進的詮釋罷了。如果說布特曼的詮釋學重在於對人類存在的自我理解，並按發布的語詞（the proclaimed word）去直接分析它所意指的東西，那麼艾貝寧和富赫斯則轉向了語言本身，以及語言與實在的關係。以此觀之，詮釋學問題並不純粹是依照存在的自我理解，使語詞的發布功能適應於語詞傳達的、實在的問題的；詮釋學問題是一個語言問題，即「一個發生的語詞（語詞事件）是怎樣最終為人理解」的問題㉓。正像艾貝寧在〈上帝的語詞與詮釋學〉一文中所斷言的那樣，「存在乃是通過語詞，並且在語詞中的存在……存在主義者的詮釋意味著對有關語詞事件的本文所做的詮釋」。㉔

　　艾貝寧和富赫斯使得語詞事件成為了他們神學思維的中心，他們將此標榜為「語詞─事件的神學」（Word-event theology）。他們斷定詮釋學必須從語詞事件中判明自己的位置；艾貝寧說：「詮解學的對象本身就是語言事件」。㉕然而，詮釋學並不力圖通過意譯來彌補《聖經》語詞的缺陷，而是「促進」語詞自身的詮釋學功能（即使理解得以發生的功能）。語詞自身是開放和傳達理解的東西：「在理解領域中，根本的現象不是對語言

㉓ WF，第 313 頁。

㉔ 同上書，第 331 頁。

㉕ 同上書，第 319 頁。

的理解，而是通過語言來理解」。㉖否則就是重強調這種神學的語言學特性：「做為理解理論的詮釋學因此就必須是語詞的理論」。㉗富赫斯在其《釋經學》（*Hermeneutik*）的開頭，就把這一問題簡潔地提了出來：「神學領域中的釋經學即是信仰的語言學說（sprachlehre）」。㉘

在此考察中，從界定的詮釋學觀點來看，有兩個問題很是有趣。第一個問題有關語詞的「詮釋學功能」，回到詮釋做為理解的直接中介這種更為基本的意義，這就使得詮釋學達到「去除障礙」以便於理解的目的。㉙這有效地集中於了詮釋學的目的上，雖然它並沒有改變這一事實：即使是在最為直接的傳達行為中，我們都傾向於有意或無意義地利用詮釋的系統。第二個論點涉及到歷史主義：對語言事件——此事件繼續肯定「實在的語言性」——將歷史觀當做最終在語詞中的表現，而非當做由事實堆積而成的博物館。這樣，適當的提問就不是「事實是什麼？」或「我們怎樣才能證明事實？」，而是「最終表現在這種事實或神話中的是什麼？」，「被傳達出來的東西是什麼？」㉚如是觀之，神學中的歷史主義就是源出於一種語言的誤用，一種「語詞的陳腐觀」，此觀點將歷史從活生生的語詞事件中抽象出來，將歷史僅當做一種陳述的東西，結果，就導致批評的失效，即批評做為語詞事件的特性來理解傳達出來的語詞——的失效。㉛

語詞事件在神學中的作用重在於把語言哲學帶入詮釋學的核

㉖ 同上書，第 318 頁；轉引在 HAMG，第 36 頁。

㉗ WF，第 319 頁。

㉘ FH，第 5 部分。

㉙ WF，第 318～319 頁。

㉚ 同上書，第 295 頁。

㉛ 同上。

心之中。詮釋學的目的仍在於實踐，它仍旨在於將障礙移置到語詞事件中，但是詮釋學問題的焦點明顯在於語言、思維和實在的相互關聯之中。既然詮釋學問題不能與現代認識論、形而上學和語言哲學分離開來考慮，那麼就顯然要超越純粹做為詮釋的實踐科學規則之界線。詮釋學在其與「歷史事實」的實在客觀性之分離中，招致了神學內外的批判，神學內著名的是沃夫哈特・帕侖伯格（Wolfhart Pannenberg）[32]，神學外主要是愛米利略・貝諦（Emilio Betti）。

貝諦的詮釋學

一九五五年，義大利法律史家愛米利略・貝諦在羅馬建立了一個詮釋理論研究所[33]。一九六二年，他出版了一本小冊子，名為《詮釋學做為人文科學的一般方法論》（ *Die Hermeneutik als allgemeine Methodik der Geisteswissenschaften* ）後，他才為人發現。在高達美一九六○年的傑作出版後不久，這篇論文就提出了清楚的、毫不含糊的抗議，反對高達美對主體的考察，也反對布特曼和艾貝寧對主體的考察。簡言之，貝諦對高達美著作的反對意見是：它首先不是做為一種方法論或有助於人文科學的方法論；其次，它使得有關詮釋客體的客觀地位之合法性陷入困境，這樣就使得詮釋自身的客觀性大成問題。

這本小冊子以一種悲嘆的調子開頭：

---

[32]〈詮釋學與宇宙史〉（ Hermeneutics and Universal History ），載 HH，第 122～152 頁。

[33]見 HAMG，第 6～7 頁。

　　做為詮釋的一般問題的詮釋學，即這門重大的一般
學科在浪漫主義時期上升到無以復加的程度，因而為所
有人文學科所共同關注。十九世紀的許多偉大人物——
如語言哲學中的洪堡（Humboldt）、偉大的文學史家
施萊格爾（August Wilhelm von Schlegel）、語文學
家和百科全書的編纂者博克（Böckh）、法律學家沙文
格尼（Savigny）、歷史學家尼布爾（Niebuhr）、蘭
克（Ranke）和德羅伊生（Droysen）——都對此予以
了注意。詮釋學這種令人尊敬的、較為古老的形式，似
乎正在從德國意識中消失。**㉞**

貝諦在其早期的百科全書似的著作《有關詮釋的一般理論》（*Teo-*
ria generale della interpretazione）**㉟**中力圖恢復這種較為古老
的、但卻意蘊豐富的德國傳統。

　　法國讀者早在一九五四年早期就瞭解了貝諦的一般思想，當
時，他發表了簡短的「詮釋學宣言」《奠定一般註釋理論的基礎》
（*Zur Grundlegung einer allgemeinen Auslegungslehre*）。**㊱**這
是一篇重要的、有文獻記載的，對他一九五五年的《傑作》
（*magnum opus*）所作的預先評論。此評論最後出現了德文譯
本。**㊲**這部較為重大的作品是思考了七年或更長時間（日期一直
可以追溯到他一九四八年五月的就職演說）的產物。一九五四年
的宣言實際上擴大了他早期提出的觀點。一九六二年，貝諦帶有

㉞ HAMG。

㉟ TGI。

㊱ 它最初出現在《恩斯特・拉伯雷紀念文集》（*Festschrift für Ernst*
　Rabel）第 2 卷，第 79～168 頁。同年發表。

㊲ AAMG。

惋惜的口氣寫道，儘管此書在一九五四年就已出版，但它的德文版著作還很少為人關注。[38]相反，海德格哲學的吸引力還繼續在對新教理論和哲學發揮做其作用，並且還出現了一種迥然不同的詮釋學觀。

這一發展並沒有佔據傳統的主流。此主流自施萊爾馬赫開始，中經洪堡（Humboldt）、斯泰塔爾（Steinthal）、拉札魯斯（Lazarus）、博克（Böckh）、狄爾泰、席美爾（Simeel）、里特（Litt）、姚金姆·瓦赫（Joachim Wach）、尼科拉·哈特曼（Nikolai Hartmann）而延伸開來。貝諦在開始著手這項新的、系統地闡釋詮釋的一般方法理論的設計時，已經注意到了這一發展。[39]更確切地說，此發展是由於現象學和海德格本體論的影響而成的。這一影響令人聯想到對語言哲學的普遍興趣，此興趣已成為德國人對詮釋學產生新興趣的驅動力。（高達美證明，在他自己思想中的另一動機，是一九三〇年他對美學中的流行理論深感不滿[40]。）一如我們所見，在神學中，詮釋學的發展與消解神話是緊密聯繫在一起的。消解神學是遭遇這一深刻問題——即怎樣才能使聖經與其語詞的現代聽眾有關，並且怎樣才能對他們有意義——的一種方式。

做為一個法律史家，貝諦的興趣並不來自於力圖從哲學上，給藝術作品之真理予一個更為充分的說明（如高達美），或力圖對存在的本體論有一個更為深刻的理解（如海德格），也不來自

---

[38] HAMG，第 6 頁。

[39] 同上。

[40] 我以下的文章依據的是討論高達美《真理與方法》創作動因的評論。這篇文章標題是：〈高達美的《真理與方法》對文學詮釋的影響〉（Die Trag-weite von Gadamers WM für die Literaturauslegung），海德堡，1965年 7 月 14 日。

於一種力圖獲得《聖經》語詞意義的衝動（如布特曼和艾貝寧）。
他希望在人文科學的各種模式中做出區分，並系統地闡釋一種用
以詮釋人類行為，和客體的原理之基本部分。如果有一種區別是
在依照客體自身來理解客體的因素，和客體為了自己的生活和未
來，而洞察生存的意義之因素——之間做出的話，那麼人們便可
以說，後者明顯為高達美、布特曼、艾貝寧所關注，而「客觀
的」詮釋特性則成為貝謔的關注中心。

貝謔絕不希望從詮釋中省略主體的因素，或甚至否認這些因
素必然存在於每一種人類詮釋中。但是，他試圖肯定，無論在詮
釋中主觀性的作用是什麼，客體仍為客體，我們仍能夠努力合理
地做到，並完成對客體做一客觀有效的詮釋。一個客體說話，我
們之所以能夠正確地或錯誤地聽到它，正是因為在客體中有一種
客觀上可加證實的意義。如若客體正是其觀察者，如若它不使自
身說話，那麼為什麼還要聆聽？❹

然而，貝謔還是爭辯道：近來的德國詮釋學專注於"Sinnge-
bung"（意義賦予，即把意義賦予給客體的詮釋者功能）的現
象，此現象最終等同於詮釋。在《詮釋學做為人文科學的一般方
法論》（1962）的開頭，貝謔就肯定他的主要目的在於澄清詮釋
（Auslegung）和意義賦予（Sinngebung）之間的本質區別。正
因為人們忽視了這一區別，貝謔才主張，人文學中客觀上有效的
結果（die Objektivität der Auslegungsergebnisse）的整體面臨
挑戰。

貝謔詮釋學規則的幾個範例，和他對高達美的反對態度，證
明了他為客觀性所做的辯護。對貝謔來說，既然詮釋學客體是一
種在可感覺形式中表達出來的人類精神（Geist）的客觀化，那
麼，它就必然是意義的一種認知和重構，作者能夠用一種質料的

---

❹ HAMG，第 35 頁。

結合將此意義體現出來。這自然意味著，觀察者必須轉化成一種外在的主觀性，通過創造過程的轉換，重新恢復體現在客體中的觀念或詮釋。❷這樣，一如貝諦觀察到的，談說一種不涉及到詮釋者主觀性的客觀性，顯然是荒謬可笑的。詮釋者的主觀性還必須滲透到客體的外來性（foreignness）和異他性（otherness）之中，或者說，他唯有將自己的主觀性投射於詮釋客體，他才會獲得成功。如此觀之，肯定客體本質的自律，乃是一切詮釋的基本和首要規則。❸

　　第二條規則是意義的語境，或一種個體部分得以被詮釋的總體性。由於貫穿意義的總體性是建立在個體部分之上，所以談話的個體部分之間就存在著連貫一致的內在關係。❹在第三條一般規則中，貝諦承認了意義的「話題」之現實性（Aktualität），即它與詮釋者自己目前捲入到每一種理解的態度和興趣——它們涉及到每一種理解——的關係。在古代，一個事件的詮釋者必然要按照他的經驗來詮釋。在主觀性方面，他仍未擺脫他自己的理解和經驗。貝諦絕沒有把理解想像為一種被動接收的東西；相反，理解始終是一種涉及到詮釋者本人對世界經驗的重建過程。❺甚至可以說，貝諦重新「原則上」肯定了由布特曼闡釋的理解概念。

　　然而，他也強調了他對布特曼的結論所持有的異議。這一結論是：由於前理解的歷史性，具有客觀歷史的知識是可能的這一觀念就成為「一種將思想客觀化的幻覺」（die Illusion eines

---

❷ 同上書，第 11～12 頁。

❸ 同上書，第 14 頁。

❹ 〈賦予意義關係的規則〉（Kanon des sinnhaften Zusammenhanges）（總體性原理）或〈總體性規則〉（Kanon der Totalität），同上書，第 15 頁。

❺ 同上書，第 19～22 頁。

objektivierenden Denkens）。㊻貝諦說：

> 前理解把意義賦予本文在此，並純粹是為了增強我
> 們預先持有的觀念；相反，我們必須假定，原文有某些
> 向我們談說的東西，這些東西還未從自身中得知，它們
> 獨立於我們的理解行為而存在。主體中心的問題性恰恰
> 在此顯現出來，其一是它明顯受當代存在主義哲學的影
> 響，其二是它力圖使詮釋（Auslegung）和意義賦予
> （Sinngebung）結合在一起，結果，在做為一個整體
> 的人文科學中，解釋過程的客觀性後果就受到質疑。㊼

貝諦對高達美的批判引發了對存在的「主觀性」和理解的歷史性的激烈反對。貝諦主張，高達美沒有為區分正確與錯誤的詮釋提供一些規範的方法，並且，他還使詮釋的不同模式混雜在一起。㊽貝諦認為，比如歷史學家與其說是關心一種與現實的實踐關係，還不如說是他沉思地使自己沉浸於他所研究的原文；另一方面，律師在其與本文的交換中具有一種實際運用於現實的能力。這兩種詮釋在其結果上相應來說是不同的。高達美主張，每一種詮釋都要涉及到與現在有關的運用。這於法律來說足以為真，但要詮釋歷史，卻未必如此。㊾

高達美在一封致貝諦的信中答覆了這些反對意見。他說，他並不是在提出一種方法，而是試圖「描述什麼是（What is）……我試圖超出現代科學的方法概念去思考，試圖去思考在明確的普適性中總是發生著的東西」。㊿貝諦在同一本反擊高達美的

㊻ HE，第 121 頁。

㊼ HAMG，第 35 頁。

㊽ 同上書，第 43～44 頁。

㊾ 同上書，第 45～49 頁。

㊿ 同上書，第 51 頁。

小冊子中把高達美的信當做一條註腳，因此很清楚，貝諦並不滿意這一答覆。對貝諦來說，高達美迷失在一種無標準存在的主觀性中。在《真理與方法》一九六五年版的序言中，高達美又答覆了貝諦，他這次強調了理解的非主觀特性。其著作的本體論轉機（貝諦對此深感遺憾），使高達美把「歷史上的效果意識」[51]看做一種本體論過程，而非看做主觀性過程：

> 我所探究的意義無論如何不在於表現詮釋的一般理論。這種理論一如貝諦絕妙地說明過的那樣，不同於對特殊學科的不同方法的說明。相反，它尋求理解的所有方式所共有的東西，並表明，理解從不是一個有關給定的「客體」的主體性過程，而是從屬於被人理解的效果史（Wirkungsgeschichte），即意味著從屬於存在。[52]

高達美的觀點我們將在第十至十一章中做更進一步的考察，但是在這一點上，貝諦與高達美的基本對立是顯而易見的。我們面對的是詮釋學的範圍和目的，適合詮釋學的方法和思維——的兩類截然不同的觀念，以及它做為一個研究領域的學科本質特性。由於這兩類截然不同的定義要依靠兩種不同的哲學基礎，這兩位思想家就系統地闡述了他們各自的詮釋學，以實現他們截然不同的目的。貝諦追隨狄爾泰，以尋求人文科學的基礎學科，尋求對詮釋實際有用的東西。他需要將正確和錯誤的詮釋、將一種詮釋方式與另一種詮釋方式區別開來的規則。追隨海德格的高達美則詢問如下問題：什麼是理解的本體論特性？與存在的哪一種遭遇涉及到詮釋學過程？傳達過去的傳統，怎樣進入和形成理解

---

[51] 〈效果史意識〉（Wirkungsgeschichtliches Bewusstsein），見 WM，第325～360頁。

[52] 同上書，第2版序言，第 xvii 頁。

一種歷史原典的行為？

人們談說的這些定義的衝突是什麼？在下一章，我將主張這兩種態度都不全真。相反，這兩位思想家都發揮了詮釋學問題的不同方面。一個最為基本的選擇顯然必須最終在實在的和現象學的觀念之間做出；然而，人們可以承認，對做為一個整體的詮釋學來說，兩種哲學態度都很重要地接近了詮釋學問題。

赫許：詮釋學做為有效的邏輯

一九六七年，年輕的赫許（E. D. Hirsch）發表了用英語寫作的有關一般詮釋學之第一版精裝論文集《詮釋的有效》（ *Validity in Interpretation* ）。這本書當時無疑在美國論詮釋理論的重要著作中佔有一席之地。本書在一種系統的、以小心翼翼的口吻爭辯的陳述中，向某些指導文學詮釋長達四十年之久的、最為人看重的假設提出了詰難。如赫許主張，作者的意義必定是衡量任何「詮釋」（對一個段落的詞意之說明）的有效性規則。他進一步爭辯道：這種意圖是一種能夠把客觀的證據集中起來的一種確定的實體，當證據在手時，就能使意義確定。這將普遍被認做有效。狄爾泰的客觀上有效詮釋的夢想似乎得以實現。

當然，由廣泛的語文學分析（既包括對作品的分析，又包括對影響其作者的意圖之外在證據的分析）所確定的一個段落的「詞意」和同一部作品也許具有的意蘊，現在已是兩種截然不同的東西。但是，這恰恰是赫許的論點所在：由於把「詞意」和「意蘊」（對我們的意義）統括在一起，因此就產生了無休止的混亂。他將此過失歸因於高達美、布特曼和新釋經學的神學家❸。在貝諦對這種相同論點進行反擊時所使用的語言中，意義

───────────────

❸ Ⅶ，第 246 頁。

（Bedeutung）必須與意蘊（Bedeutsamkeit）相分離(54)，否則語文學就將分崩離析，獲得客觀、有效的結果之可能性也將隨之消失。語文學的整體性和客觀的可能性，就有賴於意義與意蘊這種區別。

赫許認為，詮釋學的客觀性目前對我們來說，並不是要找到一個段落的「意蘊」，而是要澄清段落的詞意。詮釋學是陳述規則的語文學學科，藉此規則，才可規定一個段落的語詞意義。高達美與布特曼的追隨者，不僅錯誤地在詮釋學的真正任務之外去探討，赫許認為他們還反而袒護一種竟然如此提問——即是否可以希求一種客觀上可確定的意義——的哲學主張。

赫許爭辯道：如果人們認為一個段落的意義（在詞意的意義上）本質上可以改變，那麼就沒有規則可去判斷這一段落是否被正確地翻譯出來。如果人們不知道作家意指的「玻璃鞋」的原來詞義，那麼就無法將「灰姑娘」與其他女孩區別開來。(55)這令人回想貝諦反對高達美的觀點：高達美並沒有提供一種使段落的「正確」意義，能夠有效地確定的恆定的標準原則。赫許使作者有意圖的詞意成為規則，甚至進一步把詞意特徵化為無變化的、可再生的、確定性的東西。以下這段簡短的引文展示了他的推理，並使其說明帶有某種亞里斯多德的風味：

> 因此，當我說詞意是確定的時，我意指它是一種自我同一的統一體。更進一步說，我也意指它是一個時時保持相同的——即它是無變化的——實體。這些標準確實暗含著需要詞意再生、需要詞意在逐字直譯的不同行為中保持相同。這樣看來，詞意就是它所是的、而非另

(54) HAMG，第 28～29 頁。

(55) Ⅶ，第 46 頁。

外的東西，並且它總是保持相同。這就是我所意指的確定性。(56)

這裡，詮釋學為自身設定了任務：向詮釋客體的確定性提供理論的辯護，並展示能夠理解確定的、無變化的、自我同一的意義之規則。自然，這個任務也可以說是建立在一種意義可以為另一種意義所取代的基礎上；這就是有效性問題。在赫許看來，一種詮釋學如不處理有效性問題，就不是詮釋學而是其他東西。他與貝諦一樣，起來反對詮釋學中迴避有效性問題的海德格思潮。如果沒有有效性問題，就完全不可能有詮釋的科學，以及接近正確詮釋的方法。

詮釋學應當處理本文對我們今天的意蘊，處理結構或技巧——藉此二者，語詞的意義才變得對我們有意義。對這種反對意見，赫許回答道：這是文學批評的領域，而非詮釋學的領域。(57)嚴格地說，詮釋學是「最時興的，在陳舊過時的意義，詮釋學又是找出作者所意指的東西的語文學努力」。(58)此乃「批評之唯一合適的基礎」，(59)但它並不是批評；它是詮釋。詮釋學為可以利用邏輯分析、傳記、甚至或然性的計算法（以便在幾個可能的詮釋中確定最為可能的詮釋），但它本質上仍是語文學。然而，即使帶有這層限制，也仍不妨礙它具有廣泛的意義，不妨礙它仍為一門交叉科學；它仍是一門甚礎學科，此學科向任何書面文獻

(56) 同上。

(57) 猶見Ⅶ第四章（題為〈理解、詮釋和批評〉）中的關鍵性區分。詮釋學做為有效性邏輯一方面排除了「理解」，另一方面也排除了批評；它是有效地確定本文的詞意（即詮釋）的科學成一整套原理。

(58) 同上書，第 57 頁。

(59) 同上。

——無論是法律的、宗教的、文學的，或是烹飪的文獻——闡釋詮釋的普遍規則。

我們所說的詮釋學這條最新定義——即詮釋學做為流行的、基本上努力確定一個段落的詞意的規則——是什麼？這種有關它的最為顯著之處，即是它忽略不計的東西；詮釋學就像在施萊爾馬赫和狄爾泰那裡一樣，並不關心理解的主觀過程，或一種已經理解的意義與現代（批評）的關係，而是關心在已經理解的意義之間做出仲裁，以便可以在有衝突的、可能的多種詮釋學中做出判明的問題。對於要在幾種可能性中決定什麼是最可能有意義的段落的語文學家來說，這就是一種指南。

那麼，對赫許來說，詮釋學問題就不是一個「翻譯」問題，也就是說，不是去怎樣細察《新約》和現在之間的歷史間距，以使本文的意義能夠向我們顯現的問題；這完全是作家有意確定詞意的一個語文學問題。當然，赫許也承認，原典與現在的關係是一個真正的問題，但他否認這一問題存在於詮釋學的領域之內。為了採納這種主張，他自然就不得不斷定，詞意是獨立的、無變化的和確定的某物，它可以依靠客觀的確定性被設定起來。這種詞意概念依靠某種特殊的、語文學的預設，主要是實在論的、胡塞爾的《邏輯研究》（Logical Investigations）中的那些東西。赫許引用胡塞爾此書的大意是：相同意向的客體，可以是許多不同意向行為的核心。[60]在後一種情況中，那種客體仍保持相同，保持著一種獨立的觀念或本質。

雖然展示對赫許預設的詳細批判超出了本部作品的範圍，但是，觀察詮釋學問題何時被規定為語文學問題的，然後又觀察在歷史理解中的二十世紀思潮的全部複雜發展，都被當做與詞意的

----

[60] 見赫許有趣的附錄：〈一個有關類型的卷末附註〉（An Excursis on Types），同上書，第265～274頁。

實際確定毫不相關而撇在一旁，這些都是很有必要的。詮釋學變成為一套詮釋的語文學規則，這些規則如果不擾亂人頭腦中，有關二十世紀在語言哲學、現象學、認識論或海德格本體論中的發展，他們就可以加以利用。誰需要去麻煩黑格爾、海德格或高達美，讓他們去搜集有關彌爾頓的《里西德斯》（ *Lycidas* ）❻中的「真正意圖」、「無變化的詞意」的數據呢？怎樣理解這一問題——即於今天的我們來說，《里西德斯》可能或者應當意味著什麼？赫許說，那是文學批評家的任務。但是，文學批評家當然「不蔑視」「詮釋者」詮釋作品最為流行的技術性工作，此工作是「批評的唯一基礎」。即使作品的意蘊與現代相分離，詮釋者也抱有無變化的、超歷史意義的原始純潔性。

但是，事實上，詮釋學問題並不純粹是一個語文學問題。按照亞里斯多德的定義，要使施萊爾馬赫、狄爾泰、海德格和高達美中的大部分理解陷入困境是不可能的，更不要說他們還在神學之內和神學之外對定義歷史理解做出過貢獻。赫許爭辯道：語詞的意義與意蘊實際上是可分的，因為(1)事實上，我們能夠區分作品對其作者意味著什麼，和作品對我們意味著什麼，以及(2)否則，客觀的、可重複的意義就是不可能的。這一論證令人滿意嗎？可從幾個角度來觀察心靈客體這個事實，從歷史上看，並未使心靈永恆不變；既然客觀的可能性和非歷史的知識本身已成問題，那麼另外去爭執客觀性是不可能的就陷入了一個循環。然而，赫許論有效性的整篇論文之有效性，都依靠意義和意蘊之間這種區分的有效性。但是，理解是在以赫許假定的機械方式起作用嗎？或者，這種意義與意蘊的分離是建立在理解行為之後的一種反思操作嗎？詮釋學的這種形式難道不正是實際上掩蓋著的本文批判——即在一種理解和另一種理解之間反思地做出區分的方

❻《里西德斯》（ *Lycidas* ），係彌爾頓 1638 年創作的一部輓詩。——譯註

法論嗎？對於批評家或語文學家來說，用來判斷華滋華斯的〈露西〉（Lucy）這首詩（此為赫許所引用的例子）是否反映了一種憂鬱或肯定的生命觀，難道不僅僅是一種系統或結構嗎？

當然，這種詮釋學並沒有提出，而是預設了一個理解自何以發生的理論。（人們必定會詢問：這個理論怎樣才是健全的）。確切地說，它起始於理解之後。正如赫許評論的：「理解行為首先是一種天才的（或一種錯誤的）猜測，不存在做出猜測的方法，或產生洞見的規則。我們開始試驗和批判我們的假設之時，也就是詮釋的方法論活動開始之時」。❷或者更明確地說，「詮釋這門學科包含著擁有觀念並檢驗它們……它是建立在一種有效性的邏輯基礎上，而非建立在一種結構的方法論基礎上」。❸對赫許來說，詮釋學不再是一門詮釋理論；它是有效性的邏輯。它是這種理論，人們可以據此說，「這就是作者有意想說的，而非不想說的東西。」

赫許十分成功地實現了自己的目的：建構一個客觀地、接近可證實意義的單獨體系。但是他以什麼為代價？首先，為了使這種意義確定下來，他斷言規則或標準必須總是作者的意圖。其次，為了使這種意義具有客觀性，它必須是可再現的和無變化的。因此赫許斷言，詞意做為意義永遠是相同的。當我們在理解中遭遇到它時，我們又覺得詞意與意義是不可分的。但是這些主張能被接收嗎？它們許多都依靠亞里斯多德的認識論假設，和一種自身必須在哲學基礎得到辯護的意義理論。

赫許把詮釋學重新定義為有效性邏輯，這在其廣度和複雜性方面是否確實有助於把握詮釋學問題，或者是否確實過分簡化了這一問題？艾貝寧斷定，「詮釋學的對象仍舊是語詞事件」；這

---

❷ 同❻，第 207 頁。

❸ 同上。

樣，詮釋學就深入到實在問題和我們介入的語言特性之中。這種對詮釋學問題的看法是怎樣產生的？可以把它交付給其他領域（如語言哲學）嗎？赫許易於忽視理解理論與語言哲學的聯繫表明，它為詮釋學提出的專門化是不可取的。假如提出詮釋學問題純粹是為了建立作者的可能設想的詞意，那麼此問題在今日神學中的範圍會多麼狹窄！但是談到保羅書的性質時，問題又立刻出現了：保羅試圖傳達新的理解嗎？這種新的理解是什麼？能在保羅本人身上發現判斷這一問題的規則嗎？假如聲稱發現了這些規則，那麼根據什麼理由來決定它們是否有效？現在我們又返回來了。需要強調的正是這點；即使這些客觀性標準產生自今日的歷史結構。認識到這一點，就是認識詮釋學問題的某種複雜東西，就是認識一個敏感地鼓勵詮釋者，迴避這個被狹窄地限制了的詮釋學定義之複雜性。

這樣看來，詮釋學的爭論仍在繼續。一方是客觀性和有效性的辯護者，他們把詮釋學看做有效規則的理論源泉；另一方是理解事件的現象學家，他們重點強調的是這種事件的歷史特性，因此他們也強調所有要求「客觀知識」和「客觀有效性」的主張帶有局限性。

第五章
詮釋學的意義和範圍

從有關已經討論過的詮釋學六個定義，以及在詮釋學兩種截然相異的觀念之間所做的當代論辯中，我們可以得出什麼結論？所有這些定義（其中有一些是彼此對立的），尤其是詮釋學這兩種相互牴觸的觀念，能用一個術語加以範疇化嗎？

我相信這一答案是肯定的。上述六個定義都展示了詮釋學不同的、但卻重要的方面。對於一種定向於方法和有效性的詮釋學，以及集中於理解的、歷史性的詮釋學來說，仍有改進的餘地。即使它們都以相互對立的假設為基礎，並且在有關客觀性的問題上並不和諧一致。儘管在這幾種不同形式的詮釋學中存在著差別，但是也有許多方面是基本同一的。詮釋學理論中的不同指向自身就說明了這條原則：詮釋由問題構成，由於這個問題，詮釋者就接近了他的主題。我們最好承認，詮釋學中各種不同的發展方向，都是對詮釋者本人提出的問題之反應的主題化。

既然赫許尋求那種提供了有效詮釋的詮釋學，那麼從一開始，有效性問題就構成了他的提問過程。但是，假如指導性的提問不再是「我怎樣才能獲得有效的詮釋」，而是「什麼是理解自身的特性？」那麼情形會怎樣？對有效判斷的先入為主的偏見產生了這個問題：在所有被忽略的理解中涉及到什麼因素？相反，集中所有理解的本質特性，將易於把區分有效詮釋與無效詮釋系統的必然發展撇在一旁。兩種問題都有價值，它們的探究都對理

解詮釋學問題做出了貢獻。

　　我相信，詮釋學問題做為一個整體，是至關重要並且錯綜複雜的，以致這一問題不會成為獨門思想學派的財產。詮釋學的單方面的、限制性的定義也許於有限的目的有用，但是，沒有必要將它們絕對化。當然，討論一些特殊問題，如歷史理解和歷史客觀性的特性等，都是正常的；但是，貝諦和赫許要求高達美的詮釋學，應當配備一個區分有效詮釋與無效詮釋的一種客觀規則，這就沒有考慮高達美思想中的基本意圖：考察理解本身的動力。如果說，高達美希望顯示一種客觀性的類似缺乏的狀況，那麼人們就可以追問：為什麼貝諦不去討論語言的本體論特性，或者為什麼赫許沒有給理解本身這種複雜事件提供充足的說明呢？這類要求一門理論闡述它以前沒有提出要加以闡述東西的批評，本質上就是與間接地討論詮釋學自身的特性和範圍。它們自身並未使相反的理論無效。儘管當代有此衝突，但詮釋學仍不失為一個研究領域，它仍繼續使問題向許多不同的，同時又是相互牴觸的傳統所做出的貢獻開放。

ch 5-1

詮釋學的雙重焦點：
理解的事件和詮釋學問題

　　詮釋學做為一個獨立領域的歷史發展，似乎將自身保持在兩個分離的焦點內：一是集中於普遍意義上的理解理論，另一則集中於捲入到語言學的原文註釋的東西，即詮釋學問題上。這兩個焦點既不需要自我取消又不需要絕對獨立，最好是將它們保持在前者指導後者的健全分離中。

　　當詮釋學從語言理解的普遍理論中收穫其成果時，它就沒有背離它過去在施萊爾馬赫和狄爾泰中的偉大傳統。它必須樂意思考理解的特性，並且在最為廣泛的意義上詢問：什麼是詮釋？當

我說「我理解」，這時會發生什麼？這後一個問題尤為強調了理解的事件特性。一門理解理論，當它把活生生的經驗、理解的事件當做其起點時，它就與詮釋學密切相關了。以此方式，思維就在其全部具體性中被定向於一個事實、一個事件而非一個觀念；它就變成一種理解事件的現象學。然而，這種現象學並不是以一種狹隘的、教條的方式被設想出來的，它是向所有的領域開放，這些領域有助於更為完全地把握發生的事件，以及理解是怎樣發生的事件，比如認識論、本體論、知覺現象學、認知理論、符號哲學、邏輯分析等等就是如此。

　　被指定為詮釋學問題的第二個焦點是理解事件的一個特例：它總是涉及到語言，涉及到與另一種人類視界的遭遇，以及一種歷史地滲透到本文的行為。詮釋學需要更深地進入理解這種複雜行為之中；它要在原文詮釋中發揮作用，就須努力闡述一種語言和歷史理解的理論。此理論必須與一種理解的一般現象學協調一致，並且相互關聯；同時，它也要使自身有助於這個普遍的領域。

　　對詮釋學問題的這種廣義解釋，即是把理解一篇原文的事件，看做一種始終與現在有關的因素；如果缺乏這種與現在的聯繫，詮釋學問題就會立刻顯現出來。由赫許提出對詮釋學問題的這一看法，將理解本身的因素撇在了一旁，並集中於在幾種理解中做出判斷的必要性上；這樣一來，詮釋學就未成為理解的現象學，而未成為有效性的邏輯了。詮釋學的目的就被縮小到只是確定「作者的意圖」，並排除了它怎樣才變得於我們有意義這一問題。當有效性邏輯必須被認做詮釋學問題的合法部分時，這種在更廣泛的意義上為人理解的詮釋學問題，就向把握原文的意義和為意義所把握這一主張，提出了更為基本的挑戰。如此看來，更為深刻的問題，在於必須首先與本文達成有意義的對話，並且，這一問題還必須基於這個完全可能的定義，即理解一篇原文所意

指的東西；它並不純粹是在幾種相互牴觸的詮釋中做出判斷的問
題。

其他領域對詮釋學的貢獻

　　當把詮釋學的焦點規定為包括理解的一般現象學，以及原文
詮釋的事件之特殊現象學時，詮釋學的範圍實際上就變得寬廣起
來。然而，如前所述，詮釋學問題的範圍即是：詮釋學不能做為
封閉的和特殊的領域將自己隔離起來。非專門化的詮釋學在其歷
史發展中，已經遭遇到一個重大的危機，這就是，它在一門建立
起來的學科，已經沒有容身之地了。神學的繼子，語文學的無益
果實，非神學的詮釋學，它們都現在已進入而邁之年。然而，現
在由於新釋經學、貝諦、高達美、赫許、呂格爾和後期海德格，
激發起了人們對這個主題的興趣，所以就有理由希求一個更為光
明的未來。

　　照此看來，詮釋學做為一門普遍學科，確實是處於其發展的
早期階段。當然，目前還仍未以一種系統的方式，著手考察其他
領域對詮釋學理論的貢獻。呂格爾對佛洛依德輝煌卓著的研究表
明，對一種詮釋系統的研究可能會產生富有成果的貢獻。貝諦的
紀念碑似的作品覆蓋了在人文科學中詮釋學科的橫斷面。高達美
論哲學詮釋學的文章可被當做海德格富有成果的影響——即他對
理解所做的本體論分析——的展示。

　　還需要考察許多其他的領域，它們或許對詮釋學理論也有意
義。比方說，有許多研究領域都關注語言，如語言學、語言哲
學、語言分析、翻譯理論、訊息理論、口頭詮釋理論等。還需要
考察文學批評——它不僅包括法國以及羅曼・英伽爾登（Ro-
man Ingarden）作品中的現象學的變種，而且還包括原文主義

的新批評和神話批評，需要考察它們對一般詮釋學理論的意義。語言的現象學——不僅包括梅洛龐蒂（Merleau-Ponty），加斯托夫（Gusdorf）、昆特（Kwant）以及其他人的最新著作，而且還包括胡塞爾的貢獻，包括他早期的《邏輯研究》（Logische Untersuchungen）的貢獻——這些都是詮釋學理論所必不可少的。

　　當然，許多並不特別關注語言的領域，對詮釋學也有極大的潛在重要性。精神哲學的整個發展和我們本世紀關於認識論的討論都不可忽視。卡西爾在這一領域中的著作，還有他有關符號形式的一般哲學，都對詮釋學理論至關重要。現象學的各種形式——知覺的、音樂理解的，和美學的形式——都有助於表明理解的時間性和理解的存在基礎。

　　法律哲學、歷史哲學，尤其是近年來的新釋經學，以及消解神話的早期設計——這一切都展示了詮釋現象的重要因素。美學中由豪斯曼（Hausman）等人考察之新奇而又富於創造性的問題，都是與詮釋學的理解任務——即理解一個人現在的視界之外的東西——有關的貢獻。科學哲學中的方法論問題，社會學中介入一觀察方法的試驗，認知和想像的心理學——所有這一切，對思考我們稱為詮釋學過程中的新方向，都會有豐富的參考價值。其他領域中，還有許多不可能一一提及，但是這些領域足以表明，詮釋學能夠成為重要思想——此思想能使其中某些領域在一種更為廣闊的語境中觀察它自己的問題——的一個交叉學科的十字路口。要推進並澄清這些領域對詮釋學理論的意義，還需要做許多具體的研究。本部作品恐難當此任。但是，在本書提要的Ｃ部分中，也許會包括上述領域內的一些著作。

　　在以下章節中，我要設法澄清廣泛而又複雜的詮釋學問題，並指出一種詮釋學概念，它比迄今適用於英語國家的詮釋學概念的涵義更為廣泛。赫許教授依據有效性邏輯撰寫的著作，有助於

一種極受限制的詮釋定義。幾本說明新釋經學的著作都很大程度上有意把詮釋學放在一種神學的語境中來處理。在英國，高達美著作的英文版的問世將大大拓展詮釋學的流行觀念。然而，我還希望目前這篇原文有助於澄清這種預期事件的意義，因為我們並不只是把詮釋學看做一種語文學的有效邏輯，也不只是把它看做當代神學之內的一種充滿活力的新運動。詮釋學是在其所有的分支中集中於原文理解事件的一個廣泛領域。目前對這一主題的處理也不在乎表明一種基本上屬於現象學的詮釋學之可能性，一如海德格和高達美通過這一領域的現象學轉向所表明的那樣。通過對四位思想家——我認為他們進行過這種廣義的考察——的詮釋學的一種說明性展示，我也許就將為這一領域更為廣泛的概念，以及為粗略地評價它的潛在意義奠定基礎。

第二部分
四個主要的理論家

第六章
施萊爾馬赫的兩位先驅

　　為了評價施萊爾馬赫（Schleiermacher）對詮釋學理論發展貢獻的特性和重要性，有必要探究一下詮釋學在他那個時代的狀況，尤其是探究由那個時代的語文學中兩位偉大的領導者，弗里德里希‧阿斯特（Friedrich Ast）和弗里德里希‧奧古斯特‧沃爾夫（Friedrich August Wolf）發展的這個領域的觀念。

　　一八〇五年和一八〇六年，施萊爾馬赫在與阿斯特和沃爾夫，或多或少的明顯批判性對話中，發展了他的詮釋學觀念。此詮釋學在探索的早期是做為格言來闡述的。他要求有一種詮釋學的新觀念。他一八一九年開的有關這個課題的講座，頭一句就提到這兩位著名的語文學家。❶他一八二九年的學術演講的標題為〈論詮釋學的新觀念與沃爾夫的指示和阿斯特手冊的關係〉❷。因此瞭解沃爾夫和阿斯特著作中的某些東西是理解施萊爾馬赫的

---

❶〈做為理解的、藝術的詮釋學不僅做為普遍的，而且做為更為特殊的詮釋學而存在〉（Die Hermeneutik als Kunst des Verstehens existirt noch nicht allgemein sondern nur mehrere specielle Hermeneutiken）見 H，第 79 頁。

❷〈論與沃爾夫的指示和阿斯特的手冊有關的詮釋學概念〉（Über den Begriff der Hermeneutik, mit Bezug auf F. A. Wolfs Andeutungen und Asts Lehrbuch），同上書，第 123 頁。

先決條件。然而，一如我們所見的，無論他們的許多觀念對詮釋
學是否至關重要，他們都值得任何力圖滲透到做為一個整體詮釋
學的不同指向，和複雜性中之人的注意。

ch6-1

弗里德里希・阿斯特

　　弗里德里希・阿斯特（1778～1841）在一八〇八年發表了
兩部語文學方面的著作：《語法的、詮釋學的和批判的基本路線》
（ *Grundlinien der Grammatik, Hermeneutik und Kritik* ），
和《語文學綱要》（ *Grundriss der philologie* ）。既然施萊爾馬赫
談及的是前一部著作，那麼現在就集中來討論它。《語法的、詮
釋學的和批判的基本路線》原初他是想做為一個較大的綱要導
言，也旨在於澄清語文學研究的目的和對象。對阿斯特來說，基
本的目的就是「把握」古代的「精神」，此精神大部分是在文學
遺產裡被揭示出來的❸。所有古文的外在形式都指示一種內在形
式，一種存在的內在統一體，以及它在其各部分中的和諧。這也
許可以稱之為古代精神（Geist）。語文學並非滿布灰塵的文
稿，和乾巴巴賣弄語法的學究式東西；它不把事實和經驗當做自
身的目的，而是當做試圖把握做為一個統一體作品的外在，和內
在內容的手段。這統一體指向「精神」的更高統一體，指向個人
作品的內在統一體之源泉──即一種明顯取自赫德（Herder）
的"Volksgeist"（大眾精神，這裡指的是古希臘、羅馬的大眾精
神）的觀念。由於這種與「精神」的遭遇，語文學研究就具有了

---

❸ VI，第 1 卷，第 33 頁。這裡對阿斯特和沃爾夫的簡略討論，主要得益
　於姚金姆・瓦赫 V 的第 1 卷中的各個章節：論阿斯特在第 31～62 頁，
　論沃爾夫在第 62～82 頁。

「精神」的價值；它為了變得更具有古希臘涵義而服務於一種「教學的——倫理的目的」：「古代不僅是藝術和科學教化的範式（樣品），而且是一般的生活範式」❹

　　但是，如果不觀其作品，就不可能把握住這種古代精神；語言是傳遞此精神的主要媒介。我們必須研究古代的書面作品，要研究作品，我們就需要語法，即需要說明這個標題中的頭一個術語："Grammatik"。此外，讀解一位古代作家，還預設了正確地理解和說明他的某些基本原則，「這樣，對古代語言的研究必須總是聯繫到詮釋學」❺。這裡，詮釋學明確地與語法研究分離開來。此即是提取本文精神的（Geistige）意義的理論。我們對精神的共同介入，是我們能夠把握從古代傳遞下來的書面作品意義的原因。精神是所有生命的核心之點，是其永恆的構成原則。❻阿斯特追問道：「假如所有這一切——最陌生的、原初最不為人所知的見解、情感和觀念——現在不、過去也不可能以某種原始的方式專注於精神，那麼對於我們來說，理解它們是可能的嗎？它展得如此之開，像一束穿入上千種色彩之中的永恆之光……」❼。

　　人文學中的精神統一體（Einheit des Geistes）觀念，乃是阿斯特詮釋學循環的概念基礎。這是由於精神是一切發展和生成的源泉，所以整體精神（Geist des Ganzen）的印跡就在個體部分中為人發現；部分通過整體得到理解，整體通過部分的內在和諧得到理解❽。照阿斯特的話來說，將此運用於古代，這就意味

---

❹ 同上書，第 36 頁。

❺ 同上書，第 37 頁。

❻ GGHK，轉引於 V 第 1 卷，第 38 頁。

❼ GGHK，第 166 頁；V 第 1 卷，第 38～39 頁。

❽ 施萊爾馬赫恰當地相信阿斯特斷言了詮釋學循環的基本原理。見 H，第 141 頁；GGHK，第 178 頁。

著：「僅當一個人在古代個人的作品中，把握個體對它的揭示，他才能把握古代精神的結合統一體；另一方面，如果脫離了置放它的更高關係（整體），就不可能把握一個個體作家的精神。」❾

照此看來，詮釋學的任務，通過其意義的內在發展，通過其內在部分間的相互關係，以及時代普遍精神的內在部分之間的關係，就變成了對作品的澄清❿。阿斯特明確地將此任務劃分為三個理解部分或形式：(1)「歷史的」部分，即理解與作品內容的關係，它有可能是藝術史、科學史或普遍史；(2)「語法的」部分，即理解與語言的關係；以及(3)「精神的」的部分，即理解作品與作者的總體觀和時代的總體觀（精神）的關係。正如我們注意到的，前兩種「詮釋學」在它們的各種關係和可能性中，已經由塞姆勒（Semler）和恩內斯特（Ernesti）各自將它們發展了❶。第三種是阿斯特的獨特貢獻，它在施萊爾馬赫和十九世紀偉大的語文學家奧古斯特·博克那裡得到進一步的發展。在阿斯特那裡，我們已經發現了施萊爾馬赫詮釋學中的某些基本概念：詮釋學循環，部分與整體的關係，天才與個體性的形而上學。是個體性嗎？是的。阿斯特認為，對於精神來說，個體性不僅使我們認識了時代的總體精神，而且還認識了特殊的個體精神（天才），作者的精神。

將這三重模式運用於品達的頌詩（Pindaric ode）如下：第一個標準（歷史的）指對象（Gegenstand），此對象在品達頌

---

❾ GGHK，第 179 頁；V 第 1 卷，第 44 頁。

❿ GGHK，第 174～175 頁；V 第 1 卷，第 45 頁。

❶ 在法拉爾(F. W. Farrar)的《詮釋的歷史》(*History of Interpretation*)和羅伯特·格蘭特（Robert M. Grant）更為簡略的《聖經詮釋簡史》(*A Short History of the Interpretation of the Bible*)中，討論了塞姆勒和恩內斯特，也討論了其他討論詮釋學的啟蒙時代的作者。

詩中尤指詩人歌唱的競賽（Kampfspiele）；第二個標準（語法的），指語言（不僅僅是語法分析）中的可塑表現；第三個標準（精神的）指其充滿著對國家的愛戴、充滿著勇氣和英雄美德的精神。這些歷史的、語法的和精神的標準，本質上就是我們稱之為作品的題材、形式和精神。此作品精神既揭示了時代的普遍精神，又揭示了其作者的個體性（即「天才」）；它確實是那些相互作用、相互啓發的一種混合物。⓬

阿斯特在剛才討論過的理解標準和說明標準之間做了一個區分。因此，類似於歷史的、語法的和精神的理解標準的，是說明的三個標準：文字的詮釋學（Hermeneutik des Buchstabens），意義的詮釋學（*Hermeneutik des Sinnes*），精神的詮釋學（Hermeneutik des Geistes）。文字的詮釋學範圍被想像得很廣，因為它既包括了對語詞的說明（這似乎要涉及到語法的理解），和對事實的語境（對事物的理解）的說明，也包括了對歷史背景（歷史的理解）的說明。這頭一種詮釋學不僅需要實際地瞭解歷史背景，而且也需要瞭解語言知識，瞭解它的歷史變化和個體特徵。「涵義」（sense）或「意義」（meaning）的詮釋學涉及到對時代和作者的天才的說明。當它由於出現的位置而採取一個特別的方向時，它就確定了意義（在一種給定位置的聯繫中的意義）。例如，一句亞里斯多德的陳述或許與柏拉圖表面相同的陳述有不同的意義，⓭，即使在同一部作品內，兩個字面相同的段落，也許由於它們所處的位置關係到做為一個整體的作品，所以在意義或涵義上就有所改變。對於這種確定的、錯綜複雜的情況來說，為了準確地捕捉一個給定段落的涵義，就有必要具有文學史的知識，具有被運用的特殊形式的知識，具有生活的

⓬ GGHK，第 183～184 頁；V 第 1 卷，第 48 頁。

⓭ GGHK，第 195～196 頁；V 第 1 卷，第 56 頁。

知識和有關作者其他作品的知識。

　　第三個標準是精神的詮釋學，它力圖找出控制觀（Grundi-dee，基本觀），生命觀（Anschauung，見解，尤指對「歷史的」作家的見解），和基本概念（Begriff，概念，尤指哲學著作中的概念），此概念表現和體現在作品中。就尋求「生命觀」來說，在生命的展開中有一種多重性；然而，當尋求「基本概念」時，我們就發現了多重性之後的形式統一體。阿斯特認為，控制觀這個概念表現了意義的兩個其他因素的結合，但是，唯有最偉大的作家和藝術家才完成了這種完滿的、和諧的綜合。在此綜合中，概念的內容和生命觀處於控制觀內的平衡補充狀態中。

　　既然強調的這個觀念是德國浪漫主義思潮一個為人熟悉的方面，那麼我們在阿斯特的詮釋學中發現這一觀念也並不令人驚奇。值得批判地注意的倒是這一事實：阿斯特認為，在「基本觀」中，生命觀和諧的調和導致對時間的超越：「所有的時間性（temporality）都被溶解在精神的（geistige）的說明中」。❹這樣，對歷史的浪漫主義興趣正像對天才和個體性的浪漫主義讚美一樣，都隸屬於這觀念；一切都乃精神之明證。二十世紀的海德格曾激進地斷言，人類實體的歷史特性（以及這種歷史本身）與阿斯特的唯心主義之預設是截然相異的。在啟蒙時代理性主義預設的語境中，在浪漫主義的語境中，歷史都沒有真正成為歷史的；歷史只不過是探尋一種非時間的真理，或一種非時間的精神原始材料而已。

　　阿斯特思想中的另一種觀念預示了即將成為詮釋學的某些東西：即理解本身做為複製（Nachbildung）過程的觀念。阿斯特在其《語法的、詮釋學的和批判的基本路線》一書中，將理解過程看做是創造過程的重複，這種對理解產生方式的看法，本質上與

---

❹ GGHK，第 199 頁；V 第 1 卷，第 57 頁。

施耐格爾、施萊爾馬赫，以及以後的狄爾泰、席美爾的看法相同。這種詮釋學意蘊把說明與做為一個整體的創造過程聯繫起來：詮釋與詮釋的問題現在顯然必須與知識創造性的過程聯繫起來。正是由於理解做為複製這種觀念，詮釋學就有意地超出了以往語文學的和神學的詮釋學。因為理解重複了藝術家的創作過程，所以詮釋學現在就關係到藝術家創作理論的理解過程方面。在這之前，人們還沒有覺察到詮釋與任何藝術創作理論的聯繫。姚金姆・瓦赫（Joachim Wach）甚至這樣斷言：創造出這種聯繫，是阿斯特對詮釋學理論發展的主要貢獻之一。❺

　　精神分析學中的鬼怪不應當使我們恐懼萬分，以至不去考慮藝術創作與文學理論——由此也是與文學詮釋——的關係。儘管我們可以不贊同阿斯特的觀點，即在理解中，藝術家的創造過程是重複的（這種創造已經發生過），但我們仍可以斷定：在藝術作品中交流的經驗必須設法做為事件向讀者再提出來。在啓蒙時

---

❺「赫德瘁先在其宏大的風格中對《聖經》實行了文學批評的——美學的考察……那時，雖然人們很少注意到詮釋與創作理論的關係，但它在博克，尤其是在洪堡以前還是產生了影響。我恰恰在其中看到了阿斯特對詮釋學理論史所做的貢獻的一個方面。我是根據那種內在關係來證明這一方面的。（如果沒有這一方面，我將被稱做語文學的前董）（Herder führt zuerst in grösserem Stil eine literarkritisch-ästhetische Betrachtung der Bibel durch……Bis dahin allerdings hatte man wenig auf die Zusammenhänge von Interpretation und Theorie des Schaffens geachtet, hier hat vor Boeckh vor allem Humboldt gewirkt. Ich sehe gerade darin einen Teil von Asts Bedeutung für die Geschichte der hermeneutischen Theorie, dasser-ohne dass ich philologische Vorgänger zu nennen wüsste-auf diese Zusammenhänge hingewiesen hat）（V 第 1 卷，第 52 頁）。

代的唯理論詮釋學中，不存在藝術家的創造過程與讀者的創造過
程發生關係的基礎，而在後來的浪漫主義者阿斯特和施萊爾馬赫
的唯心主義詮釋學中，這一過程又很明顯地根植於理解的基本操
作上。同樣，在由今日英美批評家所做的實在論的文學詮釋中，
文學著作得以產生的創造過程的問題是不相干的，而對於今日的
現象學詮釋學來說，創造和詮釋二者都同樣根植於理解。由這類
似性我們可看到，我們有關知識的基本理論，和我們有關一部作
品的本體地位的理論，是有多麼決定性的影響，因為它們事先確
定了我們的理論形式，並將它們實際運用於文學詮釋中。

弗里德里希・奧古斯特・沃爾夫

　　弗里德里希・奧古斯特・沃爾夫（Friedrich August Wolf，
1759～1824）在兩位語文學家中更具有特色，也更為有名。他
也缺乏系統，因為阿斯特的《基本路線》（ Grundlinien ）雖然構
成了某種系統性的東西，但沃爾夫卻對體系很少關注。他在其
《關於古代知識百科全書的學術報告》（ Vorlesung über die En-
zyklopädie der Altertumswissenschaft ）把詮釋學限定為「通過
規則來認識符號之意義的學科」。❻這些規則自然隨對象一起變
化，這樣，就存在著一種有關詩歌、歷史和法律的詮釋學。沃爾
夫斷定，應當通過實踐來接近每一個規則；這樣看來，詮釋學基
本上就是一種實踐而非理論的努力。詮釋學是一種規則的集合。
　　照沃爾夫看來，詮釋學的目的就在於「把握一個作者的書面

---

❻德文原句為："Die Wissenschaft von den Regeln, aus denen die Be-
　deutung der Zeichen erkannt wird"，（ VEA，第 290 頁；V 第 1 卷，
　第 67 頁 ）。

的，或甚至口頭的思想，正如作者對這些思想的把握一樣。」[17]
詮釋即是對話，是與作者的對話。他表明作品是一種交際中的努
力，詮釋學的目的旨在於達到一種完美的交際——即把握作者的
主題或觀念，正如作者對它們的把握一樣——這當然沒有墜入心
理主義。沃爾夫主張，詮釋者為了向其他人說明作品，他須「在
氣質上適於」理解這個主題。他須具有與其他人互換思想的普遍
能力；他須具有「立刻使其自身與外來思想的調和」的「靈魂之光
芒」。[18]如果沒有對話的態度，沒有進入另一個人心靈世界的態
度，那麼說明——由此也是詮釋學——就是絕不可能的。

照阿斯特看來，說明必須根植於理解，而理解有別於說明。
在理解中，可直接把握一個形象的意義。要採取的下一步，才是
對其做一種口頭的或文字的說明。沃爾夫則認為，我們是為自己
而理解，但卻是向別人說明。我們一旦把說明確定為我們的任
務，我們就必須知道說明是為誰而設計的。一種說明形式和內容
的變化，將視詮釋到底是為熱情的初學者、無興趣的讀者，還是
為興趣在於關注細微差別的、有眼力的學者而定。但是沃爾夫卻
用拉丁語和德語別緻的混合形式把它提了出來：「除非有明確的
理解，否則無人能夠解釋」（Niemand kann interpretari, nisi
subtiliter intellexerit.）。[19]這樣看來，詮釋學就不可避免地具
有兩個方面：理解和說明。

沃爾夫與阿斯特一樣，提出了一個三重標準的詮釋學；但是
他的第三個階段缺乏阿斯特的精神（Geist）的形而上學。相

---

[17]德文原句為："(Die) geschriebene oder auch bloss mündlich vorget-
　　ragene Gedanken eines ander ebenso zu fassen, wie er sie gefasst
　　haben will"，（VEA，第293頁；V第1卷，第68頁）。

[18]VEA，第273頁；V第1卷，第72頁。

[19]VEA，，第273頁；V第1卷，第74頁。

反，它更多地是實踐的。詮釋學的這三重標準是：語法詮釋、歷史詮釋學和哲學詮釋（interpretatio grammatica, historica, and philosophica）[20]。語法詮釋處理的是語言理解能夠給詮釋提供幫助的一切東西。歷史詮釋不僅關注時代的歷史事實，而且關注作家生活的事實性知識，以達到認識作家所認識之東西的目的。自然，一段歷史事實甚至可以說對認識國家物質的，和地理的特性都是至關重要的。簡言之，詮釋者應具有盡可能多的歷史知識。詮釋的哲學標準用作對另兩個標準的檢查或控制。沃爾夫處處都極力強調實踐性和事實性；然而在一系列遭遇不同問題的規則中，並不存在一個基本系統的統一體。這些規則，仍是詮釋中特殊困難的觀察資料之集合。

對阿斯特和沃爾夫的詮釋學所做的簡短處理，有助於介紹施萊爾馬赫時代的哲學詮釋學。雖然著名的恩內斯特（Ernesti）及其追隨者莫魯斯（Morus）都用拉丁文寫作，但阿斯特和沃爾夫二人都用德語寫作。「語法的」詮釋因素在阿斯特和沃爾夫那裡仍是基本的東西；但恰恰是因為使用德語，故對歷史的把握差別更為微小，對歷史的興趣越來越濃厚。由於轉變為德文，所以就對詮釋的歷史和哲學標準有所深化。施萊爾馬赫繼續了這種朝向哲學詮釋發展的傾向，儘管在他那裡，語法的詮釋仍是很基本的。然而，當詮釋學在朝向心理學詮釋，朝向基於對話中人類理解操作的系統觀念之存在——的方向移動時，堅持哲學的一致性的主張就變得更為顯著了。

---

[20] VEA，第 290～295 頁；V 第 1 卷，第 77～78 頁。

第七章
施萊爾馬赫對於一般詮釋學
的設計

「做為理解的、藝術的詮釋學，並不做為一個一般的領域而
存在，它只是做為專門化詮釋學的一種複數而存在」❶。一八一
九年，施萊爾馬赫（Schleiermacher）在他做有關詮釋學的講演
時，用這條斷言闡釋了他的基本目的：建構一種做為理解的藝術
詮釋學。施萊爾馬赫爭論的實質上也是同樣的東西：原文是否是
一篇法律文獻，一篇宗教經文，或一部文學作品。當然，在這些
不同種類的原文中存在差別，所以每門學科都要為其特殊問題發
展理論工具。但是，在這些差別之下，還有一個更為基本的統一
體。原文是處於語言之中的，這樣就可運用語法來發現句子的意
義；無論是哪類文獻，一般觀念都要與語法結構相互作用以構成
意義。如果所有理解語言的規則得到詳細闡述，那麼這些規則就
包含有一種一般的詮釋學。這種詮釋學可做為所有「特殊」詮釋
學的基礎和核心。

但是施萊爾馬赫竟主張，這種詮釋學並不存在！相反，存在
的只是各種不同的特殊「詮釋學」——主要是語文學的、神學的
和法律的詮釋學。即使在語文學的詮釋學內，也不存在系統的一
致性。沃爾夫（Friedrich August Wolf）更確切地斷定，需要
一種適合於歷史的、詩歌的、宗教的本文——從廣義來說，適合

❶ H，第 79 頁。見第 6 章註釋❶。

於這些類別更細微的分枝——的一種不同的詮釋學。對沃爾夫來說，詮釋學是一種非常實際的東西——它是遭遇特殊詮釋問題的智慧體。各種不同的詮釋問題都有各種不同的規則和設計，這些規則和設計可用以解決由古代希伯來語、希臘語、拉丁語本文提出的特殊語言學的和歷史的難題。詮釋學是一個有助於翻譯古代原典的理論體，但是，此理論日漸累積了越來越多的，對理解古代本文至關重要的因素。阿斯特著名的詮釋學中已經具有更多的哲學傾向，但仍試圖成為百科全書似的，仍試圖使自身基於一種施萊爾馬赫難以接收的形而上學的唯心主義基礎上。他忽略了考察所有詮釋的基本行為——即理解行為、生命行為、情感行為、直觀人類存在的行為——的傾向。

一七九九年，施萊爾馬赫已經在其著名的論文中，談到過有教養的宗教蔑視者，他們斷然拒絕將形而上學和道德當做宗教現象的基礎。宗教在按照某種合理的理想與人的生活打交道，而非與有關他對上帝生物似的依賴的生活、行為和情感打交道。同樣，施萊爾馬赫認為詮釋學與理解的對話過程中具體的、生存著的、行動著的人類有關。當我們開始假定我們滲透到所有對話中時，當我們偏離唯理論、形而上學和道德規範，考察涉及到理解的具體的、實際的境況時，我們就有了切實可行的詮釋學起點，此起點可做為特殊的詮釋學（如聖經詮釋學）的核心。

甚至構成為詮釋學一大部分說明的藝術，施萊爾馬赫也認為是在詮釋之外的。「闡釋一旦處於理解之外，它就變成表現的藝術。唯有恩內斯特稱之為的"Subtilitas intelligendi"（理解的敏銳性）才真正屬於詮釋學」。❷闡釋不知不覺變成了闡述修辭的藝術而非「理解的藝術」。在對話情景中，系統闡述某物並將它帶入談話，就是一種操作；理解所說的東西又是另一種截然不同的操作。施萊爾馬赫爭辯道，詮釋學處理的是後者。說話和理解的這種基本差別就構成為詮釋學中新方向的基礎，它為理解理論

中的詮釋學的一種系統基礎開闢了道路。假如詮釋學基本上不再致力於澄清不同的原文詮釋中變化萬端的實際問題，那麼它就有可能把理解的行為當做它的真正起點：在施萊爾馬赫那裡，詮釋學真正成為了「理解藝術」。

因此，施萊爾馬赫把這種一般問題當做他詮釋學的起點：所有或者任何言辭——無論是口頭的還是書面的言辭——怎樣才能真正「為人理解？」理解的境況，是一種對話關係的境況。在這每一種關係中，都有一個構造一個句子以表達他的意義之說話者和一個聽者。聽者只接收一系列語詞，他可通過某種突如其來的神秘過程來預測它們的意義。這種神秘的、預言似的過程就是詮釋學過程。它是詮釋學的真正所在地（locus）。詮釋學是一門聆聽的藝術。現在，我們就轉向這藝術或過程的某些規則。

ch7-1

理解做為重建過程

在施萊爾馬赫看來，理解做為一門藝術是對本文作者心理過程的再體驗。它是綜合的反面，因為它從固定的和未完成的表現開始，又回到它由之開始的心理生活。談話者或作者構造了一個句子；聽者滲透入這個句子結構和思想中。這樣看來，詮釋就包

---

❷ 德文原句為：“Eigentlich gehört nur das zur Hermeneutik was Ernesti Prol. 4 (IINT) subtilitas intelligendi nennt. Denn die (subtilitas) explicandi sobald sie mehr ist als die äussere Seite des Verstehens ist wiederum ein Object der Hermeneutik und gehört zur Kunst des Darstellens.”（H，第 31 頁）。這則格言可追溯到 1805 年，它是施萊爾馬赫論詮釋學專題的文字註釋之一。同時，它又是他最重要的一個見解，因為它把詮釋學標明為理解而非說明的藝術。

含了兩個相互作用的成分:「語法的」(詮釋)和「心理的」
(詮釋)。(在更廣的意義上,作家的心理生活包容了一切))
無論是語法詮釋還是心理詮釋,這種重建所依賴的原則,就是詮
釋學循環的原則。

ch7-2

詮釋學循環

理解是一種有根本關係的操作:我們理解某物是靠我們將它
與我們已知的某物做出比較。我們所理解的東西自身就構成了系
統的統一體,或由部分組成的詮釋學循環。此循環做為一個整體
規定著個體的部分,部分相結合又構成這個循環。比如整個句子
就是一個統一體,我們之所以能理解一個單獨語詞的意義,正是
因為我們聯繫到整個句子來觀察它;從相互關係上看,做為一個
整體的句子依賴於單個語詞的意義。廣義地說,一個單獨概念從
它所處的語境或視界中就獲得了它的意義;然而視界是由眾多不
同的因素構成,視界給這些因素賦予了意義。通過整體與部分間
的辨證之相互作用,它們就把意義互給了對方;這樣看來,理解
就是一種循環。由於在此「循環」之內意義最終持存著,故我們
就稱它為「詮釋學的循環」。

當然,詮釋學循環這個概念涉及到一個邏輯矛盾;因為假若
我們在理解部分之前必須把握住整體,那我們就從不可能理解到
任何東西。但是我們斷言過,部分是從整體中獲取它的意義的。
另一方面,我們肯定不可能從整體開始無差別地進入部分,由此
看來,詮釋學循環這一概念是有效的嗎?有效。恰恰相反,我們
倒是必須說,邏輯不能完全說明理解的功效。無論如何,一種進
入詮釋學循環的「飛躍」出現了,我們一起理解了整體與部分。
當施萊爾馬赫把理解部分地看做一種比較的東西,部分地看做一

種直覺的、預言的東西時，他就為這個因素留有了餘地。為了根本上起作用，詮釋學循環假定了一種直覺的因素。

詮釋學循環是一則空間比喻，它所表明的是一種共有的理解域。既然交際是一種對話關係，那麼一開始就可假定一個說者和聽者共同擁有的意義共同體。這似乎又涉及到另一個矛盾：被理解的東西必須是已知的。但這不是一回事嗎？向一個不懂愛的人談說愛，或者向那些拒絕作樂的人談說對歡樂的認識，難道不是徒然無用、對牛彈琴嗎？在某程度上，人們必須對被討論的話題略知一二。這可以被稱為進行理解所必不可少的最小限度的前知識。如果沒有這種前知識，則一個人就不可能跨入詮釋學的循環圈。舉一個普通的例子。在讀解一位偉大的作家──如基爾凱郭爾、尼采，或海德格──的著作時，可以遇到根本不可讀解的經驗。問題就在於須得把握住作家思想的整個方向，缺乏這點，單個的斷言甚至整部作品都不可能有意義地說話。有時一個單句都可說明和勾劃出預先沒有連貫成一個有意義的整體的一切，這正是因為此句表明了作者已經談到的「全部東西」

由此觀之，詮釋學循環就不僅是在語言的標準上，而且是在被討論的「話題」的標準上起作用。說者和聽者都須共有語言和他們談話的主題。在每一個理解行為中，前知識原理──或者詮釋學原則──都在談話的媒介（語言）標準和說話的材料（話題）的標準上發揮作用。

語法的詮釋和心理的詮釋

施萊爾馬赫後期思想中的一個漸占上風的趨勢，就是把語言的範圍與思想的範圍分離開來。前者是「語法的」解釋領域，而後者，施萊爾馬赫首先稱之為「技術的」（technische），然後

又稱之為「心理的」。通過測定斷言的位置，語法詮釋就依照客觀的和普通的規律，著手進行詮釋的心理方面則集中於主觀的個體的東西。照施萊爾馬赫的看法，「正像每一次談話都有一種雙重關係——與整個語言的關係和與談話者全部思想的關係——一樣，在所有談話的理解中也存在著兩種因素：把它理解為從語言中抽取出的某物，和把它理解為在談話者的思想中的一個『事實』。」❸「語法的」詮釋屬於這種語言因素，施萊爾馬赫把它本質上認作是一種消極的、一般的——確切地說，調整界線的——過程。在此過程的結構之內，思維的操作被展示出來。然而，心理的詮釋尋求的卻是作家的個體性，和他與眾殊異的天資。就此來說，就需要某種與作家共同的東西；這就不是一種調整界線的操作，而真正是詮釋的積極方面。

當然，兩個方面的詮釋都是必要的，並且事實上二者也是相互作用的。語言的單獨用法在語言自身中會發生變化，然而，一位作家發現他與語言處於對立狀態中，並且不得不在語言上打下他的個體性標記。詮釋者不僅以一種普遍的方式，而且以一種積極的、幾乎是直接的和直覺的方式來理解作家的個體性。正如詮釋學循環涉及到部分和整體一樣，做為一個統一體的語法和心理的詮釋，也涉及到特殊和一般；後一種詮釋既是一般的，調整界線的詮釋，也是個體的和積極的詮釋。語法詮釋表明，在句子結構和作品相互作用的部分中，作品不僅與語言有關，而且還與相同文學體裁的其他作品有關；由此我們可看到部分與整體的原理，在語法詮釋中所起的作用，同樣，人們必須在作家生活的大部分事實的語境，和在與其他人的生活與作品的對照中，觀察作家和作品的個體性。部分與整體相互作用和相互說明的原理是詮

❸ 同上書，第 80 頁。

釋兩個方面的基礎。

所有這一切都預設了這個目標，即詮釋學是做為對本文作者心理體驗的重建。這點，尤為清晰地體現在他一八一九年的陳述中：「（詮釋）這門藝術唯有從一條確定的公式中，才能發展其規則，這條公式是：對給定言辭作歷史的和預言的、客觀的和主觀的重建。」❹很明顯，施萊爾馬赫是想體驗作家所體驗的東西，卻無視言辭與其作者的分離。然而，值得強調的是，無須把這種重新體驗看做是對作者的「心理分析」；相反，它只能斷定，理解是一門重建另一個人思想的藝術。換言之，客觀性並不在於把動機或原因分派給作者的情感（心理分析），而是通過對另一個人言辭的詮釋來重建他的思想本身。

事實上，對一個作者個體性的完全重建不可能通過對原因的分析而產生；這一般來說是不可指望達到的。從心理詮釋的核心觀點來看，一種根本上是直覺的考察是必須的。語法的考察可運用比較方法，從原典的一般進到原典的特殊；心理考察既可運用比較方法，也可運用「預言」方法。「預言的方法是一個人為了直接把握住他的個體性，而將自身轉變為他者的方法。」❺對於這種詮釋因素，一個人須走出自身，並使自身轉變為作者，以便他能夠完全直接地把握作者的心靈過程。然而，客觀性最終並不在於從心理學的立場來理解作者；相反，它旨在最為完滿的接近本文所意指的東西。

---

❹ 同上書，第 87 頁。

❺ 同上書，第 109 頁。

chn-4

詮釋學理解做為對風格的理解

討論施萊爾馬赫對心理直覺的強調，可以使我們忘記他極力強調的語言中心性。這種中心性自始至終貫穿於他對詮釋學的思考中。語法不僅是一個指導我們詮釋的核心中不可分離的因素，而且，個體性的心理學啓示也以一種基本的方式，在作者的特殊風格中得到表達。這樣，無論這種特殊的「才能」具有多深的、有關其他人類的知識，但它如不與語言學洞見的才能——既做為語法的界線調整，又做為通過作家的風格而對其個體性的心理學滲透——相結合，健全的理解就不會產生。總括來說，我們是通過風格來認識人的個體性的；在一八一九年施萊爾馬赫一針見血地總結了風格的重要性：「對風格完滿的理解是詮釋學的整個目標。」❻

chn-5

詮釋學做為系統科學

施萊爾馬赫對詮釋學的思考使鬆散地組織起來的「觀察的集合」進入一個系統連貫的統一體中。的確，他的意圖還要比這更進一步；首先假定這一觀念，即理解是依照被人發現的規律在起作用，然後說明某些使理解得以發生的規律或原則。這個企望，也許可以用「科學」一詞來總結；他尋求的並非是像早期詮釋學中所尋求的那樣一套規則，而是一套規律，藉此，理解才得以發揮作用。這是一門理解的科學，此科學可以指導從本文中提取

---

❻ 同上書，第 108 頁。

意義的過程。❼

ch7-6

從一種以語言為中心到一種以主體
為中心的詮釋學

迄至一九五九年，人們才有可能根據施萊爾馬赫文集中一卷他死後發表的著作，發現他對詮釋學的主要看法。此卷本由他的朋友和學生弗里德里希·路克（Friedrich Lucke）編輯，發表於一八三八年❽。它只是取自作家本人手稿的一部分。此書大多與學生的筆記混雜在一起，雖然施萊爾馬赫本人早在一八〇五年就把筆記留給了他，但這卷一八三八年的著作卻很少包括一八一九年之前的那些筆記。一九五〇年底，海恩茲·金姆勒（Heinz Kimerle）仔細通讀了柏林圖書館中施萊爾馬赫未發表的文章，並將施萊爾馬赫本人論詮釋學的所有著作，以年鑑順序編排在一起。精確、可信地追溯施萊爾馬赫本人思考「一般詮釋學」的設計這條發展線索，就第一次變得可行了。❾

---

❼ 當然，理解仍為一門藝術。正像理查德·尼布爾（Richard R. Niebuhr）在其對施萊爾馬赫詮釋學的啓發性探究〔見他的《施萊爾馬赫論基督和宗教》（*Schleiermacher On Christ and Religion*）一書，第72～134頁〕中正確地觀察到的那樣：詮釋行為對施萊爾馬赫來說是「某種個人的、創造性的東西，也是某種科學的東西，是一個談話者或作者的自我性想像的重建。這樣一種移情的努力必須始終超越語文科學的規則而進入藝術的領域」（第79頁）。關於這點，參見 H，第82頁。

❽ H&K.

❾ 見 H，第9～24頁中有價值的導言，以及他的〈詮釋學理論和本體論的詮釋學〉（Hermeneutical Theory or Ontological Hermeneutics）一文，載 HH，第107～121頁。

　　出現在這個版本中的，不僅是施萊爾馬赫詮釋學的一個較為完美的圖畫，而且還有迄今施萊爾馬赫的未為人知的部分——較早的，以語言為中心的，和很少作心理分析的施萊爾馬赫。在二十頁論詮釋學的格言（時間在 1805 和 1809 年之間），和第一篇試驗性的草稿（時間在 1810 至 1819 年之間）中，施萊爾馬赫提出了一個基本上是以語言為中心的詮釋學。很明顯，施萊爾馬赫一開始就將一種一般的、基本的詮釋學劃分成兩個基本部分：語法的（客觀的）和技術的（主觀的）詮釋學。當然，決定性地脫離語文學的客觀性並從有關對話的條件起步，這都在一八一九年以前的作品中占據優勢。一八一〇至一八一九年間的某個時候，施萊爾馬赫寫道：詮釋學的任務「產生自兩個不同的特點：在語言中的理解和進入談話者的理解」❿。一條早期格言曾這樣陳述道：為了理解他人所說的話，一個人須具有一種對他本人的理解，然而這人最終都是從他的談話來認識他的。⓫詮釋學是在所說的話中理解談話者的藝術，但語言仍為這理解的關鍵。在另一則早期格言中，他斷言：「在詮釋學中，唯有語言預先設定了一切並且也發現了一切；其中，隸屬於其他主觀性和客觀性的預設也須通過語言（或從語言中）來發現。」⓬

　　照金姆勒看來，在以語言為中心的詮釋學，向定向於心理的詮釋學轉變中的決定性因素，就是逐漸放棄思維和語言同一性的觀念。金姆勒說：他之這樣做，自有一種哲學上的原因：施萊爾馬赫把他的任務看做是在超驗思辨哲學的內在性和實證的、經驗的和科學的外在性之間做出調解。在理想的、內在的本質和處在的表象之間，他預設了一個矛盾。這樣，本文就不可能被視為內

---

❿ H，第 56 頁。

⓫ 同上書，第 44 頁。

⓬ 同上書，第 38 頁。

在心靈過程的直接明證，而是要被看做某種放棄語言經驗的迫切要求的某物。如此看來，詮釋學的任務最終就是為了獲得內在過程而超越語言。對語言的探究是必不可少的，但語言不再被看做與思想完全等同的東西。另一方面，正像施萊爾馬赫一八一三年斷言過的：「從本質性和內在性來看，思想及其表現完全是同一的。」❸事實上，施萊爾馬赫並沒稱其詮釋學為方法論（Kunstlehre），直到一八二九年，他才不情願地放棄了思想和表現同一這種基本觀念。

然而，事實上他還是放棄了它，這樣，對詮釋學中心理過程的重建，就不再從內在上被想像為語言學的，而是被想像為與語言個體性相分離的某種不易捉摸的個體性內在功能。在這一點上，金姆勒和高達美在其表達的現代觀點中都增加了語言的份量，而施萊爾馬赫則流於迷途。他放棄了以語言為中心的詮釋學這種真正富於成果的可能性，而墜入糟糕的形而上學之中❹。當然，使施萊爾馬赫得出這些結論的，不僅是由於他自己的唯心主義形而上學❺，而且還由於這一假設：詮釋學的目的是作家心理過程的重建。但是這種假設是成問題的，因為一篇被理解的原文不僅關係到某種模糊不明的心靈過程，而且關係到原文所指的主題和內容。施萊爾馬赫在其早期詮釋學思想中，由於其堅持認為

---

❸ 同上書，第 21 頁。

❹ 見〈施萊爾馬赫關於一般詮釋學的設計〉（Schleiermachers Entwurf einer universalen Hermeneutik）載 WM，第 172～185 頁，尤見第 179～183 頁。亦參見標題為〈施萊爾馬赫詮釋學中的語言問題〉的文章。高達美在有關施萊爾馬赫的研討會上閱讀過此文。這個會議是 1968 年 2 月 29 日為紀念他誕生二百周年而在汪德比爾特神學院（Vanderbilt Divinity School）召開的。

❺ 與施萊爾馬赫詮釋學有關的個體性和天才觀，見 WM，第 179 頁。

一個個體的思想（並且確實也是他的整個存在）本質上都是通過語言——在語言中，對他自身和對他世界的理解是被給定的——才得以確定的，所以，他的主張就更為接近了現代觀念。僅當此觀點表面上同他更主要的系統主張直接矛盾時，他才放棄了這個危及他自己設計的見解。出現在他的早期思想中的這個富有成果的新起點——即基於理解對話中同伴的實際條件的，真正以語言為中心的詮釋學——被他棄之不顧了。詮釋學成為心理學的詮釋學，成為確定或重建一種心理過程的藝術，成為一種本質上根本不被看做是語言學的過程。風格對一位作家的個體性來說，仍被視為關鍵，但它亦指示非語言學的個體性，此種個體性只是一種經驗的明證。

Ch7-∩

施萊爾馬赫的一般詮釋學設計的意蘊

　　無論在後期施萊爾馬赫那裡存在著多少心理因素，他對詮釋學的貢獻仍標誌著詮釋學歷史的轉折點。因為詮釋學已不再被看做附屬於神學、文學或法律這些特殊學科的東西；它是理解語言中任何言辭的藝術。一則富於啓發性的早期格言這樣陳述道：詮釋學正是孩童把握一個新詞意義的方式。❻句子的結構和意義的語境都是孩童的指南，都是一般詮釋學的詮釋系統。詮釋學被看做是對話條件的起點；施萊爾馬赫的詮釋學是一種對話的詮釋

---

❻「每個孩子只能通過詮釋學來實現語詞的意義」（Jedes Kind kommt nur durch Hermeneutik zur Wortbedeutung）（H，第 40 頁）。高達美注意到施萊爾馬赫的這一斷言：「詮釋學是一們避免誤解的藝術」（Hermeneutik ist die Kunst, Missverstand zu vermieden）（H&K，第 29 頁；WM，第 173 頁。）

學。可惜的是，此種詮釋學沒有體會到其對話特性的創造性涵義，而是為它對規律和系統的一致性的企望所迷惑。⑰然而正是由於這個缺陷（依我們現代觀點看），才給詮釋學指出了一個成為一門科學的新方向。

一如我們所見，狄爾泰在尋求「客觀上有效」的知識時繼續堅持了這一方向。按他的假定，詮釋學的任務就在於發現理解的規律和規則。人們可以批評這些假定缺乏歷史理解，因為它們都認為歷史理解有可能在歷史之上，或歷史之外占有一席之地，從歷史中，能夠設計出非時間的「規律」。但是，這種把理解問題當做其起點的朝向詮釋學的運動，是對詮釋理論富有成果的貢獻。唯隔許多年後，這一斷言才會被提出；施萊爾馬赫在科學術語中察覺到的理解的普適性觀念，人們可能會在歷史術語中察覺到，也就是說，這種普遍概念依據的是理解的內在歷史結構，和所有理解中更為特殊的前理解的重要性。施萊爾馬赫，甚至在他之前的詮釋學理論家們在闡釋所有理解得以發生的詮釋學循環這一原則時，都提出了這後一種觀念。

這樣，施萊爾馬赫決定性地超出了把詮釋學看做由試驗和錯誤累積起來的方法，並斷言一般理解的藝術（它先於任何詮釋的特殊藝術）具有合法性。這就提出了現代文學詮釋與理解的某種明晰，或模糊的一般理論的適當關係問題。也許人們會斷言，我們現在應當做出詮釋，而不必試圖去瞭解什麼是詮釋。但是這就與要求做某事，而又不知道所做的事情是什麼毫無二致。當在雅典周圍散步的蘇格拉底詢問工匠們是否知道他們在做什麼時，我

---

⑰ 有關施萊爾馬赫主張的思維自身的對話特性，見尼布爾的文章，第81頁及其後。尼布爾強調施萊爾馬赫的詮釋學與他的辯證法，以及與他的倫理學興趣的關係；既然詮釋者「感到進入」一個作家的道德存在，那麼詮釋本身便成為了一種道德行為（第92頁）。

們能夠想像出面對著蘇格拉底的工匠們的態度。這種粗野的無知自有其吸引力，但卻絲毫無助於美國的文學詮釋，例如，無助於引導它超越新批評的善變的口才，或現代「神話批評」的矛盾。現在，需要的是審度一下什麼是和什麼不是與詮釋密切相關的東西，為此，必須更加適當地確定什麼是詮釋和詮釋什麼的問題。現代文學詮釋應當更多地考慮，它與所有語言學理解的普遍特性的關係。

例如，當聽者理解一句言辭時，假裝從心理學角度關注所發生的事，那是很容易的。被恰當定義的心理學研究，是指努力深入到作家的意圖和心理學研究，是指努力深入到作家的意圖和心理過程的言辭背後的東西。當然，施萊爾馬赫自覺負有此任，然而也正因如此，人們才未將其貢獻當做無效的東西。當然，他對談話者的心理過程所做的不切實際的思考是不合理的，應予取消；但是，施萊爾馬赫在把詮釋問題看做是與聽者的理解藝術不可分離的東西時，我又覺得他是正確的。此句斷言，恰好有助於超越這個幻覺：本文具有一種獨立的、真實的，與理解本文的每一個事件相分離的意義。這樣一種天真的觀點也許假定了理解的本質上的透明性和非歷史性；它也假定了我們在時代和歷史之外都有接近本文意義的權利。然而，需要質疑的卻正是這些假設。

在施萊爾馬赫的詮釋學中另有一個有意義的因素，即是「根據一種與生命的關係」來理解的觀念。這是狄爾泰和海德格詮釋學思想的起點。因為狄爾泰把「從生命本身」來理解生命當做其詮釋學的目標，而海德格抱有同樣的目的，並試圖以一種不同的，更為基本的歷史方式來接近它。一個複雜的思想並不如一條有關作者心理過程的線索一樣使人感興趣，有趣的是它自身中的某物，是一種有關我們本人經驗視界的、為人理解的經驗。為了肯定不可能把理解想像為與我們自己前經驗的意義關係分離開來的東西，我們就無須墜入心理分析。

　　然而，在施萊爾馬赫的詮釋學中，還存在著其他一些令人關注的結果。比如，把理解當做起點，也許會錯誤地使詩歌和散文混雜在一起，或者錯誤地使人接收向嚴肅問題開放的基本心理學理論，和基本人類本性的理論。這種傾向既沒有掩飾一種外來語言翻譯問題，也沒有掩飾易被人重視的滲透到遠古時代的問題；然而，一心集中於理解這門藝術的施萊爾馬赫，卻想使這些傾向比理解本身更無問題。高達美使人注意到施萊爾馬赫詮釋學中諸如此類的問題。他用了一個鮮明的論斷來做結論：「對施萊爾馬赫來說，這並不是個歷史的模糊性問題，而是你（the thou）的模糊性問題。」⓮這樣集中於對話的心理條件，就有可能使人忽略詮釋中的歷史因素，甚至於忽略詮釋學的語言中心性。集中於伴隨著這種錯誤觀念——即理解過程是一種「摹仿」或「重建」——的對話就更易導致他後期詮釋觀點中的誤解。

　　然而，施萊爾馬赫仍被當之無愧地認做是一般研究的現代詮釋學之父。姚金姆・瓦赫他意識到，十九世紀後期，詮釋學理論家們在許多不同學科和思維方向上，都繼承了施萊爾馬赫的詮釋學思想，甚至連十九世紀德國最重要的詮釋學理論都有其影響的痕跡。他們之中，我們只就做出卓越貢獻的威爾海姆・狄爾泰進行討論。

⓮ WM，第 179 頁。

第八章
狄爾泰：詮釋學做爲
人文科學的基礎

ch8-0

　　自一八三四年施萊爾馬赫去逝後，發展一門一般詮釋學這種
設計日漸失去活力。當然，各個方面的詮釋學問題已引起了多方
名人的注意。比如，這些名人有卡爾・威爾海姆・馮・洪堡
（Karl Wilhelm von Humboldt），海曼・斯泰塔爾
（Heymann Steinthal），奧古斯特・博克（August Bockh）、
列歐帕特・馮・蘭克（Leopold von Ranke），德羅伊生（S. G.
Droysen）和弗里德里希・卡爾・馮・沙文格尼（Friedrich Karl
von Savigny）。但是，對這個問題的探討卻已退後到一種特殊
學科的範圍裡，並變成一種歷史的、心理的，或法學的詮釋，而
未成爲一種做爲理解的、藝術的一般詮釋學。然而，近本世紀
末，有天賦的哲學家和文學史家威爾海姆・狄爾泰（Wilhelm
Dilthey）（1833～1911）開始在詮釋學中尋求人文科學（Ge-
isteswissenschaften）──即所有的人文學和社會科學，所有那
些詮釋人的內在生命的表現（不論那些表現是否是姿態、歷史、
行爲、編纂的法律、藝術作品或文獻）的學科──的基礎。

　　狄爾泰的目的，不是要發展獲取「內在生命的表現」的「客
觀上有效」的詮釋方法。同時，他對人文學科中純粹接收自然科
學的名詞和思維方式，並將它們用來研究人這種傾向做出尖刻反
應。由於受奧古斯特・孔德（August Comte）和蘭克影響的唯
心主義傳統已不再是一種可行的選擇，所以他斷定，具體的經驗

而非思辨，必須是文學科學理論的唯一可接收的起點。狄爾泰的思想特徵，就在於他真正領悟到德國「歷史學派」認識論的非一致性主張，即「客觀性」是做為一種唯心論和唯實論觀點不加鑑別的混合物。具體的、歷史的、活生生的經驗必須是人文科學的起點和終點。生命本身在於我們必須從生命中發展我們的思想，並使我們向生命質詢。我們並不試圖深入到它背後的一個觀念的題域：「我們的思想不能深入到生命本身之後的隱蔽處。」❶

這種對返回生命本身的強調帶有點浪漫主義的味道。狄爾泰發表的論德國「狂飆運動」（Storm and Stress），論諾瓦利斯（Novalis），歌德，施萊爾馬赫的論文並沒有令人驚奇的地方。他完全沉浸於浪漫主義的遺產中，以至於他認為，實論主義和唯實論在其各種形式中，都最終沒把握住十分明顯的完滿、直接，和變化的活生生的經驗。在狄爾泰那裡，我們意識到十九世紀思潮中的某些基本衝突：即使在尋求「客觀上有效」的數據時，也有對直接性和總體性的浪漫的渴望。他無休止的反對歷史主義和心理主義，並部分地超越了它們，因為出現他思想中對歷史的理解，遠比德國歷史學派對歷史的理解更為深入。在一八九○年他轉向詮釋學時，他又決定性地超越了他從對施萊爾馬赫詮釋學的研究中接收過來的心理學傾向。正像荷吉斯（H. A. Hodges）在其論狄爾泰的著作中評述過的，在狄爾泰之前，兩種偉大的哲學傳統都是分離開的。它們是英法的經驗實在論和實論主義，以及德國的唯心主義和生命哲學。❷狄爾泰試圖為人文科學的認識論鑄造一個基礎，此基礎成為了研究人的適當方式的兩種基本牴觸觀的會聚地。

為了理解狄爾泰的詮釋學，我們必須首先澄清他努力尋找人

❶ GS，第 5 卷，第 5 頁；V，第 3 卷，第 184 頁。

❷ PhWD，第 2 章。

文科學方法論基礎的問題和目的的語境。這涉及到理解有關(1)狄爾泰的歷史觀，以及(2)他的「生命哲學」方向——的設計。

ch8-1

尋找一種人文科學方法論基礎的問題

狄爾泰在急須擺脫自然科學的還原論和機械論的觀點，以發現一種足以接近現象的完滿性的語境中，首先觀察到這項設計，即系統闡述一種適合於各種科學——它們都集中於理解人的表現（社會的和科學的表現）——的方法論。為此，一本近來論及狄爾泰文學理論的著作稱它為一種「現象的邏輯考察」。❸由此觀之，尋找這種方法論基礎的任務就被看做(1)一種認識論問題；(2)一種加深我們歷史意識的東西，以及(3)一種從「生命本身」來理解表現的需要。當人們理解了這些因素時，對「人文科學」的考察和對自然科學的考察之間的區別就顯而易見了。

對狄爾泰來說，當我們理解一種人為地創造的現象時，任何一種描述發生事件的形而上學基礎一開始就遭到拒斥，因為它幾乎不可能產生被認做普遍有效的結果。相反，將何種知識，何種理解特殊化的問題才尤為適合詮釋人類現象。他追問道：什麼是理解——它是所有對人研究的基礎——這一行為的特點。簡言之，他不是用形而上學的術語，而是用認識論術語來洞察這一問題的。

在某種意義上，狄爾泰沿襲了康德的「批判唯心主義」，即

❸ 庫爾特‧米勒——伏爾黙（Kurt Müller——Vollmer）的《朝向文學研究的現象學理論：威爾海姆‧狄爾泰的「詩學」研究》。（ *Towards a Phenomenological Theory of Literature: A Study of Wilhelm Dilthey's "Poetik"* ）

使他只是一個「生命哲學家」而非新康德學派的成員。康德曾著
寫過一本為科學奠定了認識論基礎的《純粹理性批判》（*Critique
of Pure Reason*）。狄爾泰也有意給自己定下的撰寫一本《歷史
理性批判》（*Critique of Historical Reason*）的任務，旨在為
「人文研究」奠定認識論基礎。他並沒有懷疑康德的範疇適合於
自然科學，但他卻洞察到在時間、空間、數字等諸如此類的東西
中，很少有理解人的內在生命的可能性；「情感」這個範疇似乎
也沒判明人類主觀性的內在歷史的特徵。狄爾泰斷言：「這是一
個進一步發展整個康德的批判態度的問題；但是，這一發展須在
自我解釋（Selbstbesinnung）的範疇，而非知識理論的範疇中進
行，在對歷史理性所做批判，而非（純粹）理性批判中進行。」
❹

　　「唯有通過歷史而非通過反省，我們才會最終認識自身。」
❺對狄爾泰來說，理解人的問題是一個恢復我們自己生存的「歷
史性」（Geschichtlichkeit）的意識問題。而此意識已在科學統
計的範疇中消失不見了。我們並非在「力」（power）的機械範
疇中體驗生命，而是在複雜的個體意義因素中，在做為一個整體
生命的直接經驗的因素中，在對特殊性的忠實把握中來體驗生命
的。這些意義的單元需要過去的語境和未來期望的視界；從內在
上說，它們是現世的和有限的，人們依照這些方面（即歷史方
面）來理解它們。（這種歷史性以後在涉及到狄爾泰詮釋學本身
時將予以討論。）

　　在狄爾泰的生命哲學的視界中，人們察見到系統闡釋一種人
文科學的理論問題。生命哲學通常大都與十九世紀三位哲學家尼
采、狄爾泰和柏格森有關。波爾勞（O. F. Bollnow）在其論生

---

❹ GS，第 5 卷，第 xxi 頁。

❺ 同上，第 7 卷，第 279 頁，也散見各處。

命哲學的發展這本有益的書中❻，將這種普遍的思想傾向追溯到十九世紀對形式主義，有防腐力的理性主義，以及確實以其完美性而忽略了完整的個人、生命、情感、意志的個體性——的所有抽象思維的反叛。照此觀之，盧梭、耶可比、赫爾德、費希特，施萊爾馬赫以及其他十九世紀思想家們，在努力獲取世上人類存在的經驗的完美性時，就預示了生命哲學的到來。在這些不同的思想家們中，人們可見到生命哲學家為獲取一種未被外界和文化所歪曲的實在所做的努力（「生命」（life）一詞甚至在當時都是一種反抗習俗固定化和確定化的戰鬥之吶喊）。波爾勞說：「它（生命）指人集中的內在力量，尤指與合理理解的統治力量對立的情感和慾望的非理性力量」。❼弗里德里希·施萊格爾（Friedrich Schlegel）把「生命哲學」稱做活生生的人類意識的表現，稱做與「經院哲學」的抽象費解的思辨相對立的人類生活。費希特則把他的整個哲學基礎當做存在的固定性，和生命有力向前的流動之間的相互對照。

與生命哲學有親緣關係的思想家們的名字還可無限增加，其中，重要人物包括威廉·詹姆士（William James），馬克思（Marx）、杜威（Dewey）、佩斯塔羅茲（Pestalozzi），浦列斯納（Plessner）和謝勒（Scheler）等。波爾勞從中選出了尤為引人注意的喬治·席美爾（Georg Simmel. 1858～1918），路德維希·克拉格斯（Ludwig Klages，1872～1956），和約塞·奧爾特加·卡塞特（Jose Ortega y Gasset，1883～1955）❽。所有這些人中，都存在著一種普遍的傾向，就是試圖返回到活生生經驗的完美性中；同時，這多半也是反叛技術文明中的形式的、

❻ L。

❼ 同上書，第5頁。

❽ 同上書，第144～150頁。

機械的、抽象的傾向。精神（Geist，在謝勒術語的意義上）或存在（Sein，在費希特術語的意義上）的力量象徵著固定性和死亡；生命（Leben）的力量才是動力，才是創造性和意義的所有形式的源泉。

在狄爾泰那裡，這種對照當被運用到理解人的內在生活和人的經驗任務中時，它就將自身表現為一種對自然主義的、定向於偶然性的思維形式的批判。狄爾泰主張，人的內在生命的動力學是一個有關認知，情感和意識的複雜問題，它們不能受制於偶然性規則，和機械的、定量思維的固定性。就理解人這個任務來說，求助於《純粹理性批判》中的思想範疇，實際上就從生命之外強加了一套決不可能從生命中獲得的抽象範疇。這些範疇是靜態的、非時間的、抽象的，即都是生命本身的對立面。

人文科學的目標不應當依照生命之外的範疇，而應當依照生命所固有的範疇來理解生命。必須從生命本身的體驗中來理解生命。狄爾泰輕蔑地評論道：「在由洛克，休謨和康德建構的『認識主體』血脈中，沒有流動著的真正血液。」❾在洛克、休謨和康德那裡，存在著一種明顯的傾向，即把「認識」局限於情感和意志相分離的認識能力中。然而事實上，我們卻是依照過去、現在和未來，依照我們的情感、道德要求和道德命令來領悟、思考和理解的。返回到出現在活生生的經驗之中有意義的統一體，乃是明顯的需要。

在狄爾泰看來，返回到「生命」並不意味著返回到所有生命（包括人類與非人類）的某種神秘之基礎和來源，或返回到某種基本的精神活力之中。相反，人們是依照「意義」來觀察生命的；生命是「從意義中認識到的人類經驗」。❿在狄爾泰拒絕把

---

❾ GS，第 5 卷，第 4 頁；也見 L，第 121 頁。

❿ L，第 12 頁；見 GS，第 8 卷，第 121 頁：「生命在此把握生命」（Leben erfasst hier Leben）。

現象的語詞僅當做表象時，我們覺察到了狄爾泰的反形而上學的情緒：「思想不可能深入生命背後的隱密處」。⑪生命的範疇並非根植於一種超驗的實在中，而是根植於活生生的經驗之實在中。黑格爾曾經表達過他從生命自身來理解生命的意圖，狄爾泰則將此意圖放在一種反形而上學的語境——也許既非唯實論的語境，亦非唯心論的語境，而是一種現象學的語境——之中。狄爾泰效法黑格爾，斷言生命是一種「歷史的」實體；然而，歷史於狄爾泰來說，並不是一種絕對目的或絕對精神之明證，而是生命的一種表現。生命是相對的，它以多種形式來表現自身；在人類經驗中，生命從來不是絕對的。

Ch8-2

「人文科學」與「自然科學」的對立

從 岑科/科學？

按照研究人的方法，前面的討論意味著什麼？狄爾泰爭論道：「人文學科」或「人文科學」已經鑄造了一種詮釋人文現象的新模式，此模式必須來自活生生的經驗自身的特性；它們必須基於「意義」而非「力」的範疇，基於歷史而非數學。狄爾泰洞察到了在所有人文學科和自然科學之間存在著一種基本區別。⑫

人文學科僅僅處理有意義的事實和現象，而不處理對人沈默的事實或現象。僅當這些事實或現象展示了人的內在過程，展示了人的「內在經驗」時，它們才是有意義的。適合自然客體的方法論，除去它們做為自然客體的地位外，並不足以理解人類現

⑪ GS，第 8 卷，第 184 頁。

⑫ 見卡爾·米恰爾森（Carl Michalson）《信仰的合理性》（ The Rationality of Faith ），因為對相互對立理解所做的這一詳細考察適合這一領域。亦見 GS，第 5 卷，第 242～268 頁；第 7 卷的各處。

象。然而某種不可用於自然科學中的東西，人文科學卻使它們有用，即通過心理轉換的神秘過程來理解另一個人的內在經驗。狄爾泰斷言道：「正圖為（人理解人時）真正的轉換能夠發生，正因為思想的類似性和普適性……能夠向外顯現並構成一個社會的、歷史的世界，所以發生在人類之中的事件和過程就能夠與那些動物區分開來。」⓭由於這種「真正的轉換」可通過體現內在經驗的客體而發生，人們就能夠對理解——它不可能與其他客體有關——達到一定程度的認識。這種轉換之所以發生，顯然是因為我們自己心靈體驗的事實，和另一個心靈體驗的事實之間存在著一種類似之處。伴隨著相似性的這種轉換現象，使人們有可能在另一個人身上，發現我們自己經驗的至深隱密處；從這種遭遇中，人們能夠發現一個更為充實的內在世界。⓮

　　狄爾泰緊步施萊爾馬赫後，將此轉換看做是對另一個人內在經驗世界的重新建構和重新體驗。然而，他的興趣並不在於他人而在於世界本身。他將此世界看做「社會的——歷史的世界」；它是內在道德命令的世界，是一個情感和反應的共有統一體，是一種審美的共同體驗。我們能夠滲透到這種內在的、人類的世界；但這不是通過內省，而是通過詮釋，通過對生命的表現的理解，即通過辨讀人在現象中打下的印跡。

　　照此看來，人文科學和自然科學之間的這種差別，就既沒有必要存在於人文學科的一種不同客體中，也沒有必要存在於一種不同的直覺中；本質的差別倒是存在於語境——感知的客體在此之中被人理解——之中。⓯人文科學有時也利用與自然科學一樣的客體或「事實」，但卻是一種關係的不同語境——即包括或涉

⓭ GS，第 5 卷，第 250 頁。

⓮ 同上。

⓯ 同上書，第 248 頁。

及到內在經驗的語境中利用它們的。與人類經驗無關的東西才是自然科學的特徵；與人的內在生活有關的東西，會不可避免地出現在人文學科中。狄爾泰說：「照此看來，自然科學和人文科學之間的差別，就基本上不是依認識的特殊方式，而是依內容的不同來定。」❶相同的客體和相同的事實可以包含不同的關係系統；人文科學可以接收客體和事實，並將其用於來自生命本身中的、新的、非科學的「範疇」。例如，要說明一個客體，既可依照純粹的因果範疇（即依照一種科學方式），或也可聯繫到此客體告訴我們的有關人的內在生活的東西，或者聯繫到它更為客觀地告訴我們的有關人的社會的——歷史的世界（這兩個世界都是人的內在生命的結構和明證）的東西。自然科學不能利用精神事實（Geistige Tatsachen），但仍不失為自然科學；人文科學則能夠利用精神事實，但是，人們探討的僅僅是與有感情、有意志的人有關的外在世界，而事實，也僅當它們有助於或有礙於人類的目的時，才是有意義的。

　　狄爾泰相信，適用於人文科學的關鍵詞是「理解」（Understanding）。說明適用於科學，但是考察把內在和外在結合起來的現象都是理解。科學說明自然，人文學科則理解生命的表現。❷理解能夠把握單獨的實體，而科學則須把個體看做接近普遍模式的手段。尤其在藝術中，我們為了特殊而評估特殊，我們依依不捨地留連在理解特殊的個體性現象中。此種專注於個體生命的興趣，與對自然科學的態度和處理程序基本對立。狄爾泰爭論道，人文科學必須闡述理解的方法論，這種方法論將超越科學的還原主義方法論，並返回到生命的「充實」和人類經驗的「充

---

❶ 同上書，第 253 頁。

❷ 德文原句為：我們說明自然，我們理解內在的生命（"Die Natur erklären wir, das Seelenleben verstehen wir"）（同上書，第 144 頁）。

實」之中。

這就為我們瞭解狄爾泰人文科學思想提供了一個普遍觀念。但是，他對人文科學和自然科學的分離所做的描述能夠受到辯護嗎？即使狄爾泰的一些最為堅定的支持者們，也不得做出否定的表示。其遺著的保存者喬治·米施（Georg Misch）早就承認，兩種考察的富於生產性的和解不僅可能，也是指日可待的。波爾勞也正確地觀察到：這些區別，正像在知識的兩大分支理論的自我理解中是頗有裨益一樣，人們也須及承認，理解既非局限於人文學科，也非局限於自然科學的說明過程。相反，兩種功用不同程度上都結合在知識的每一種真實行為中。具有諷刺意味的是，站在現在的高度來觀察狄爾泰雖力圖克服，但還是滲透到他的人文科學觀的科學觀和歷史主義，竟然是可能的，因為他追求的「客觀上的有效知識」本身就是一種完滿、明晰的數據科學理想的表現。這令人察覺不到地把他的思維導向，與科學思維一致的心靈生活之非時間的、空間化的隱喻和比喻。另一方面，施萊爾馬赫的遺產把他引向做為重建的理解概念，引向一種心理化的傾向中。當他開始轉向——即將他的理論基於詮釋學而非一種新的心理學——時，他才緩慢地、吃力地將自己從心理學中解救出來。

然而依照生命本身理解生命的設計，加深理解歷史方面的趨向，又滲透到人文學科中的科學主義的尖銳批判——所有這些，自狄爾泰以來，都在詮釋學中起了至關重要的作用。在他身上，我們看見了某些基本問題和做為問題展開的詮釋學目標。海德格的意圖就是指設定這些目標，他在努力超越他的先師愛德姆·胡塞爾（Edmund Husserl）的科學傾向時，明顯返回到狄爾泰那裡。⑱

---

⑱ 見 SZ，§77。

oh8-3

狄爾泰的詮釋學公式：
經驗、表現、理解

　　狄爾泰說：「僅當科學的對象通過一種基於生命、表現和理解之間的系統關係程序變得接近我們時，這門科學才隸屬於人文科學」。⓳這種「經驗——表現——理解」（experience-expression-understanding）的公式遠非不解自明的，因為按照狄爾泰的生命哲學，每個術語都有一種截然不同的意義。讓我們分別考察一下每個術語。

oh8-3-1

經驗

　　在德語中，「經驗」有兩個對應詞："Erfahrung" 和更帶技術性的、近代的詞 "Erlebnis"。前者指普遍的經驗，比如一個人談及他生活中的「經驗」。狄爾泰使用的是更為特殊，更為限定的術語 "Erlebnis"。它的動詞是 "erleben"（體驗，尤其體現在個體事例中）。動詞 "erleben" 本身就是一個相當近代的詞，它由詞根加前綴 er（它一般被用作一種強調的前綴，以加深主詞的意義）構成。這樣，經驗一詞在德語中就是與動詞「生活」同性質的詞，是一種強調形式，此形式當我們遭遇到它時，就表明了生命本身的直接性。德語 "Erlebnis" 做為單數名詞，在狄爾泰以一種很為特別的意義使用它之前，實際上是不存在的，儘管這詞的複數形式 "Erlebnisse" 也出現在歌德著作中。狄爾泰從他那裡毫不懷疑地接收了這個術語。

　　狄爾泰把 "Erlebnis" 或「活生生的經驗」界定為由共同意義

⓳ GS，第 7 卷，第 86 頁；轉引在 PhWD，第 249 頁。

結合起來的一個單元：

> 時間之流中的東西，由於它有一種單一的意義，所
> 以它就構成了一個現在的統一體。那種東西即是我們能
> 夠指示為一種經驗的最小實體。更進一步，對生命的過
> 程來說，每個人都可以通過一種共同意義，把結合一起
> 的、生命部分之包覆一切的統一體稱為一種經驗——即
> 使由於干擾的事件，而使幾個部分各自分離開來。⓴

換一個說法，例如，一幅畫的有意義的經驗，也許涉及到許
多為時間所分離開來的遭遇，但它仍被稱為「經驗」(Erlebnis)。
帶有浪漫色彩的愛的經驗卻不是基於一種遭遇，而是使各種事
件、時間和地點結合在一起。但是，這些事件（時間和地點）做
為「一種經驗」的意義統一體，卻使它們從生命之流中提取出
來，並將它們結合在一個意義的統一體——即經驗之中。

這個意義單元的特徵是什麼？狄爾泰詳細地陳述了這個值得
注意的問題。理解這種被稱之為的「經驗」所構成的東西，是理
解他的詮釋學的基礎。首先，經驗並未被分析為意識的反思行為
的「內容」，因為這麼一來，經驗就成了我們意識到的某物；相
反，經驗即是行為本身。它是某種我們生活於其中，並且要經歷
的東西。它是我們面向生活的態度，我們就是在此態度中生活
的。簡言之，經驗本身就是體驗，因為它在前反思的意義上被假
定的。此後，經驗就可能成為一種反思的客體，但是這樣以來，
經驗就不再是直接的經驗，而成為另一種遭遇行為的客體了。如
此觀之，經驗與其說是一種具有內容的東西，不如說是一種意識
行為；經驗並非是被分析為與意識對立，並且去把握意識的某
物。㉑

⓴ GS，第 7 卷，第 194 頁。

㉑ 同上書，第 139 頁；PhWD，第 38～40 頁。

這意味著經驗沒有也不可能直接去領悟自身。因為如若這樣，經驗自身就會成為一種意識的反思行為。經驗並非意識的「材料」，因為如果它是材料的話，它就會做為客體而與給予經驗的主體相對立。這樣看來，經驗存在於主——客體的分離之前，這種主——客體的分離自身，便成為為反思思維所利用的模式。事實上，經驗並未與領悟或領會（innewerden）本身區別開來。經驗（Erlebnis）展示它與我們所稱之為的「直接的、活生生的經驗」之生命有直接的聯繫。

對這種先於反思思維不易把握的領域所做描述性的分析，必須是人文科學和自然科學的基礎。但是這對前者尤為重要，因為人文主義範疇和詮釋學的理解必須從它之中獲得。這種前反思意識的領域正是胡塞爾和海德格的現象學所主張的。當狄爾泰力求補充與其生命哲學密切結合的方法論設計時，當它澄清純粹的「思維」和「生命」（或經驗）之間的區別時，他就在為二十世紀的現象學奠定基礎。比如，狄爾泰斷言：

> 「活生生的經驗」將其自身向我呈現（從字面上講，「是為——我——存在」）的方式，完全不同於圖像處於我們面前的方式。經驗的意識及其構成是相同的；在為——我——存在的東西，和經驗中為——我——存在的東西之間，並不存在著分離。換言之，經驗並非像一件客體一樣與其經驗者相對離，相反，經驗的為——我——存在倒是與為我而呈現於經驗之中的什麼（Whatness）毫無二致。[22]

然而，把經驗認做指示某種純粹主觀的東西，實在是一個重大錯誤，因為經驗在成為客體（據此也可以承認它與主觀性的分離）

---

[22] GS，第 7 卷，第 139 頁。

之前，正是為——我——存在的實在。從這種先天的統一體中，狄爾泰試圖鑄造一種範疇。這些範疇與其說是包含在經驗中結為一體的，與情感、認識和意志相分離的因素，不如說也許是像「價值」、「意義性」、「結構」和「關係」這一類範疇。在系統闡述這些範疇時，狄爾泰遇到很大的困難，然而，這一任務又極為重大。他旨在獲得客觀上的有效知識這一目標，制約了他的選擇，也正是這一目標過多地限制了他的思維。同時，我們還必須讚許他無止無息地迫切要求範疇——這些範疇表達了「生命和歷史的自由」——的方式。㉓他的洞見之富於成果，乃是因為他將經驗看做一個主體—客體之前的一個領域，其中，世界和我們對世界的體驗是被假定結合在一起的。他清楚地覺察到人類與世界遭遇主—客體模式的欠缺貧乏，以及情感與客體、情感與理解的總體行為的膚淺分離。他輕蔑地指出：「我們是在一個向我們呈現自身的客體範圍而非一種『感性』範圍內，是在意義、價值等等的範圍而非『情感』的範圍內生活和行動的。」㉔他感受到，把人的感覺與情感分離開來是何等的荒謬。

在狄爾泰那裡，更富成果的是他對「經驗」中假定的「語境關係」之時間性的強調。經驗並非是一種靜態的東西；相反，經驗在其意義的統一體中，更傾向於接近和包涵在意義的總體語境中對過去的恢復和對未來的介入。若不依照人們對未來的期待，它也不可能使自身擺脫過去提供給它的材料。照此看來，過去和未來就與所有經驗的呈現一起構成為一個結構統一體，並且這種時間的語境乃是不可迴避的視界，對現在的任何領悟都在視界中得到詮釋。

狄爾泰不厭其煩地證明，經驗的時間並非反思地由意識強加

㉓ 同上書，第 203 頁。

㉔ GS，第 6 卷，第 317 頁。

的某物（康德信徒則會採取這種態度：心靈是一個統一體強加在知覺上的積極動因），相反，它在給予我們的經驗自身中已經是模糊不明的。在這一方面，狄爾泰可以被稱之為一個現實主義者而非理想主義者；正如海德格談到的，經驗的時間性是與經驗自身「同等原始的」東西。它從來不是給經驗添加上去的某物。設想一下，一個人試圖在一種反思行為中有意識地把握人的生命過程或進展（Das Lebensverlauf）（在這種特殊訓練中的統一體是有啓發性的，因為它幾乎像一面鏡子，反映著在前反思標準意識中的這個實際被給定的統一體）狄爾泰描述了他自己對此做出的努力：

> 當「經驗」（das Erlebnis）成為我反思的客體時會出現什麼？我夜不能寐，（比如）擔憂我有多大可能性完成我而邁之年開始的工作；我反覆思考該怎樣做。在此「經驗」中有一套關係的結構：一種對境況的客觀把握成為它的基礎，而一種關注於，並努力客觀地把握事實的態度（Stellungnahme），與努力超越這一事實的態度一道，都基於這種經驗的基礎上。所有這些，都是在它的（事實的）結構的語境中的為——我——存在（there-for-me）。當然，我現在把境況帶入到有辨別力的意識中，我突出這種結構的關係——我已把此關係「隔離」開來。但是，我這裡顯示出的一切東西都真正包含在經驗自身中，而這些東西又只有在反思的行為中才會被揭示出來。❷❺

一種「客觀地把握的事實」的「意義」，與事實本身一樣是被給定的，意義從內在上來說是現世的，它依照一個人的生活語境而

---

❷❺ GS，第 7 卷，第 139~140 頁。此段為意譯，而非字面上的翻譯。

被定義。狄爾泰緊接上段，繼續認為這是意指某種基本上，對所有人類實在的研究有意義的東西：「構成我們生命的發展觀（Anschauung des Lebensverlauf）的組成部分，都會被含包在生命自身之中。」❷我們可以稱此為內在的時間性或歷史性。它們並非被強加在生命之上，而是生命自身所固有的。狄爾泰斷言了一個詮釋學最為重要的事實：經驗從內在上講是時間性的（此詞在最深的意義上意味著歷史的），由此對經驗的理解相應，也在思維的時間範疇之內。

狄爾泰由於堅持經驗的時間性，所以他斷言：所有後來的努力都基本上，肯定了人類在——於——此——世的「歷史性」。歷史性並非意味著集中於過去的，或某種將人束縛於死人觀念的傳統心理；歷史性（Geschichtlichkeit）本質上正像我們描述過的那樣，是對人類經驗的時間性的肯定。它意味著我們只有在過去和未來的視域中，才能真正理解現在；這並非一種有意識的努力，而是被建構成的經驗本身之結構的東西。但是，對歷史性的揭示並未產生詮釋學的後果，因為人們不可能再假設詮釋的非歷史性，這種非歷史性使我們滿足於這個分析：固定地保留科學範疇中的基本上不同於人類經驗的歷史性東西。它嚴肅地表明，經驗並非是在科學範疇中被人理解的。所以，制訂適合於活生生經驗特徵的「歷史」範疇，這個任務就顯而易見了。

表現

在經驗——表現——理解公式中的第二個術語 "Ausdruck" ——可以被譯做「表現」。在使用這個術語時，我們不應當機械地將狄爾泰與藝術的表現理論結合起來。因為這些理論是在主

---

❷ 同上書，第 140 頁。

——客體的框架之中。比如，我們幾乎無意識地將「表現」這一術語與「情感」聯繫起來；我們「表現」我們的情感，並且一種藝術表現理論地，普遍把作品看做情感的符號表現。詩歌創造的表現理論倡導者之一華滋華斯，就將一首詩看做有力的情感自發流溢。狄爾泰在使用 "Ausdruck"（表現）時，原則上並不指充溢或情感，而指某種更多包覆著的東西。對狄爾泰來說，表現不主要是一個人情感的表現，而是一個人「生命的表現」；表現可指一個觀念，一條規律，一種社會形式，可以指語言——即任何將內在生活的印跡表現在人類之上的東西。它主要不是一種情感的符號。

也許還不可把 "Ausdruck" 譯做「表現」，而是要譯做心靈——即人的知識，情感和意志——的一種「具體化」（objectification）。詮釋學的客觀化意蘊，在於有了它，理解就能被集中於一種活生生的、經驗的、固定的、「客觀的」表現，而非集中於通過反省對它的努力把握。狄爾泰承認，反省從不可能用做人文學科的基礎。因為對經驗的直接反思既產生了(1)不能與人交流的直覺，又產生(2)自身是一種內在生活表現的概念化。所以，在人文學科中，反省對自我認識和認識他人來說，都是一種不可依賴的方式。人文學科必須集中於「生命的表現」，這些集中於一種生命具體化的學科，從內在上講即是詮釋學的。哪些客體是人文學科的研究對象？狄爾泰就其範圍做了限定：「人類精神將其自身對象化了的一切事物都處於人文科學領域之內。它們具有與理解同樣廣闊的範圍。理解在生命本身的對象化中自有其真正的對象。」⑳

---

⑳ 同上書，第 148 頁

Ch8-3-3

藝術作品做為活生生的經驗之具體化

　　假若人文科學的範圍廣大無邊，那麼它也適合理解藝術品，尤其是理解文學藝術作品嗎？狄爾泰將生命或人的內在經驗（對狄爾泰來說，「生命」既不是一種形而上學的東西，也不是活生生的經驗自身背後深藏的源泉；人類經驗並非預先假定進入反思背後的東西）的各種表現劃分為三個主要範疇：(1)觀念（Ideas）（即「概念、判斷和更大範圍的思想形式」）是「純粹的思想內容」，它們獨立於處所、時間，和持有觀念的個人，為此，觀念就具有某種精確性並易於交流。(2)行為（actions）更難詮釋，因為行為中總存在著一個確定的目標，但唯費心周折，我們才能確定在導致這種行為的決策中起作用的因素。比如法律就是一種公共的或共同的行為，但是同樣難以運用；例如人們不可能知道，在做出這一行為時違反了什麼。(3)最後，還有活生生的經驗表現（expressions of lived experience）。它從內在生命的自發表現（如驚嘆、姿態等），擴展到體現在藝術作品中的有意控制表現。

　　狄爾泰一般稱前兩個範疇——觀念和行為——為「生命的明示」（Lebensäusserungen），但對第三個範疇，他則傾向於保留更為特殊的術語「活生生的經驗之表現」（Erlebnisausdrücke）。在此範疇中，人的內在經驗達到最完美的表現，在其中，理解也遭遇到它最大的挑戰：

　　　　活生生的經驗的表現（與觀念或行為）是多麼的截然相異！在它做為生命自身的表現和產生它的理解之間，存在著一種特殊的關係。表現所能包容的內在生命之聯繫（seelischen Zusammenhang）超過任何反省所

能領悟到的東西，同時表現是從意識絕不能揭示的深度
中浮現出來的。❷

當然，藝術作品以其靈活性和可靠性大大超過了純粹的姿勢和驚
嘆，因為姿勢可以偽裝，而藝術僅僅指表現經驗本身，照此觀
之，它就不屬於偽裝：

> 在藝術傑作中，有一種觀點（一種精神，ein
> Geistiges）脫離了（sich loslöst）它的創造者、詩人、
> 藝術家或作家，我們也由此步入了表現者終止了的欺騙
> 題域。真正的傑作不可能試圖去反映一種不同於其作者
> 的內在內容（geistigen Gehalt）的實在。為了確實不
> 希望談有關它的作者的任何東西。為了忠於它本身，它
> 就固定地、不可見地、持久地存在著……❷

表現在姿勢，任何人類行為或人類境況中為偽裝的問題，隨著與
它牴觸的興趣相互作用而消失了，因為藝術作品根本不指向其作
者，而指向生命本身。正是如此，藝術作品才是人文學科最可信
賴、最為持久和最實於成果的對象。它由於這種固定的客觀地
位，就有可能變成一種穩定的、藝術的表現理解。「為此，在認
識和行為之間的區域中出現了一個圈子或題域，其中，生命以一
種在觀察、反思，或理論中不可接近的深度將自身揭示出來。」❸

在所有藝術作品中，那些用語言表達的作品，也許具有最大
的力量來揭示人的內在生活。既然文學作品中存在著這些固定
的、未加改變的對象，那就出現了一種有關本文詮釋的主要理

---

❷ 同上書，第 207 頁。
❷ 同上。
❸ 同上。

論：詮釋學。狄爾泰斷言，詮釋學原理能揭示一般理解理論的途徑，因為「畢竟……對內在生命的結構的把握是基於對作品的解釋，在作品中，內在生命的結構最終完滿地得到表現。」[31]這樣，照狄爾泰看來，詮釋學就具有一種全新的、較為重要的意蘊：它不僅成為本文詮釋的理論，而且成為生命如何在作品中揭示和表現自身的理論。

　　然而，即使如此，「表現」也並非是一個個體和純粹個人實在的表現，因為這麼一來，它就不可能為另一個人所理解；當表現體現於書面作品中時，它就運用了語言，運用了一種與理解者共同擁有的媒介。同樣，經驗一般也是與理解者聯繫在一起的，並且理解也藉助於類似的經驗來實現。這樣，就有可能假設這種存在，它一般擁有結構，在這些結構中並通過它們，客觀的理解才得以發生。因此，表現與心理學上的表現一樣，並不是一個人的表現，而是一種在經驗中被揭示出社會的——歷史的實在，和經驗本身的社會的——歷史的實在——的表現。

理解

　　與狄爾泰經驗——表現——理解公式中的其他兩個關鍵詞一樣，「理解」（Verstehen）也是在一種特殊的意義上被使用的。這種「理解」並不指理解一個理性的概念，如數學問題等。「理解」被限於指示精神把握其他「精神」（Geist）的操作。它根本不是純粹的心靈認知操作，而是生命理解生命的特殊因素：「我們依靠純粹理智的過程來說明，但是我們依靠領悟中所有心靈力量結為一體的活動來理解。」[32]這思想記錄在他更為簡

[31] 同上書，第322頁。

[32] GS，第5卷，第172頁。

潔、著名的陳述中：「我們說明自然，但我們卻必須理解人。」[33]照此看來，理解就是心靈的過程，通過此過程，我們才領會到活生生的人類經驗。它是使我們與生命本身接觸的行為。理解像活生生的經驗（Erlebnis）一樣，具有一種逃避理性理論化思想的充實性。

理解向我們揭示了個人的世界，由此也揭示了我們自己特性中的可能性。[34]理解並不純粹是一種思想行為，而是一種轉向，是另一個人在活生生的經驗中遭遇到它時，他對世界的再體驗。這並非是一種有意識的、反思性的比較行為，而是一種使人前反思地轉向他人沉思默想的操作。一個人在他人之中重新發現他自己。[35]更進一步地強調理解與所有純粹科學的領悟和說明相對照的方式，即是：理解是避開所有實際的考慮來估價自身的。它並不必然會成為他物的手段，但它卻具有一種內在的益處。唯有通過理解，人才會遭遇到特殊人格方面和實在的非概念的方面。「『個個』的秘密由於其自身而吸引（我們）努力去進行更新的、更深的理解。包覆著人及其創造的個體之題域，就出現於這種理解之中。而最適合人文學科理解功能的，恰恰就存在於此個體領域中。」[36]狄爾泰像在他之前的施萊爾馬赫一樣，斷定人文學科為了其自身的目的，而在特殊性面前留連忘返。科學的說明是為了另外的目的，很少是為了自身而被人評價的；當某些文章被人自己欣賞時——如盧克萊修的《物性論》（ *De rerum natura* ），我們就把它們看做是人的內在本性的線索——換言之，我們開始轉移到人文學科，轉移到理解而非純粹的說明——的範疇之中。

---

[33] 同上，第 144 頁。

[34] GS，第 7 卷，第 145、215～216 頁；見 D 第 170～171 頁。

[35] GS，第 7 卷，第 191 頁。

[36] GS，第 5 卷，第 212～213 頁。

ch8-4

狄爾泰詮釋學中「歷史性」的意義

狄爾泰反覆斷言，人是「一種歷史的存在」（an historical being, ein geschichtliches Wesen）。但是，這裡的「歷史的」一詞指的是什麼？這個問題的答案不僅對狄爾泰的詮釋學，而且，對它在後起的詮釋學理論中產生的影響，都是至關重要的。

狄爾泰並未將歷史想像為一個客體，一個與我們相對立的過去某物。歷史性既不指在時間過程中，人類生老死滅這種客觀上已經證明了事實。它也不是指人類存在的飄忽即逝、朝生暮死（這是從屬於詩歌的）。歷史性（Geschichtlichkeit）指以下兩個內容：

(1)人通過生命的具體化而非通過內省來理解自己。「唯有歷史能告訴他人是什麼」。❸❼在另一處，他更詳細地說：「人是什麼，他意想什麼，這些他要在一千年，以及永遠不能完成他的本性發展中才體驗得到的。他從不可能在客觀的概念中，而唯有始終在從他自己存在的至深處，出現的活生生的經驗中才體驗得到。」❸❽換言之，人的自我理解不是直接的而是間接的；它必須通過追溯到過去的固定表現，而採取一條詮釋學的迂迴途徑。由於依靠歷史，它在本質上必然地成為歷史的。

(2)人的本性並非一固定的本質；為了找到他始終具有的本性，人並不是在一切方面都需要將他的具體化純粹地、無休止地塗抹在時代之牆的壁畫上。相反，狄爾泰贊同另一個生命哲學家尼采的觀點：「人是未決的動物」（noch nicht festgestellte

---

❸❼ GS，第 8 卷，第 224 頁。

❸❽ GS，第 6 卷，第 57 頁；第 9 卷，第 173 頁；也見 D，第 219 頁。

Tier）。人是還未確定他是什麼的動物。❸況且，人並非純粹是
在試圖發現什麼；他還未決定他將成為什麼。他所意想的東西還
有待於歷史的裁決。與其說他是在一條已經造好的船上較為原始
的人，不如說是這條船本身的建築師。（此即奧爾特加·加塞特
後來稱之為人之「本體論的優先權。」❹，當人在繼續占有已經
形成的表現物──他的遺產就由這些表現物構成──的時候，他
就創造性地變為歷史的了。這種對過去的把握是一種自由的，而
非奴役的形式，是更為完滿的自我認識的自由，是能夠意想人將
變成什麼的意識。既然人有力量改變他自己的本質，那麼就可以
說，他有力量改變生命自身；他具有真正的、根本的創造力量。

　　歷史性的更進一步結果就是：人不能逃避歷史，因為正是在
歷史中並通過歷史，他才成為他所是的東西。「唯有歷史才是人
類本性的總體性。」❹對狄爾泰來說，這導致一種歷史的相反主
義。他斷言：「要回到歷史意識的相對性的背後，是絕不可能的
……『人』的模式在歷史過程會溶解和改變。」❹歷史最終成了一
系列世界觀，我們並沒有固定不變的判斷標準，去洞察一種世界
觀高於另一種世界觀。❹

　　所有這些，只是增補我前面論述過有關理解內在歷史性的東
西：意義總是處於伸展到過去，也伸展到未來視界的語境之中。
這種時間性逐漸成為「歷史性」概念的一個內在組成部分，以至

---

❸ L，第 42 頁。

❹ L，第 44 頁。

❹ GS，第 8 卷，第 116 頁。

❹ 同上書，第 6 頁。

❹ GS，第 1 卷，第 123 頁及其後；第 5 卷，第 339 頁及其後；第 8 卷各
　　處：所有有關他世界觀學說的討論。在 PhWD 第 85～95 頁中，可以找
　　到一種用英語寫作的說明性探討。

這個術語最終不僅指人為他的自我理解和自我詮釋，而對歷史的
依賴，指他歷史地決定他自己的本質時，他的創造限度，而且指
歷史的不可逃避性，和所有理解的內在時間性。

　　在狄爾泰看來，詮釋學的「歷史性」的結果處處皆為明證。
正像波爾勞正確觀察到的，歷史性的概念，與生命和表現的統一
體的概念一道，都成為理解狄爾泰的核心。[44]正是這種標誌著狄
爾泰與柏格森和其他人不同的歷史性，人們才將他與其他生命哲
學家區分開來。狄爾泰真正促進了對歷史性的現代興趣。正如波
爾勞正確觀察到的：「近來理解人類歷史性的一切努力，都在狄
爾泰那裡找到它們決定性的開端。」[45]簡言之，他是歷史性這一
現代概念之父。狄爾泰的詮釋學，和我們將要簡略探討的海德格
和高達美的詮釋學，如不依照歷史性，尤其是理解的時間性，都
是不可想像的。在詮釋學理論中，人被看做是有賴於對過去不斷
詮釋的東西，照此看來，我們就幾乎可以說，人是「詮釋學的動
物。」他依照對一種遺產的詮釋，和對過去遺留給他的共有世界
的詮釋，依照對一種不斷地出現和活動在他的行為，及決策中的
遺產詮釋，來理解他自身的。

詮釋學的循環和理解

　　狄爾泰觀察到的理解的操作，發生在由阿斯特和施萊爾馬赫
已經闡明過的詮釋學循環的原則之內。整體通過部分得以定義，
相應的，部分僅只有聯繫到整體才得以被理解。在狄爾泰那裡，
關鍵性的術語是「意義」（meaning）。意義即是整體和部分本

[44] D，第221頁。
[45] L，第6頁。

質的相互作用中所把握到的東西。

　　如前所述，句子提供了一個整體和部分交互作用，以及相互需要的清晰例證：從個體部分的意義中產生出對整體意義的理解，此理解依次將語調的不確定變成一種固定的、有意義的模式。狄爾泰引述了這個例子，然後斷言：在人生命的部分與整體之間，也存在同樣的關係。整體的意義是來自於各個部分的意義的一種「涵義」（sense）。一個事件或經驗能夠改變我們的生活，以至以前是有意義的東西都會變成無意義的。一個表面上無足輕重的過去經驗，在回顧中也添加了意義。整體的涵義決定部分的功能和意義。意義是屬於歷史的某物；它是我們從假定的立場，在假定的時間，為了一種假定的部分結合目的，而觀察到的一種整體與部分的關係。它並非超越歷史或在歷史之外的某物，而是始終被歷史地限定的詮釋學循環之一部分。

　　因此，意義和意義性就是有關上下文的東西；它們是境況之部分。例如，「我向我的國王和王子道晚安」這個陳述的意義，如果沒有此陳述的境況，那它僅僅在一種無足輕重的意義上，才是清晰的或有意義的。如說話的是(1)《櫻桃園》（*The Cherry Orchard*）裡的老僕人，(2)《浮士德》（*Faust*）中魔術師的助手，(3)《卡拉瑪佐夫兄弟》（*The Brothers Karamazov*）中的斯麥爾佐科夫（Smerdyakov），或這一例子中的其他出處，(4)《李爾王》（*King Lear*）中的肯特（Kent），那他們說這個陳述的意義就不一樣了。

　　讓我們簡略察看一下這個句子在其語境中的意義。在《李爾王》這齣戲的最後一幕中，戰爭結束，歹徒愛德蒙特受打擊致死以後，忠誠的肯特出場了。在告別時單純而又感人的詞句中，他表現出極度的忠誠。「主人」一詞，這裡表現了一個怎樣的意義世界啊！在此世界中，我們不僅聆聽到肯特與李爾王的關係，而且在教職制度中也回應著同樣的主題。當然，這些語詞不僅僅表

明肯特的性格以及他與李爾王的關係；它們還有一種功能上的意蘊，因為這個簡單的句子立刻又帶來下一個問題：「他將不在這兒嗎？」此問題觸發了本劇最終的悲劇行為。立刻，李爾王和柯爾狄麗亞並沒有出場，這種不祥的預兆吸引了人們的注意，這促使愛德蒙特告訴他們，他執行命令要將他們致死，並做了無效的努力想取消這個命令。接著年邁的「主人」（他現在已不是他自己的主人，而是事件的主人）出場了，他命運的劫難現在真正控制了他；他出場時，雙手拿著他曾當做無價值的東西、拋棄了的財寶。在這齣劇的整個過程中，「愛」和「忠誠」的意義對李爾王來說變化多麼大！改變他決定瓜分這個王國的意義事件又多麼恐怖！

意義是歷史的；它隨同歷史一道改變；它是一個始終聯繫到觀察事件眼力的關係問題。意義並非固定不變的，即使《李爾王》做為一齣劇的「意義」改變了。於我們來說，在後教職制度的、自然神論者的宇宙中，和在一種截然不同的社會語境中，意義明顯不同於必須適合莎士比亞同時代人的意義。詮釋莎士比亞的戲劇藝術史表明：存在一個十七世紀、一個十八世紀、一個十九世紀的莎士比亞，正像有一個亞里斯多德著作中的柏拉圖，一個早期基督教的柏拉圖，一個中世紀的柏拉圖，一個十六世紀、十九世紀，甚至二十世紀的柏拉圖一樣。詮釋總是處於詮釋者所處的境況之中；意義有賴於這境況，無論這意義是包含在一齣劇、一首詩還是包含在一場對話中。這樣，我們就看到狄爾泰斷言的正確性。他斷言意義可以有所差別，但它總是一種結合，一種關係或一種束縛的力量；它總是處於語境關聯（Zusammenhang）之中。

意義確實是一種關係和語境問題，但這並不意味著它像自由浮動的藝術建築一樣「懸浮在空中」。它不是自我包含的，像一個客體一樣與我們對立的某物；它是我們在使一個意義明晰起來

時，部分對象化的非客觀的某物。狄爾泰說：「意義性基本上來自部分與整體的關係，這關係又根植於活生生的經驗特徵。」[46]換言之，意義是在生命的結構，即在對我們對活生生的經驗的介入中所固有的；它最終是包覆一切的基本範疇，生命在此範疇中就成為可以把握的東西。」[47]如前所述，「生命」並非某種形而上學的東西，而是「活生生的經驗」。狄爾泰用一句類型的話談到這種基本的材料——生命：「生命是基本因素或基本事實（Grundtasache），它必須構成哲學的起點。要從生命範圍內去認識生命，我們不能深入到生命的隱密處。生命不能在理性的障礙面前產生。」[48]我們之所以能接近對「生命」的理解，在於我們理解它比理解理性更深刻，生命正是通過其具體化才變得為人理解。這樣，在對象的領域內，就有可能建立一個真實關係的世界，此世界是在活生生的經驗表現中為個體所把握的。意義並不是主觀的；它亦不是思想的投影和對客體的思維；它是一種對聯繫（nexus）——此聯繫先於思維中主——客體的分離——內真正關係的知覺。要理解意義，就得隨我們處處發現的具體化精神形式一道，進入一個真實的，而非幻想的關係。它是個體和詮釋學循環（此循環預設了兩種結合在一起的行為）內客觀精神的相互作用問題。意義就是在這種相互作用中，假定的不同關係名稱。

對詮釋學來說，理解的循環還有另一個最為重要的結果：既然每個部分都預設了其他部分，那麼理解就沒有真正的起點。這意味著不可能存在「無預設」的理解。理解的每一行為都存在於一種假定的語境或假定的視界中；即使在科學中，人們也只能

---

[46] GS，第 7 卷，第 233 頁。

[47] 同上書，第 232 頁。

[48] 同上書，第 359 頁。

「依靠」參照係來加以說明。在人文科學中，理解將「活生生的經驗」當做它的語境，不同活生生的經驗發生關係的理解，並不適合於人文學科。無視活生生的經驗的歷史性，並將非時間的範疇運用於歷史的對象——這樣一種詮釋方法只可能略帶諷刺意味地要求成為「客觀的」，因為它一開始就歪曲了現象。

　　既然我們總是從我們自己的視界（它是詮釋學循環之一部分）之內去理解，那就不可能存在對任何事物沒有見地的理解。我們不斷地參照我們的經驗去理解。因此，詮釋者的方法論任務，就是不讓自己完全沈浸於他的對象之中（這無論如何是不可能的），相反，倒是必須找到他自己的視界，與本文的視界相互作用的可行模式。正如我們將展示的，這是高達美尤為注意的問題：在許可運用我們自己視界的範圍之內，我們怎樣才能完成對本文的開放，這種開放並未將我們自己的範疇事先強加給本文。

狄爾泰詮釋學的意蘊：結論

　　狄爾泰的貢獻，在於他把詮釋學放到人文學科的詮釋語境中，從而擴大了詮釋學的範疇。他對詮釋學問題的思考一開始就在施萊爾馬赫心理學陰影的籠罩之中，只是漸漸地，他才把詮釋學想像成了「活生生的經驗」之表現，而不關係到其作者。但是，當他這樣做時，必須成為人文科學基礎的，就是詮釋學而非心理學了。這滿足了狄爾泰兩個最基本的目的。第一，它把詮釋問題集中在了一個有固定、持久、客觀地位的客體上；既然這個客體相對來說沒有改變，那麼，人文科學就可期望獲得客觀上有效知識的客觀性。第二，這個客體明顯要求「歷史的」而非科學的理解模式；它在其所有的歷史性和時間性中，只能通過與生命本身的聯繫才可以為人理解。只有通過歷史的理解，才能更深地

滲透到生命表現的意識中去。

對於文學理論來說，這些結果意味著一個人能夠有意義地談說文學作品的「真理」，它們做為必然的結果，意味著形式並未被看做其自身的一個因素，而是看做內在實體的一個符號。在狄爾泰看來，藝術就是生命最純潔的表現。偉大的文學作品都是根植於對生命之謎活生生的體驗之中：人有生死、悲喜、愛憎，有的人強大有力，有的人不堪一擊，有的人具有模糊不定的本性，這些是為什麼？它們怎麼樣？波爾勞注意到，「當一個人評價藝術完成了它對生命的表現時，這個人就會否認這個觀念：人僅僅是為了藝術而評價藝術。❹」照此看來，雖然藝術作品本身是有益的，它並不是通達其他目的的手段，但它並不對人沉默，而是向人的內在本性說話，並與它本身之外的某物有關的東西。換言之，藝術並非如同某些美學家預設的形式那樣是純粹的，無目的遊戲；它是一種精神滋養的形式，此形式把表現帶入我們生命運動的健全發展中。狄爾泰在《現代美學的三個時期及其任務》（ *The Three Epochs of Modern Aesthetics and Its Present Task* ）的開頭，就把席勒的格言奉為座右銘：「最終，人們也許會放棄對美的要求，而完全徹底地為真理的要求所取代❺。」藝術並非詩人的幻想和愉悅，而是活生生的經驗之真理表現。在此，「真理」當然不是在形而上學的意義上來使用的，相反，它是做為內在實體的忠實表現。

因此，在狄爾泰看來，對文學藝術作品的詮釋，就被置放於人之自我理解的歷史性語境中。它是歷史的，這不僅在於它必須詮釋一種歷史上繼承下來的客體，而且在於人們必須依照他自己

---

❹ L，第 74 頁。

❺〈現代美學的三個時期及其現今的任務〉（ Die drei Epochen der modernen Ästhetik und ihre heutige Aufgabe ）載 GS，第 6 卷。

時間性的視界，和他在歷史中的位置來理解這個客體。由於表現的作品涉及到人的自我理解，所以它就揭示了一個既非「主觀的」、又非「客觀的」（即與我們自我理解的視界相分離的）實在。從方法論上看，這使得詮釋以某種方式遭遇到科學思維的主——客體二分化特徵之外的意義問題。

自狄爾泰以來，詮釋學發生了許多改變。我們從自己所站的高度注意到：他並非完全成功地使自己與他曾經超越過的科學主義和歷史學派的客觀性分離開來。現在，我們更為清楚地看到，尋求「客觀上的有效知識」，這本身就是一種科學理想的反映，此理想與我們自我理解的歷史性恰好相反。我們甚至可以斷言：「生命」本身值得懷疑地接近了黑格爾「客觀精神」的一個範疇，無論狄爾泰多麼強烈地反對絕對唯心主義，多麼強烈地試圖使詮釋學根植於脫離形而上學的經驗事實中[51]。我們可以批評狄爾泰像施萊爾馬赫一樣，把理解看做作者的經驗——也是類似的創造者的行為——的重新體驗（Nacherleben）和重新建構，因為我們理解貝多芬的《第九交響曲》（*Ninth Symphony*）的行為，當然相應地是與貝多芬創作這部交響曲的行為截然不同的。作品以其總體效果來說話；而為了理解作品所說的東西，創造作品的過程則要涉及到我們勿須具有的知識。

然而，狄爾泰更新了一種一般詮釋學的設計，並有意地發展了它。他將此設計放在歷史性的視界裡，從中它連續不斷地經歷了重大的發展。他為海德格思考自我理解的時間性奠定了基礎。所以，他被稱為當代詮釋學的「問題」之父是當之無愧的。

---

[51] 狄爾泰抗辯的本質正是在於「黑格爾從形而上學上建立起來的東西；我分析了這一個假定」（GS，第7卷，第150頁），但是這條原則似乎又是相同的：心靈的歷史的客觀體現向人展示他自身。

第九章
海德格在《存在與時間》中
對詮釋學的貢獻

胡塞爾與海德格：現象學的兩種模式

　　與狄爾泰在其設計——此設計力求為人文科學找到一個定向於歷史的方法理論——的視域內考察詮釋學一樣，海德格也在殫心竭力探求更為「基本的」本體論的語境中使用了「詮釋學」一詞。可以說，海德格沿襲了兩位偉大的生命哲學家尼采和狄爾泰的傳統，起來為以生命（Leben）對抗精神（Geist）這種主張辯護，但是，這種辯護卻是在一種不同的模式和不同的標準上進行的。與狄爾泰一樣，海德格需要一種依照生命本身來揭示生命的方法。在《存在與時間》（ *Being and Time* ）（1927）中，他頗帶讚許地引述了狄爾泰的從生命本身中來理解生命的目的觀。❶自一開始，海德格就在尋求深入到西方存在觀的隱秘處和根基中去的方法，尋求一種能使他察見到為那些存在觀奠定基礎的預設的「詮釋學」。與尼采一樣，他力圖向整個西方的形而上學傳統發難。

　　在愛德姆·胡塞爾（Edmund Husserl）的現象學中，海德

---

❶ SZ，第 398 頁。

格發現了不適用於狄爾泰和尼采概念的工具，發現了一種可以在人類生存狀態中揭示存在過程的方法。照此方法，就可洞察到存在，而非單單是人的意識形態。因為現象學已經揭示了現象的前概念理解領域。然而，這個全新的「領域」對海德格則具有對胡塞爾截然不同的意義。胡塞爾之所以考察它，是為了使意識做為超驗的主觀性發揮作用。而海德格則在其中洞察到人類歷史的在——於——此——世的富有生命力的媒介。在歷史性和時間性中，他發現了有關存在本性的線索；存在，當它在活生生的經驗中揭示自身時，就躲避了集中於觀念思維的概念化、空間化，和時間化的範疇。存在是幾乎被人忘卻的、西方靜態範疇中隱而不露的囚犯，海德格希望將它釋放出來。現象學的方法和理論能夠提供這一手段嗎？

它部分提供了；然而，這既是海德格得益於狄爾泰和尼采的地方，又是他尋求批判西方形而上學，尤其是本體論的特徵，為此，他深為不滿胡塞爾將所有的現象回溯到人類意識——即回溯到超驗主觀性——的意圖。海德格認為，存在的事實性是比人類意識和人類知識更為基本的東西，而胡塞爾則傾向於把存在的事實性認做意識的材料❷。這樣一種建立在主觀性上的觀點，並沒有提供海德格覺得可做出富有成果的批判構架。雖然它足以對認識論做廣泛的修正，它的分支今天人們仍在許多領域中覺察得到❸，但它本身已不是海德格可能用於向存在的問題再詢問的東西了。

海德格在《存在與時間》中發展的現象學，有時被稱做現象學的詮釋學❹，這於詮釋學的定義來說尤為重要。這一指稱不只是

---

❷ WM，第 241 頁。

❸ 見赫伯特・斯賓格爾伯格（Herbert Spiegelberg）的《現象學運動》
（*The Phenomenological Movement*）

❹ 同上，第 1 卷，第 318～326 頁，第 339～349 頁。

胡塞爾主張的那個領域的一個分支；相反，它揭示了兩種不同的現象學模式。海德格從胡塞爾那裡受益匪淺，他早期的許多觀念都可追溯到胡塞爾，這是令人驚奇的；然而，那些觀念都被他放到一種全新的語境中，以服務於一個不同的目的。照此看來，把「現象學方法」看做一條由胡塞爾闡述的，為海德格用於另一目的的教條，就是錯誤的。相反，海德格重新思考了現象學本身的概念，以至他的現象學和現象學方法，都呈現了一種根本不同的特徵。

這種差別，在「詮釋學」一詞本身中得到概括。胡塞爾從未將它聯繫到自己作品，而海德格則在《存在與時間》中斷言現象學方法的真正方面，在於使它其身成為詮釋學的；他在《存在與時間》中的設計，就是一種「存有（Dasein）詮釋學」。海德格之選擇「詮釋學」這一術語——此詞令人從它古希臘的詞源聯想到它在語文學和神學中的現代用法——在於表明他的反科學傾向，此傾向構成了與胡塞爾的一個顯著對比。這種同一調子，繼續回應在漢斯‧喬治‧高達美（Hans-Georg Gadamer）的「哲學詮釋學」中，他使詮釋學一詞也帶有反科學主義的暗示。

對科學的這種截然相異的態度，可被視為一條瞭解胡塞爾和海德格之間為何存在著差別的線索，此線索可從前者在數學，以及後者在神學的早期訓練中邏輯地推演出來。對胡塞爾來說，哲學需要變為一門「嚴格的科學」❺，一種「高層次的經驗主義」。對海德格來說，在世界中的所有嚴格性都不可能使科學知識成為最終目標。胡塞爾的科學傾向反映在他對具有必然真理的知識，和他的還原論的探求中，反映在他通過極為逼真的還原來尋求可視見的，和可想像的東西的傾向中；海德格的著作卻實際

---

❺ 見胡塞爾的早期著作《哲學做為嚴密的科學》（*Philosophie als strenge Wissenschaft*）。

上沒有絲毫論及具有必然真理的知識、超驗的還原或自我的結構。《存在與時間》出版後，海德格日漸傾向於重新詮釋早期哲學像康德、尼采、黑格爾；以及黑爾克（Rilke）、特拉克爾（Trakl）、賀德齡（Hölderlin）的詩歌。他的思想，在集中於原文詮釋的傳統意義上更加變為「詮釋學的」。在胡塞爾那裡，哲學基本上仍為科學，這反映在它適合現今科學的意蘊上；在海德格那裡，哲學變為歷史的，對過去一種創造性的恢復，變為一種詮釋形式⑥。即使海德格從未將他對「此在」的分析稱做一種「詮釋學」，但按他整個後期處理問題的方式，仍表明他是一個典型的詮釋學家。

現象學兩種模式之間的界線明顯依靠另一個問題──歷史性（Geschichtlichkeit）。胡塞爾觀察到意識的時間性，並提供了一種外在時間意識的現象學描述。然而他對具有必然真理的知識的渴求，使他將這種時間性變成為科學的、靜態的、表現的術語──這本質上使他否認存在本身的時間性，並斷言了一個超越於流變之上的觀念領域。因此，海德格在一九六二年就斷定，胡塞爾的現象學是精心闡釋的「一種為笛卡爾、康德和費希特設定起來的模式。而思想的歷史性則與此主張完全不同。」⑦同時，海德格感到，他在《存在與時間》中的分析「至今（1962年），我仍相信，是十分正確地把握住了現象學的原理的⑧。」現象學勿須被分析為一種對意識的必然揭示；它也可能是在其所有的事實性

──────────

⑥ 呂格爾描述的兩種對立的詮釋──消解神話（récollection du sens）和消解神秘（exercice du soupçon）──二者都在海德格著作中發揮了作用，雖然前者更為主要。見 DI，第 36～44 頁。

⑦ 見海德格 1962 年 4 月致理查德遜（W. J. Richardson）的信，此信後來做為理查德遜的 TPhT 的序言，第 XV 頁。

⑧ 同上。

和歷史性中揭示存在的手段。為了理解這種現象學的意義，我們就轉向海德格在《存在與時間》中對現象學的討論。

ch9-1

現象學做為詮釋學

Phenomenology

在《存在與時間》的標題為「現象學方法考察」這一部分中，海德格明確將他的方法稱做「詮釋學」。雖然人們要問：這種方法對現象學適用嗎？但對現今來說，還存在另一個問題：這方法對詮釋學適用嗎？然而，在我們正視這個問題之前，有必要考察一下海德格對詮釋學的重新定義。

海德格將現象學這個詞追溯到它的希臘詞源：phainomenon 或 phainesthai，和 logos，"Phainomenon" 海德格告訴我們，意指「顯示自身的、明顯的、揭示出的東西(das Offenbare)」。pha 與希臘語中的 phōs 很接近，意指光亮或光明，「在光明中，某物能夠變成明顯的可見的東西」❾，照此看來，"Phenomena" 就是「向白日的光明，或能夠帶來光明的東西開放的集合，和希臘人證明完全與存在（希臘文是 ta onta，德文是 Seiende，英文是 what is）相同的東西之集合❿。」

海德格說這種「日漸的明顯」，或揭示某物的「做為它是 (as it is) 的形式，不應當被分析為指稱的一種附屬形式——正像當某物「似乎成為他物」一樣。它也不像某物的徵兆一樣，指示另一種更為根本的現象。相反，它以其明示性顯示或顯現某種做為它是的東西。

在現象學（Phenomenology）一詞中，後綴 −ology 當然

---

❾ SZ，第 28 頁。

❿ 同上。

要追溯到希臘詞邏各斯（Logos）。海德格告訴我們，邏各斯是在談話中傳達出的東西；照此看來，邏各斯的更深涵義就是它自身讓某物顯現出來。海德格並未將它定義為「理性」、「根據」一樣的某物，相反，倒是表明了它說話的功能，此功能才使理性和根據變得可能。它具有一種展示的（apophantic）功能——它指示現象。換言之，既然它讓某物做為某物被觀察到，它就具有一種「做為」（as）功能。

然而，這種功能並非隨意的，而是一種揭示，或顯明事物是什麼——的東西：它將事物從隱蔽狀態帶到光天化日之下。心靈並未將意義投射到現象上；相反，所顯現的，是事物本身的一種本體論明證。當然，通過教條主義，僅僅在可期望的方面，人們還能被迫觀察到事物。但是讓事物如其本身那樣顯現出來，就變為允許事物這樣顯現的認識問題，因為事物讓其本身被人觀察到。邏各斯（說話）並非真正是由語言使用者給予語言的一種力量，而是一種語言給予他的力量，一種通過說話而為變得明顯的東西所把握的手段。

以此觀之，phainesthai 和 logos 結合起來做為現象學，意味著讓事物如其本身所是那樣變得明顯，而不是將我們自己的範疇強加於它們。它意味著一種習慣方向的反面：指示事物的並不是我們；相反，倒是事物向我們顯現自身。這並不是在表明某種原始的泛靈論，而是表明這種認識：真正理解的本質就在於以事物的力量，導致事物明顯起來的東西。此觀點是胡塞爾意圖返回事物自身的一種表現。現象學是通過一種真正屬於它的捷徑，而受現象引導的一種手段。

既然這種方法暗含著：詮釋不僅基於人類意識和人類範疇，而且基於遭遇到的事物、即最終與我們照面的、實在的明示性，所以此方法對詮釋學就具有至關重要的意義。但是，海德格關心

的是形而上學與存在的問題。這樣一種方法能夠使主觀性和形而上學的思辨性壽終正寢嗎？能夠將它運用於存在的問題嗎？不幸的是：存在並非真是一種現象，而是更具包覆性、更不易捉摸的某物。這一事實就使任務變得錯綜複雜起來。既然我們是使任何客體構成為客體行為中的存在，那麼它對我們，就不可能真正變成一個客體。

然而，在《存在與時間》中，海德格發現了一條通道，即人都伴有他的生存，與這種生存俱在的，還有某種對存在的充實性之理解。它並非一種固定的理解，而是歷史地構成的、累積在遭遇過的現象經驗之中的東西。照此看來，人就可以通過這樣一種分析——即顯現是怎樣發生的——向存在提出質疑。本體論必須變為現象學，本體論必須轉向理解和詮釋的過程，通過此過程，事物才顯現出來；它必須揭人類存在的情緒狀況和方向；它必須使在——於——此——世（being-in-the-world）不可見的結構成為可見的。

這與詮釋學有什麼關係？它意味著，做為存在現象學的本體論必須變成一種存在的「詮釋學」。然而，這種詮釋學當然不再是陳舊的語文學方法論，或者甚至不再是狄爾泰預想的人文科學的一般方法。它揭示隱藏著的東西；它並未構成一種詮釋的詮釋（此詮釋即對原文的說明），而是構成詮釋的根本行為（此行為首次使事物從隱蔽狀態中顯現出來）。

現象學描述的方法論意義即解釋（Auslegung，解釋；laying open，揭示）。存有（Dasein）現象學的邏各斯具有詮釋（hermēneuein）的特性，通過詮釋，存有（Dasein）就認識到在他對存在的（preconscious，前意識的）理解中，假定他自己存在的結構，以及存在的真正意義。存有的現象學就是在此詞原初意義上的詮

釋學，此詮釋學在於指定詮釋的任務。⓫（《存在與時
間》第 62 頁）

隨之，詮釋學就成了「對存有之存在的詮釋⓬」。從哲學上說，
詮釋學展示了此在可能性的基本結構：「它是一種對生存
（Existenz）的生存性之分析」，⓭即對存在者存在的真正可能
性的分析。海德格說，詮釋學具有基本的發布功能，通過此功
能，此在使他自身認識到存在的本性。詮釋做為人文學詮釋的方
法論是一種派生形式，它有賴於並出自於原初詮釋的本體論功
能。它是一種局部本體論，這種局部本體論又得基於更為基本的
本體論。

　　事實上，詮釋學成為一種理解和詮釋的本體論。當海德格的
某些批評家──他們代表的是詮釋學的語文學學科──驚奇萬分
地觀察到這條公認的定義被棄置不用了時，以一種更為廣泛的形
式來定義詮釋學，就確實是深化並擴大了歷史的傾向。因為詮釋
學在施萊爾馬赫那裡，已尋求到一個有關所有對話條件中的基
礎，而狄爾泰則試圖把理解看做人的力量，藉此力量，生命才與
生命相遇。然而，在狄爾泰那裡，理解卻未被普適化，因為他抱
有「歷史的」理解與科學的理解相分離的觀念。海德格則邁出了
最後一步，他把詮釋學的本質定義為理解和解釋的本體論力量，
此力量使得揭示事物的存在，最終也是揭示此在自身存在的潛在
性成為可能。

　　這還可以用另一方式來表述：詮釋學仍為理解的理論，但理
解是被不同地（從本體論上）來定義的。

⓫ 同上，第 37 頁。

⓬ 同上。

⓭ 同上書，第 38 頁。

ch9-2

理解的特性：海德格怎樣超越狄爾泰的

　　理解（Verstehen）在海德格那裡是一個特殊術語，它既非這個英語單詞一般所指的意思，亦非狄爾泰的術語所意指的內容。在英語中，理解表示交感（Sympathy），即感覺另一個人所正在體驗某物的能力。我們談到一種「理解的外觀」，並由此表明它完全是客觀的知識；它是某種參與被理解事物的東西。一個人可能具有廣博的知識而只有很少的理解，因為理解似乎可深入到本質的東西——按同樣的用法，也可深入到個體的東西——之中。在施萊爾馬赫看來，理解是根植於他對內在實體的同一性哲學（Identitätsphilosophie）的肯定中，所以在此理解中，一個人可以與一個領會的聽者一起感動；理解既涉及到比較階段，又涉及到預見階段。在狄爾泰那裡，理解指領會更為深層的標準，此標準涉及到把握一幅畫、一首詩，或一個事實——即社會的、經濟的或心理學的事實——而不僅僅是與把握一個數據一樣，去把握一種「內在實體」的「表現」，並且最終去把握一種「生命」自身的表現。

　　所有這些理解，以及與其有關的概念，都與海德格的定義截然相異。在海德格看來，理解就是在一個人存在的生活世界語境中，把握他自己存在的可能性能力。理解並未被想像成某種被人占有的東西，相反，它被想像為一種在——於——此——世的模式或構成要素。它並非世界中的一個實體，而是存在中的結構，此結構能在一種經驗的標準上使理解的實際訓練成為可能。理解是所有詮釋的基礎；它與人的存在一樣原始，並呈現在詮釋的每一種行為中。

　　以此觀之，理解乃是本體論的基礎，它先於所有存在的行

為。它的第二個方面在於這個事實：它總是聯繫到未來的，這即是它的投射特性（Entwurfscharakter）。但是，這種投射需有一個基礎，理解也須關係到一個人的境況（Befindlichkeit）。然而理解的本質都不在於僅僅把握一個人的境況，而在於一個人所處世界中的位置領域內，揭示存在的具體可能性。對於這種理解的方面，海德格使用了「生存性」（Existenzialität）這一術語。

正如海德格察見到的，理解的一個重要特性，就是：它總是在一整套已經詮釋過的關係，和一種關係的整體（Bewandtnisganzheit）之內發揮作用。對於詮釋學說；這種涵義是深遠的，尤其是當我們把它與海德格的本體論聯繫起來的時候。狄爾泰曾經斷言：意義性總是一種有關關係語境（Strukturzu sammenhang，關係結構）的問題，總是一個熟悉的規則的實例，即理解總是在「詮釋學的循環」之內，而非在從簡單自足的部分，到整體有序的進展過程中發揮作用的。然而，海德格的現象學詮釋學還更進一步：它考察了詮釋學循環對所有人類生存的理解，和解釋的本體論結構的涵義。當然，理解不應當被想像為超越人感性存在的某種形而上學的東西，而應當被想像為與之不可分的東西；海德格與其說是否定了狄爾泰的經驗定向觀，不如說他將這種觀點放在了一種本體論的語境中。這點，人們可在理解與情緒不可分這一事實中觀察得到；另一方面，如果沒有「世界」或「意義性」，那也是不可想像的。在海德格那裡，關鍵之處在於：理解變成了本體論。以下對海德格世界的探討將澄清此點。

ch 9-3

世界和我們與世界中客體的關係

　　在海德格那裡，「世界」這一術語，並不似科學眼光觀察到的那樣，意指被客觀地探究的環境或宇宙。相反，它更接近可被種之為我們的個人世界。世界並非所有存在的整體，而是這種整體，其中，人類始終發現他自身已經為其明示性所浸潤、所環繞。此明示性又是始終通過一個前把握、通過一個包容一切的理解而被揭示出來的。

　　把世界想像為與它自身相分離的東西，這從總體上看，是與海德格的觀念相對立的，因為這樣就預設了一個主——客體的分離，此分離自身出現於被稱為世界的關係語境中。在客觀的意義上，世界是先於任何自我與世界的分離的。它先於所有的「客觀性」和所有的「概念化」；由此它也先於「主觀性」。因為人們是在主——客體的格局中來想像主觀性和客觀性的。

　　世界不可能通過試圖闡明世界之內的實體而被加以描述；在這過程中，世界會被人忽略，因為世界恰好是在認識一個實體的每一行為中所預先設定的東西。世界中的每個實體都依照世界而被把握，這些實體都是已經存在著的。包括人的物理世界的實體自身並非是世界，而是處於世界之中。唯有人才具有世界。世界是如此的包容一切，又是如此的封閉，以至它逃避了人們的注意。人是通過世界來視見的，然而如果沒有世界，人們就不可能在世界的明示性中察看到任何東西。不引人注意的、預先設定的、包覆一切的世界總是現刻的、透明的，並且它還易於逃避每一種把世界當做客體來把握的試圖。

　　這樣，一個全新的領域——世界——就是向探究開放的。世界並不容易接近，無論是對世界之內的實體做經驗的描述，還是

對它們的存在本身做本體論的詮釋，都將遭遇不到世界的現象
⓮。世界是某種意識到的，與出現於世界中的實體「並行」的東
西，然而理解必須通過世界才得以進行。世界對所有的理解來
說，都是基本的；世界和理解都是「存有」存在的本體論構成中
之不可分的部分。

　　與世界的躲避性相符的是世界中的某些客體的躲避性，人總
是使他的日常存在關係到這些客體。日常使用的工具，不加思慮
而做出的身體運動，所有這些都變得透明了。僅當它們遭到損壞
（breakdown），人們才注意到它們。在損壞這一點上，我們可
以觀察到一個重要事實：這些客體的意義，存在於它們與意義和
意向相互關係著的一種結構整體關係之中。在損壞中，直接從世
界中出現的客體的意義暫時顯現出來。

　　這種對客體的理解簡直與純粹的理智理解截然相異：這裡引
用《存在與時間》中一個熟悉的例子。一把當下在手的錘子就是某
種人們可估量較重的、歸類於屬性的、可同其他錘子相比較的東
西；一把破損的錘子立刻顯明了錘子為何物⓯。這個經驗表明了
一條詮釋學原則：不是依據思辨的分析眼光，而是它突然從隱密
處出現於世界全功能的語境這一片刻中，某物的存在才被揭示出
來的。同樣，完全把握理解的特性，既不是通過對它屬性的分析
和歸類，也不處於理解的適當功能之完美發揮中，相反，當它遭
到損壞時，當它面對一牆時，也許還當它必須失去某物時，它才
可以被人把握。

⓮ 同上書，第64頁。

⓯ 同上書，第69頁。馬康伯（W. B. Macomber）將破損的錘子看做海德
　格思想中的一個關鍵比喻；見他對海德格真理概念的透徹研究《對幻滅
　的解剖》（ *The Anatomy of Disillusion* ）

Ch9-4

前判斷的"意義性"：理解和詮釋

Bedeutsamkeit

一如我們剛才所見，瞬間揭示一件工具做為工具的存在之損壞現象，指示了我們生存於其中的、主要的、不可懷疑的「世界」。此世界不純粹是知覺中心靈前意識操作的領域；它是形成理解的結構中，實際的抵制和可能性的領域。它是存在的時間性和歷史性根本上呈現出來的領域，也是存在將自身轉化為意義性、轉化為理解和詮釋之地。簡言之，它是詮釋學過程的領域，通過此過程，存在就被主題化為語言。

如前所述，理解是在關係（Bewandtnisganzheit，整體關係）的結構中起作用的。海德格創造了「意義性」（Bedeutsamkeit）這一術語，以用來指關係結構的明晰性之本體論根據。照此，它就提供了語詞能夠具有有意義的、意蘊的本體論可能性；它成為語言的基礎。這裡，海德格所要論證的是：意義性是某種比語言的邏輯系統更深層的東西；人們將它建立在先於語言的某物上，並將它置放於世界——這種關係的整體——之中。無論語詞可形成或闡述多少種意義，它們都指示在它們自身系統之上的意義性，此意義性已經棲居於世界的關係整體中。因此，意義性就不是人給一個客體賦予的某種東西；它是一個客體通過供給語詞和語言本體論的可能性而給予人的東西。

理解必須被視為嵌置於這種語境中的東西，而解釋，則僅僅是使理解清楚明白。由此，詮釋就不是把價值標貼在一個赤裸裸的客體上的問題，因為詮釋遭遇到東西，出現於已經被觀察到的特殊關係中。即使在理解中，世界上的事物仍被看做是做為這樣或做為那樣的。詮釋使「做為」（as）一詞清楚明白。理解的基礎先於每一個主題的陳述。海德格把這點簡潔地提了出來：「對

預備在於（ready-to-hand）不可見世界的所有前判斷之單純視
見自身，已經成為一種『理解──詮釋』的視見。」**⑯**

　　當理解像詮釋和語言樣變得明白昭然時，超主觀性的因素就
在進一步發揮作用，因為「語言在自身內已經隱藏了一個觀念的
發展模式」，隱藏了一個「已經形成視見的方式**⑰**」。理解和意
義性一併成為語言和詮釋的基礎。在後期作品中，他更強調了語
言與存在的聯繫，以至存在本身就成為語言學的；比如，海德格
在《形而上學導言》（*Introduction to Metaphysics*）中，注意到
「語詞和語言並不是人們為了那些說寫的人，進行交流而將萬物
裝載於其中的包覆物。正是在語詞和語言中，事物才首次進入存
在並成為存在。」**⑱**此即海德格更為人熟知的格言──「語言就
是存在的家」──所必須得到詮釋的涵義。**⑲**

　　如此觀之，理解就具有某種在所有詮釋中發揮作用的「前結
構」。這在海德格對理解的三重前結構的分析中，變得尤為清
晰。然而，既然在我們已經談到過的世界和意義性中，它的特性
和意蘊也是模糊不明的，所以，在此我們就無須對它做深入的說
明。**⑳**

---

⑯ 德文原句為："Alles vorprädikative schlichte Sehen des Zuhandenen
　　ist an ihm selbst schon verstehend－auslegend"（SZ，第 149 頁。）

⑰ 語言總是包含著一種已經形成的概念（"Die Sprache je schon eine au-
　　sgebildete Begrifflichkeit in sich birgt"）（同上書，第 157 頁）。

⑱ IM，第 13 頁。

⑲ PL－BH，第 53 頁。此信自第 53 頁開始；前面諸頁的引文來自 PL，以
　　後諸頁的引文來自 BH。

ch9-5

無預設的詮釋之不可能性

總是已經在詮釋並嵌置於世界中的理解前結構，超越了依照主體──客體詮釋境況的陳舊模式。事實上，它提出了一此重要問題，它們主要是關於依據主體──客體關係來描述詮釋的基本有效性問題。同樣，他還提出了所謂客觀的解釋，或者「沒有預設」（without presuppositions）的解釋指什麼這些問題。他明白地提出：「詮釋從不是無預設地把握事先給定的某物。」[21]

「不帶偏見和預設」的詮釋企圖最終消失於理解發揮作用的方式中。出現於「客體」中的東西乃是一個人允許出現的東西，是世界的主題化在他將產生啓發的理解中起作用的東西。說「真正存在」的東西是「不言自明的」，那是天真的假設。假設是不言自明的東西，這條定義依靠一套未為人注意的預設，它們通過「客觀的」和「無預設的」詮釋者，而出現於每一個詮釋的結構中。已經假定了並且贊同了預設的這個部分，就是海德格在他對

---

[20] 見 SZ，第 150～153 頁。尤見：「對某物作某物的詮釋，實際上是通過前有、前見和前把握而被奠定的。」（Die Auslegung von Etwas als Etwas wird wesenhaft durch Vorhabe，Vorsicht und Vorgriff fundiert）（第 150 頁）；以及：「意義是通過前有、前見和前把握（即前理解的三重結構）建立起那種設計的，通過此設計，做為某物的某物就會為人理解」（"Sinn ist das durch Vorhabe，Vorsicht und Vorgriff（the threefold structure of preunderstanding）strukturierte Woraufhin des Entwurfs，aus dem her etwas als etwas verständlich wird）（第 151 頁）。

[21] 同上書，第 150 頁。

理解的分析中所要揭示的。

在文學詮釋中，這意味著一篇抒情詩本文的最「無預設的」詮釋者已經有一些預先的假設。即使他在考察一篇本文時，他都已經將它看做某種原文（比如，一首抒情詩），並將他自身放置於了這種情形中：他做出詮釋，以便去適合本文。他與作品在某個語境中的遭遇，是在一種特殊的時間和處所中，而非在時間之外，在他自己的經驗和興趣的視界之外。比如，他就有理由轉向這篇而非轉向其他的原文，因此，他就是帶有質疑地，而非空洞的開放在考察原文。

照此看來，理解的前結構就並非純粹是與一個已經假定的世界相對立的意識特性。記住這一點是重要的。以這種方式來洞察這種理解的前結構，就會墜入詮釋的主——客體模式中，而這又正是海德格的分析所要超越的。確切地說，前結構依靠已經包含著主體與客體的世界語境。海德格以這種方式描述了理解和詮釋，以便將它們放置於先於主體——客體二分的位置上。他討論的是：事物本身如何才能通過意義、理解和詮釋進入視野。他討論的是被稱之為理解的本體論結構的東西。

詮釋學做為理解的理論，結果就真正成為了一種本體論揭示的理論。既然人類生存本身是一個本體論揭示的過程，海德格就不允許我們把詮釋學問題與人類的生存分離開來看待。因此，在海德格看來，詮釋學就成為一門有關理解怎樣出現於人類存在中的基本理論。他的分析，使得詮釋學與存在的本體論，以及與現象學結合起來；此分析還表明詮釋學的基礎並不在於主觀性，而在於世界的事實性，在於理解的歷史性。

ch9-b

斷言的派生特性

我們剛才討論過，這一種對詮釋學重要性探討的進一步結果，包含在海德格對邏輯斷言（logical assertion）——廣義地說，邏輯本身——的討論中。對於海德格來說，一條「陳述」（Aussage）並非是詮釋的一種基本形式，相反，它要依靠前理解中理解和詮釋更為根本的操作。如果沒有這些操作，斷言就毫無意義。

海德格舉了個例子：「錘子是有重量的。」他說，在這個斷言本身中，一種已經形成的想像方式——即邏輯方式——在起作用了。在任何表面的詮釋或分析出現了之前，境況已經被構造成邏輯術語，以適合一種斷言的結構。錘子既然有重量，那麼它就被詮釋為了一種具有特性的事物。這個斷言的句子結構與其主觀的模式，連接詞和表語形容詞，都已經使錘子與做為一個客體的錘子，與具有某種特性的錘子相對立。

但是詮釋世界的基本過程，並未發生在邏輯的斷言和理論的陳述中。語詞常常是缺失的，正像當一個人試試一把錘子，並把它放在一旁時，而未使用語詞一樣。這是一種詮釋行為而非一則斷言。海德格繼續以錘子為例，詢問一個斷言是怎樣出現的：

> 「保持在前有中的錘子，是做為工具預備在手的。當這個存在變成一個斷言的「對象」，有一種轉換，就在前有中與這斷言的結構一起發生。預先思考「什麼？」的傾向變成與此斷言有關的「關於什麼？」。在前理解中對這個對象的看法，現在集中在僅僅預備在手的東西……照此，預備在手就轉變成隱蔽狀態。㉒

　　對做為對象的錘子的揭示，同時也就是使做為工具的錘子進入遮蔽狀態。做為對象的錘子是與其活生生的語境分離開來的，是與其做為一件工具——此工具能夠遮蔽錘子的功能——的本質分離開來的。

　　錘子這個例子也許可以用來澄清海德格在「展示的」（apophantic）和「做為」（as）這個詞的「詮釋學」形式之間的區別。於預備在手的存在之語境中，錘子做為對象消失於它做為工具的功能中；我們並非將它當做一個對象，而是當做一件工具來考察。這個「做為」僅僅把錘子詮釋為在手的對象，詮釋為一個人視野中的某物和一個揭示的某物。這個做為是「展示的做為」（apophantic as）。錘子消失於它做為工具的功能，這表現出「生存——詮釋學的做為」。這種「展示的做為」標誌前理解中，向客觀揭示姿態的一種敏銳變換。此指示已不在把錘子與一種活生生的、關係的語境（the Bewandtnisganzheit，總體狀況）的原初總體性聯繫起來；做為在預備在手中將它自身與意義的領域切斷開來，並提出此現象做為某種僅僅被視見到的東西。

　　海德格要求深入到更為原始的「做為」之中。他說：「我們應當更仔細地考察亞里斯多德所意指的結合與分離的統一體，以及隨之意指的某物做為某物的現象㉓」。按照這個結構，某物與那些被理解的東西結合在一起，以至詮釋和闡述共同構成了一個統一體。打破這個原初結構，而無視更為原初的「做為」，都展示了通往一種純粹的「判斷理論」（Urteilstheorie）的途徑，展示了一種視斷言為觀念和概念的純粹結合與分離的觀念，也展示了一種總是停留在客觀的、實際的膚淺水準觀念上。㉔肯定更

㉒ 同上書，第 157～158 頁。

㉓ 同上書，第 159 頁。

㉔ 同上。

為原初的「生存的——詮釋學的做為」，就是承認所有的斷言都真正來自於和根植於詮釋的一種更為原初的標準，人們察見到，斷言從意義上，不可被認為是與它們存在中的根基相分離的東西。

今天，人們傾向於把語言放在語言的「科學」中來處理，通過對此方式的考察，人們就能鑑別這種區別中的意蘊。這在所有不健全的語言定義中，表現尤為明顯。此種不足，在於它仍處於斷言和邏輯的標準上，或者在於它將一種語言的工具觀當做純粹操縱陳述和觀念的意識。因為語言的真正基礎是說話現象，在說話中，某物被揭示出來；這就是語言的（詮釋學的）功能。當把說話當做起點時，一個人就回到了語詞做為語詞發揮作用的事件中，就回到了語言活生生的語境之中。當吉哈特・艾貝寧（Gerhard Ebeling）說：「語詞自身有一種詮釋學的功能」㉕時，他仍是在重複海德格的觀點。從根本上說，語言的詮釋學功能，確實成為後期海德格和神學新釋經學中的一個核心因素。正如艾貝寧提出的，這種語言觀意味著，理解「不是對語言的理解，而是通過語言來理解。」㉖。這種觀點的重要性從神學上說，幾乎不可能估計過高，因為它又恢復強調說話的功能。㉗

語言做為說話不再是一個人可將語詞當做對象來操縱的一種客體，它在預備在手的物之世界中也占有一席之地。在做為一個對象的人面前，語言當然能夠轉化成純粹存在的客觀性，但是，

㉕ WF，第 318 頁；NH，第 93～94 頁。

㉖ 同上。

㉗ 見第 2 章，論詮釋（hermēneuein）做為「說話」或做為「發布」的意義。海德格強調了這一主要的方面。也見吉哈特・艾貝寧（Gerhard Ebeling）的《神學和發布》（*Theology and Proclamation*），這裡，「發布」（proclamation）也帶有上述意義。

人發現語言基本上是做為預備在手的、透明的，與文脈有關的某物。

然而，做為說話的語言並不被人視為某種「內在實體」的表現。它是一種在語詞中達到澄明的境況。即使是詩意的說話，也並非是在傳達一種純粹內在性，而是一個共有的世界。正像揭示不僅是針對言談者，而且也針對世界中的存在一樣，語言也是既非主觀、又非客觀的現象。語言是主──客觀結合在一起的現象，因為世界先於，並包覆著主觀和客觀二者。

第十章
海德格後期對詮釋學理論
的貢獻

即使是海德格於《存在與時間》（ *Being and Time* ）後再沒有任何作品問世，他對詮釋學的貢獻也會是決定性的，因為他將理解問題安放在一個根本上全新的語境中。理解做為存在的一個基本模式，超出了狄爾泰在將它想像為與理解的科學形式相對立的歷史形式時，安放它的有限範圍。海德格進一步斷言：所有的理解都是現世的、意向性的、歷史的。他超出了先前的觀念，不把理解看做一種心理的，而是一種本體論的過程，不把它看做一種對意識和無意識過程的研究，而是看做對人類真實的東西的揭示。過去，人們只對一個什麼是真實的東西做一個先天定義，然後詢問心靈的過程如何使這種實體持久不變的；現在，海德格則探究更早一步的理解，以指示實體──發現、實體──揭示的行為，通過此行為，人才可做出先天的定義。海德格後期的一個主題，就是努力返回到實體──發現的事件背後。在此基礎上，存在本身才得以成為今日的一大主題。

海德格在《通達語言之途》（ *Unterwegs zur Sprache* ）中這樣說過：「每個偉大的詩人都從一首單獨的詩中來表達詩化」。❶既然原初的思維本質上是詩意的，那麼每個偉大的思想家就是在闡釋從來沒人完全談出的一個單獨思想。照此，在某種意義

---

❶ US，第 37 頁。

上，就可將海德格的後期作品看做《存在與時間》的一系列註腳，這些著作也反覆同樣地通往存在之捷徑。它們使他的鉅著得以深化，並給它提供了更為根本的洞見。也許，他是自柏拉圖以來最富詩意的、最著名的詮釋學哲學家；然而，柏拉圖思想中的基本探求並未改變，而是純粹變為更為完滿的說明。事實上，當人們領悟到海德格有關理解及對理解闡述的核心之處時，也就能理解為什麼他後期著作全力關注於「思維」，為什麼海德格要依照反應，而不是依照對觀念的駕馭來定義思維。要辨別出海德格思想中的「轉向」（turn）非常容易，然而，我們站在今天的高度觀察到的，事實上只是他思想的一個片斷。《存在與時間》是其後期思想得以生長的土壤。海德格自始至終都關注把存在揭示出來的詮釋學過程。在《存在與時間》中，此過程是被當做存有（Dasein）的現象學來考察的。在其後來的作品中，它又成為一種對非存在的探究，成為對「存在」一詞本身的探究，成為對希臘和現代的存在觀與真理觀的探究，以及對思維與語言的研究。人們公認，海德格在後期著作中，變得更富於詩意，更晦澀不明，更帶有預言色彩，但是，對存在的揭示卻是他一以貫之的主題。

在後期作品中，海德格思想的詮釋學特性側重於了其他方面，但它恰恰變得是詮釋學的，甚至在他自身涉及到註釋的意義上，也變成詮釋學的。他的課題仍是：存在如何依照靜態的和實在論者的術語，而最終被理解和被闡明的。但是，解釋的對象，已從一般性地描述日常與存在接觸的存有（Dasein），轉向形而上學和詩歌。他日益轉向原典的解釋；在西方哲學史上，很少有思想家去註釋原典，尤其是註釋古代原典片斷，這以至成為他們哲學思維方式之一部分。即或說，海德格在《存在與時間》中沒有對理解理論做出決定性的哲學貢獻，我們也仍可稱他為西方最富有「詮釋學的」意蘊的哲學家。

如果這一發展是在理解過程——此過程使事物最終顯現出來——的語境中得到考察的，那麼從內在上講，它也許要歸因於努力處理「存在」的詮解學特性。如果我們希望深入到西方人向傳統提出的那些問題的「本文」背後，它就更加成為詮釋學的了。因此，就存在著這種勢力：它力圖抽出原典背後的意義，而不單純滿足於根據自己的主張來探究整個體系。海德格試圖這樣做，同時又給他自己的觀點予適當的詮釋學態度，此態度對人來說關係到存在，又關係到傳統。對海德格後期思想的詳盡說明遠遠超出了本章所能及的範圍❷；然而，他的詮釋學理論的一些主要論題及其意蘊，我將在以下部分簡略勾勒出來。

對表現思維、主觀主義和技術的批判

在《存在與時間》中，海德格已經表明了他後期批判表現思維的方向。當時，他討論了「斷言」的派生特性，這些特性傾向於以這樣一種方式，將事物表現為純粹的被見到的東西。他表明在理解前結構範圍內，對對象的看法，怎樣易於敏銳地服從邏輯的和概念思維的要求，以及錘子做為一個實例，怎樣在其活生生的語境（das Zuhandene，在手）中被揭示出來，並且被放置在表現思維的抽象領域中。海德格在其後期作品中，試圖回顧西方思

---

❷見馬康伯（W. B. Macomber）的《對幻滅的解釋》（*The Anatomy of Disillusion*），亦見理查德遜在 TPhT 中的詳細討論；在德國，奧托·坡格勒爾（Otto Pöggeler）的《馬丁·海德格的思維方法》（*Der Denkweg Martin Heideggers*）尤為受人推崇。在英國，科克爾曼（Kockelman）、拉干（Langan）、維爾塞尼（Verséenyi）以及文獻目錄中的其他人都對此做過有益的討論。

維如何於最終本質上依靠表現術語來定義思維、存在和真理的。

在〈柏拉圖的真理說〉一文中，海德格轉向了那則著名的洞穴比喻。在整個比喻中，有一個暗示，即真理並非是遮蔽著的，因為一個人爬出洞穴進入光亮並且又返回到洞內；但是，真理做為「符應」（correspondence）這種觀念最終支配著更為充滿活力的，去除遮蔽（unconcealment）的觀念。於是，真理成為了正確的視見，思維成為了把觀念放在心靈之眼面前的東西，也就是說，它成為了對觀念恰如其分的操縱。

由於這種思維觀和真理觀，他就為整個西方的形而上學的發展，為從理論上──即從意論形態上依照此觀念來考察生命，創建了一個全新的階段：

> 觀念的本質在於現象和可見性中，這就實現了每個存在是「什麼」（what）的在場（present）。在存在者的「什麼存在」（what-being）中，它最終在場了。然而，存在的「在場」，照此就是被看做存在的本性。為此，存在於柏拉圖來說，就自有其在「什麼存在」中的本真的特性。以後的術語學提出為何如此（quidditas）是真正的存在（esse）；是本質（essentia）而非存在（existentia）。因此，對於沈思者來說，做為觀念被帶入視野的東西，即是對顯現之物的揭示。因此，當我們領悟到對某物的看法，領悟到在認識行為中被認識到的東西時，被揭示的事物才自一開始就是，並且僅僅是做為被領悟的東西來把握的。❸

海德格斷言，當一切事物最後依照觀念和觀念化思想，最為重要的，是依照理性概念被人安排得井然有序時，真理做為揭示這一

---

❸ PL－BH，第 35 頁。

早期觀念就消失不見了。西方人不再意識到存在是不斷從人的把握中出現和消失的東西，而是在一種觀念靜態在場的形式中來感知它的。真理成為了某種被視見到的東西："orthotes, correctness of percetion and assertion."（知覺和斷言的正確性）。❹這意味著，指向真理的思維並非根植於存在，而是根植於對一種觀念的領悟上；存在並非是按照活生生的經驗，而是按照觀念──從靜態上說，它做為一個不斷的、現世的在場──被想像出來的。

人們可以說，正是處於這種危急狀態之中，西方人才建立了它的形而上學和神學。早在一九二一年，海德格在其（未發表的）有關〈奧古斯丁和新柏拉圖主義〉（Augustinus und der Neuplatonismus）的講演稿中，追溯了在《懺悔錄》（Confessions）第五卷中兩種基督教的明題衝突。一種基督教出現自活生生的經驗事實性，它的成就之處，與其說是在於認識上帝，不如說是在於生活在上帝之中；另一種基督教則定向於做為至善（summum bonum）──即有益的神（fruitio Dei）的觀念──的上帝的「愉悅」觀念。後者是存在和體驗上帝，更為靜態和表現的觀念，它可直接追溯到新柏拉圖主義。當對上帝的體驗被界定為 "fruitio Dei" 時，當上帝像「和平」（此和平平靜心中的不安寧）一樣使人愉悅時，他（上帝）就被迫處於事實的──歷史的生命的流變之外，他做為一個活生生的、經驗的、上帝的生命力被靜止凝固了。他再是活生生的、現世的、有限的、預備在手的。他不僅僅被思考為和被享有為「在手」；上帝成為在時間、空間和歷史之外、之上的一個永恆的存在。❺

在一九三八年六月海德格所作的一個題為〈經由形而上學而

❹ 同上書，第 42 頁。

❺ 坡格勒爾的著作，第 38～45 頁；Ho，第 338～339 頁。

創立的世界現代影像〉的講演中，他追溯了對真理與思維所作的一般考察，與笛卡兒的觀點結合起來的意義，因為在笛卡兒那里，西方思想已經找到一個決定性的轉機。真理對笛卡兒來說，並不只是認識者與認識之間的符合一致，它是這種一致的主體的理性確定性。其結果是：人類主體被視為了被觀察到的萬事萬物之狀況的最終參照點。這意味著每一種存在都僅僅依照意識的主——客體二極和意識的目的而定。認識到的東西不是被最終看做如其所「是」那樣表現本身的一個本體論上的獨立實體，不是被看做在它自己存在的力量內向我們的揭示和顯明；相反，認識到的東西是被看做一個客體、看做有意識的主體展示它自身的某物。因為世界的地位肯定是安駐於人類的主體性之中，所以它成為以主體為中心的東西，哲學則成為以意識為中心的東西。這種併發症海德格稱之為現代「主觀主義」（Subjektität）。❻

主觀主義是一個比主觀性更為寬泛的術語，因為它意味著，世界基本上被看做是由人來度量的。依此觀點，世界唯有聯繫到人才有意義，人的任務就是征服世界。主觀主義產生了許多後果。首先，科學貢獻卓越，因為它們服務於人的征服意志。既然

---

❻ 主觀主義（Subjectism）有別於主觀性（objectivity），因為它既構成了客體和客觀性，又構成了主體的主觀性。主觀性必然暗含著：人類的自我是表現的主體，並且這種主觀性是笛卡兒那裡的主觀主義所採取的形式。但是，海德格把主觀性看做處於任何一種把人類現象當做最終參照點的哲學見解之中的東西，無論這種見解是集體主義、絕對主義，或是個體主義。既然觀念是由某人察見到的某物，那麼主觀主義就潛在存在於柏拉圖的存在解釋之中。但是笛卡兒已澄清了這樣一種情況：人並不是比他本人更為根本的存在的發射接收體（即人不再是創造物），相反，他是一個創造的存在，是他本人構成和設計的世界的根據。見 TPhT，第 320～330 頁。

在主觀性中，人承認目的或意義都是建立在他自己的理性確定性上，那麼，他就被鎖閉在他自己設計的世界的圈子內。藝術客體僅僅被看做主觀的「對象化」，或看做人類經驗的「表現」。文化只可能是人類主觀評價的東西的集體對象化，只可能是人無根據活動的一種投影。既然一切事物都根植於人，那麼，在這構架之內，文化的和個體的人類活動做為對上帝的（或存在的）活動的一個反應，都不可能被觀察到。最終，甚至上帝也定義為「無限者、無條件者和絕對者」世界也被反神性化了；人與上帝的關係被僅僅當做他自己的「宗教經驗」來考察。當有益的神（fruitio Dei）這一陳舊概念把上帝從日常生活的流變中提取出來時，主觀主義就使上帝成為人的一個投影，並使他（上帝）關係到獨立的人類情感。❼

　　現代價值哲學只是主觀主義形而上學的另一種結果。價值是一個權且替代的概念，它意味著給「物」（thing）（現在，物的價值是被主觀地建立起來的）提供它們在進入主觀主義構架之內所失去的意義。無論有人無人，物的這種神聖的涵義就消失不見了；物的形象被還原為它們對人的有用性。當人將價值「分派」給客體時，從哲學上說，把價值自身看做客體僅差一步之遙。因此，價值成為一個人把一層油塗漆抹在他的世界中的客體的某物。科學和人文主義變成一個時代的口令，在這個時代，人才是萬物的真正核心和尺度。

　　思維怎樣才能夠在這種構架之內得到界定？這又要回到柏拉圖的表現術語。人們怎樣才能想像真理？要依照陳述的正確性、確定性來想像。這種有關某物的陳述符合客體向我們表現的方式。既然此表現是在客觀的不可抗拒的行為中為主體所把握的，那麼它就不可能真正是對某物的自我揭示。因此，海德格說，這

❼ Ho，第 70 頁。

個巨大的形而上學體系，無論是依照理性（康德）、自由（費希特）、愛（謝林），絕對精神（黑格爾），還是依照權力意志（尼采）——的術語來表述，都變為了意志的表現。❽

　　根植於主觀性的權力意志並未認識到終極價值，而只是渴求更多的權力。如今，這種意志又在"技術控制"的瘋狂中表現自身。然而技術思維的影響使此意志更為敏銳，更富滲透性，因此我們最後逐漸按照控制來思考思維自身。思想變成技術性的了，它適合控制客體和經驗概念和觀念的需要。思維不再是向世界的開放性做出反應的東西，而是控制世界的無休止的努力；它並非如大地財富的監護人一樣保護著財富，而是試圖通過世界做適合人的目的之重建來耗盡世界。例如，一條河流已經沒有內在的價值，人通過建立大壩，將有毒的垃圾倒入河中，來適應他改變河水流向的目的。上帝已經逃之夭夭，大地不經意地被人耗費殆盡，照海德格的說法，這就是自柏拉圖起，中經笛卡兒、尼采而進入現代思維發展的悲哀結局。

　　這些探討，直接影響了詮釋學做為什麼是理解和什麼是詮釋的理論。因為當我們在技術思維的語境中來考察詮釋問題時，解釋就提供了控制客體的概念手段。當思維被界定為對觀念和概念的操縱時，它就不再是創造性的，而是操縱性的和發明性的。當主觀主義根植於詮釋的境況時，被詮釋的東西僅僅是一種客觀化嗎？真理做為符合的概念，從邏輯上說，適合於這些考察，於是真理僅僅成為了「正確性」。

　　照此，對詮釋理論來說，思維是否嚴格地按照觀念化的術語來想像，就有一個很大的差別，因為詮釋自身並非處理一種必須加以揭示出來的未知的問題，而是澄清和評價已知的數據。因此，詮釋的任務並非是對事物，而是對達到幾種可能的詮釋中之

---

❽ VA，第 114～112 頁；TPhT，第 381 頁。

正確詮釋的根本「顯示」。這一種預設傾向於將人始終保持在已知東西的清晰光亮中，而不是去溝通光明與黑暗的聯繫。語言最終被想像為一種運用於一套已知客體的符號系統。

但是，對海德格來說，這一整套定義——語言的、真理的和思維的定義——和建立在這些定義之上的理解與詮釋概念，都展示了一種柏拉圖真理學說的主題化。自柏拉圖以來，西方思維，尤其是形而上學，都展示了這種主題化的脈絡。海德格覺得他的詮釋學任務，就在於通過深入到原典背後來解釋原典。在康德、黑格爾和尼采那裡，海德格找到了古希臘人接近真理的暗示。當時，他們都認為真理是去除遮蔽。所以，自一開始，海德格就以本質上是詮釋學的術語來規定他的哲學任務。在此背景中的詮釋學並不純粹意指依照正確性和一致性的解釋。詮釋學將其更深的傳統寓意帶入到一種隱藏的意義中，並且使未知的東西顯現出來：此乃啓示和揭示。照此看來，當海德格在「詮釋」康德時，他就不僅僅是說明作者的意圖，因為如若這樣，當真正的詮釋必須開始時，就會出現短暫的停頓。確切地說，他追問的是原典沒有說出的東西：他追問為什麼康德在《純粹理性批判》（*Critique of Pure Reason*）第一版和第二版之間作了某些修正。他深入到原典背後去追問作者沒有，也不可能說出的東西，並且這些東西在原典中最終做為它最內在的動力而顯現出來。❾這種完成的和最後的原文並非詮釋的單獨對象，相反，它倒是在原文的創造中發揮作用的內在暴力和鬥爭。

這就給詮釋學提出了兩個傳統上為人熟知的問題：(1)對原典施行暴力❿，以及(2)比作者理解他本人更好地理解作者。當真理

---

❾ KPM，第 181 頁，英譯本第 206 頁。

❿「對本文行使暴力」（do violence on the text）這一短語，在這裡是一個比喻的用法，意指詮釋者把自己主觀的思想強加給原典這一隨意、武斷的行為。但據作者看來，這也是一種必要的行為，它重新肯定了有必要超出原典，並重新向原典處理的問題開放。——譯註

被人想像為既顯現在外又陷入遮蔽狀態的某物時，當詮釋行為把詮釋者放在創造的虛無（作品自虛無中出現）的邊緣時，詮釋者就必須創造性地向還未說出的東西開放。因為「虛無」（nothingness）是每一種積極創造的創造性背景；而此虛無僅僅是有意義地處於存在的語境中，僅僅是有意義地處於其確實性之中。當藝術作品不被視為一種人類主觀性的客觀化，而是被視做一種對存在的揭示，或向神之領域洞開的窗戶時，那麼人的遭遇就是接收一種賜予，而非把握其主觀性的一種主觀的行為。

詮釋一部偉大作品並非是一種博物學家的練習，也不是在人文主義中熟知的這種努力，即把古希臘人當做一種生活的典型模式。相反，它倒是重新恢復對原來事件的揭示。它試圖深入到累積著誤解的表層之內（海德格喜歡「擦拭」詞語，直到它們原來的光澤又閃亮如前），並處於說出和未說出的東西之核心。然而，它遠非單純地返回到過去，而是揭示的新事件；試圖重新恢復康德的本來面目，就會成為一種愚蠢的恢復。因此，每一種詮釋都須對原典中的明確闡述加諸暴力。[11]拒絕超越原典的明示性，的確是一種偶像崇拜形式，也是歷史的素樸形式。

那麼，一個人去詮釋一個作者，確實就比作者理解他自己更正確嗎？因為作者是處於探究的完整的範圍內，此探究給其作品賦予了生命；一個人並非更好地理解一個作者，而只是不同地理解他。在《通達語言之途》裡，海德格在他與一個日本人的著名交談中，闡述了他的目的，即「以一種為深刻的希臘方式思考希臘思想」。[12]這個日本人詢問他，這是否意味著人們去理解希臘人要比希臘人更理解自己。他回答說：不，與其說是返回到被思考和被說出的東西，不如說是返回到未被思考的東西。當希臘人的

---

[11] KPM，第 181～183 頁；英譯本，第 206～208 頁。

[12] US，第 134 頁。

思維顯現時，海德格希望滲透到它的背景之中；在創造的空虛和虛無背後，它實際的顯現也許存在於一條通向另一種思維、另一種對存在、真理和語言的把握——的線索之中。這種顯現完成後，事物才變成純粹的客體，世界才變成人的玩物。所需要的，並非要在表現思維的發展中推波助瀾，而是從「純粹觀念化——即說明、思維方式返回」到一種沈思的（andenkende）思維之中。⑬

通達思維之途

一般地說，海德格詳盡闡述了他對西方形而上學，或重新提出本體論問題一場毀滅性的批判，但是，也可以正確地說，他所有的後期著作都是關係到詮釋學過程的，藉此過程，人就在「本質的」思維和其他思維上，架起了溝通存在與非存在之間邊界的橋樑。這個有關存在的關鍵問題不僅是存在的本性問題，而且是如何思考存在與存在如何最終顯現出來的問題。例如，許多探究都假定了人在詮釋學事件中的位置，在此位置中，存在始終持存著，或以某種方式為人「理解」。試圖追溯「思維」這一主題的努力就成為一種複雜的和多方面的努力，有幸的是，這一努力在英國已由李查德遜（W. J. Richardson）嘗試過。⑭所以，這裡足可以強調一下此主題的一般詮釋學特性，並論及對詮釋學來說具有特殊的意蘊的一些方面。

海德格與此日本人的談話之所以富有意義，正是由於我們以上提到的觀點。海德格斷定，人是處於一種「詮釋學的關係」

---

⑬ VA，第 180 頁。

⑭ 同上。

（ein hermeneutischer Bezug）中的，在此關係中，他是帶來訊息的使者，是存在的闡釋者。⑮人是溝通存在的遮蔽和揭示間的鴻溝、橋樑，是溝通非存在和存在之間的鴻溝的橋樑。人是在說話中來詮釋存在的。海德格並非將真正的思維定義為對隱藏的東西之揭示。在由思想家或偉大的詩人說出的原文中，還有許多東西仍隱而不現和未被說出；因此，一場與原文的思維對話，將給原文自身帶來更進一步的揭示。在更加傳統的意義上（以及在海德格包含有許多對話的著作中），這種對話就變得更富於詮釋學意蘊了。然而，這種詮釋的附屬行為，必須不斷地返回到對一種喜歡重複的原作揭示中，必須使此行為自身處於隱而不見的東西，和昭然若揭的東西之邊緣。

與原典的一場創造性的對話是怎樣進行的？在他一九〇四年至一九五〇年的後期著作，如《泰然處之》（Gelassenheit）。⑯《關於人道主義的信》（Letter on Humanism）或《何謂思？》（What Calls Thought Forth?）中，人的姿態幾乎是一種完全向存在之音開放的、忠誠的被動服從。然而，在早期的《形而上學導論》（Introduction to Metaphysics）中，當提問試圖成為創造性的，試圖把海德格後期作品中一些有意義的傾向結合在一起時，從詮釋學上說，就存在一種對提問特性有意義的探討。

《形而上學導論》以問題開始。對海德格來說，提問無需成為純粹的嚴密盤詰，它有可能是向存在開放的一種方式。這篇論文的根本問題——「為什麼有存在而無非存在？」——導致向提問者提出的第二個問題：「它怎麼與存在一起？」提問者立刻發現，他本人傳達出一個不同於向問題開放的觀點，因為提問本身是轉向了提問者。海德格說，在追問這個問題的過程中，「我們

---

⑮ US，第 125～127 頁，第135～136 頁。

⑯ 見英譯本 DT。

完全屬於我們自己。然而，假若使我們走向開放的正是這種詰問，那麼，在詰問中，問題就改變了其身（所有真的詰問都是這樣），它將一個全新的空間投射到一切事物上並轉化成一切事物」。⑰

因此，詰問就是人與存在競爭並將使存在顯示自身的一種方式。它消除了存在與存在的存在者間的本體論差異。純粹保持於存在的存在者標準上的詰問，與並不試圖進入這種存在之（否定的）基礎的詰問，都非真正的詰問，而是操縱、計算和說明。海德格做了富特徵的評論：「對於詰問的所有熱情的痲痺，長久地伴隨著我們……詰問做為歷史存在的一種基本因素已經逃離了我們。」⑱

人的存在於在——於——此——世的本質正是詰問的詮釋學過程，正是這樣一種詰問：它在其真正的形式中深入到沒有明示的存在，並將此存在拖入一種具體的、歷史的事件中。由此，通過詰問，存在就變成歷史的了。存在、歷史和自我的相互關係，在以下《形而上學導論》的一個程落中，變得明白昭然：

　　1.人之本質之確定從不是一個答案，本質上倒是一種詰問。

　　2.在詰問首先創造歷史這種基本的意義上，對這種詰問的追問也是歷史的。

　　3.在詰問中，唯有存在揭示自身之地，才有歷史發生，也才有歷史伴隨著人的存在……

　　4.唯有做為詰問，歷史的存在才使人回到他自身；唯其如此，他才是一個自我。人的自我意味著這點：他

⑰ IM，第 29~30 頁。

⑱ 同上書，第 143 頁。

> 必須使存在——此存在向他揭示自身——轉化為歷史，
> 並且使他自己處於歷史之中。

在後期作品中，這種強調重心從人的詰問，轉變到向存在的、清醒的、開放的必要性上。存在仍舊是歷史的，但存在的事件卻是來自存在方面的賜予，而非一件人探究和把握的產物。[19]

　　然而，人們必須密切注意觀察此地的根本性轉變或轉向，因為海德格並非在否定，而是在補充他的早期觀點；他在後期著作中試圖強調他的非主觀中心論的態度，為此，他就從顯示人質疑地，與人「抗爭」轉向人做為「存在的牧羊人」（shepherd of being）這一比喻。然而，即使是做為存在的牧羊人，人的監護也在「思維」和「詩化」術語中被人談及到；思維和詩化儘管響應存在，但二者都作用於人，並保留著它們的歷史特性。在《關於人道主義的信》中，海德格斷言：

> 　　與歷史回顧一樣，思維也注意到存在的命運，它已使自身命中注定，即同命數相應……把存在當做真理的賜予來說明命運的特性（Geschicklichkeit）——這是思維的第一條規律而非邏輯的規則……存在是做為思維的命運事件（Geschick）。這個事件自在地是歷史的。它的歷史在思想家的說話行為中已經成為了語言。[20]

人做為存在的牧羊人，失去了蘇福克勒斯（Sophocles）「人頌」〔《安提岡妮》（Antigone）〕[21]中所展示的普羅米修斯精神（Prometheanism）。對此，海德格在《形而上學導論》中予以了

---

[19] 同上。

[20] PL−BH，第 118 頁。

[21] IM，第 146～165 頁。

注意；在《泰然處之》中，海德格甚至斷言道：「除了等待，我們什麼都不要做」。㉒

在《何謂思？》中，思維被描述為對存在的呼喚和命令之音的一種反應。它是來自人最內在核心中的某物，其中，「一切都被看作是隱而不現，藏而不露的」。㉓關鍵之詞是反應而非詰問。然而，人仍為存在者，他負責深入到存在的否定性中，深入到遮蔽的、神秘的狀態中。

對詰問的討論已深入到後期海德格的某些主要課題：歷史性、本體論的差別，詩歌和思維、反應性的開放態度——此態度有必要讓一個人「進入開放」狀態，並且談論開放。所有這些，都表明了一種詮釋學態度，此態度與間隔遙遠的和客觀的態度有著天壤之區別，後者是把詮釋看做一種根本的概念行為，看做分析一樣的某物——的結果。

dn10-3

語言與言說

在以上引述過的《關於人道主義的信》的段落中，關於「思想家的說話行為」表明了海德格後期作品中的另一個重要課題：存在的語言性。海德格對語言的興趣，可追溯到他早期的〈心理學主義中的判斷學說：對邏輯一個批判的和積極的貢獻〉的文章㉔，以及他論東斯哥德（Duns Scotus）的範疇和意義學說的論文。在後期，海德格主張需要揭示語言的理論基礎。㉕海德格早

㉒ G，第 37 頁；DT，第 62 頁。

㉓ VA，第 139 頁；見TPhT，第 599～601 頁。

㉔ TPHT，第 675 頁。

㉕ 坡格勒爾的著作，第 269 頁。

期曾談到他「與日本人的一場對話」。有意義的是，他的評論關
係到他為什麼在《存在與時間》中選擇使用「詮釋學」這個詞：

> 　　我是在對神學的研究中熟悉「詮釋學」這一標題
> 的。那時，我尤為專注於聖經語詞和思辯神學思想之間
> 的關係問題。如果你希望的話，它們可以是相同的關
> 係，即語言與存在之間的關係，只是這種關係對我來
> 說，是隱而不現、不可接近的──我徒勞地正在尋找一
> 條通達此徑的線索。㉖

　　在《存在與時間》中對此在所做的境況的分析，對在於此世的
理解──詮釋方式的分析，都將語言放置在了一個全新的語境
中。它是對存在的理解的闡明。它與理解和知識性關係密切，以
至邏輯思維和所有對世上客體的概念的操縱，與根本上闡明理解
活生生的語境中的語言相比，都變成附屬的和派生的了。㉗早在
《存在與時間》中，邏輯和「斷言」的領域就墮入了表現思維的範
疇，而語言做為對境況的，歷史理解的根本闡明，在其真正本質
中，是從屬於人的存在方式的某物。以此看來，海德格就有可能
視語言純粹為一種交際工具的理論做出批判。㉘

　　語言這一主題在《形而上學導論》中有著至關重要的作用。海
德格在致力於「什麼是存在？」這個問題時，追溯到巴爾買尼德

㉖ US，第 96 頁。

㉗ 見前一章有關斷言的判生特性之討論。

㉘ SZ，第 162～166 頁。關於一種新的邏輯，見漢斯・利浦（Hans
Lipps）的《對一種詮釋學邏輯的考察》（ *Untersuchungen zu einer her-
meneutischen Logik*)，也見基塔諾・利斯達（Kitarō Nishida）的《可
理解性與虛無哲學》（ *Intelligibility and the Philosophy of Nothing-
ness*)。

斯（Parmenides）的一個著作片斷，其中，他找到這則斷言：
存在與理解的發生是同一的。這意味著：「僅當有顯現，才會有
存在；僅當有揭示，才會進入未遮蔽狀態」。❷正如沒有理解就
不可能有存在出現，而沒有存在也不可能有理解一樣，如果沒有
語言，就不可能有存在，而沒有存在，亦不可能有語言。

　　假若人沒有存在的前知識，那就是假定存在的非確定的意義
並非全部向人呈現。

　　　　在我們的語言中，很少存在純粹的名詞和動詞嗎？
　　不，根本不會有語言。照此，如果存在沒有在語詞中揭
　　示自身，那要在語詞中求助它、談論它就不再是可能的
　　了；因為，照此去言說一個存在，須得事先將它理解為
　　一個存在，即理解言說的存在。❸

　　另一方面，「假如我們的本質不包括語言的力量，那麼所有
的存在就會向我們封閉，我們自身就正好是我們本來不是的存
在。」❸在任何模式中，如果沒有語言，人於我們來說都是不可
想像的。海德格明確提出了這個問題：「人之為人，就在於言
說。」❸海德格評論道：認為人發明了語言，這完全是個錯覺！
人既未發明理解、時間或存在本身，也沒有發明語言。（人怎麼
能夠發明這種甚至滲透到他自身中的、可以使他成為人的力量
呢？❸）即或是詩歌的命名行為，也不是人對存在的存在者的一
種反應。

---

❷ IM，第 139 頁。

❸ 同上書，第 82 頁。

❸ 同上。

❸ 同上。

❸ 同上書，第 156 頁。

在《形而上學導論》之後的作品中，他日漸強調了人是做為存在宣講和呼喚的應答者。如在《關於人道主義的信》中，海德格斷言，「思維的唯一任務就是反覆再三地使說話形式成為對存在的接近，這種接近還在持續著，並在持續中期待著人的到來。」❸❹當然，存在最終是在語言中顯示出來的。在語言中對存在的揭示是按照命運或命數（Geschick）一詞來描述的。「把存在的命運說成是真理的命運，這是思維的第一條規律」。❸❺歷史問題並非全新，因為在《形而上學導論》中海德格把語言展示為人的存在的動力，它能使人成為歷史的——它確實設定了歷史。言說和題會被展示為特殊的歷史行為，在此行為中，存在進入了時間和事件。差別主要在於強調這一點：人與其說是與存在競爭，不如說是向存在開放，向存在的呼喚開放。然而，海德格並未放棄詰問本身，因為詰問正是處於表現概念的問題之中。以後的標題——像〈何謂思〉（Was heisst Denken?），或海德格想對本質和語言提出質疑的〈本質？語言？〉（Das Wesen？der Sprache?）——都表明了這一點。事實上，詰問仍是他思維的基本方法。他的重點之所以有所改變，僅僅是由於他力圖更加指明存在的首要性。

這種對語言的說明在於顛倒言說的習慣方向，在於人沒有言說，而是語言自身在言說。這在其論語言的論文集《通達語言之途》中變得最為明顯。「語言本質上既非表現亦非一種人的活動，語言在於言說。」❸❻語言在沉默中發出聲音，通過語詞，人的世界的實在性，大地和世界的衝突，才終於持存著：「沉默中的聲音對人來說是無。相反，人在其本質上卻是語言性的。」❸❼人類的言說行為是人類所持有的。然而言說本身卻是一種依靠語

---

❸❹ PL－BH，第 118 頁。

❸❺ 同上書，在此，我稍為改變了一下早期的翻譯，第 151 頁。

❸❻ US，第 19 頁。

❸❼ 同上書，第 30 頁。

言的行為。在語言中顯現的東西並非某種人類的東西，而是世界，是存在本身。

在《通達語言之途》（*Unterwegs zur Sprache*）中，海德格發現了在言談，尤其是在言說（das Sagen）中的語言本質。言說是為了顯示。㊳照此，沉默有時就有可能比語詞說得更多。言說約束著聆聽，故說出的東西就有可能顯示自身（言說保留了聆聽到的東西）。㊴在言說中，存在以事件的形式顯示自身。（人們）可依照表現（expression）和顯現（appearance）來提出這一問題：語言並非人的一種表現，而是存在的一種顯現。思維並不表現人，它是讓存在做為語言事件而發生。㊵人的命運，真理的命運，以及最終存在的命運，都處於這種允許發生的事件中。

海德格漸漸轉而強調人的存在方式之語言性（Sprachlichkeit），漸漸強調他的這一主張：存在引導著人並呼喚著人，以至最終不是由人，而是由存在來顯現它自身。這些強調，對於理解的理論來說，當然有不可估量的意義。它使得語言的本質成為使事物顯現自身的詮釋學功能。它意味著詮釋的學科成為一種努力，此努力從純粹的分析和說明決定性地「退後」，到與原典中出現的東西進行思維的對話上。理解不僅成為一種開放的意念

㊳ 同上書，第 258 頁。

㊴ 同上書，第 255 頁。

㊵ Sprachereignis（語言事件）這一術語是做為恩斯特‧富赫斯（Ernst Fuchs）的新釋經學的主導詞（Leitwort）。〈在傳道的耶穌、保羅的神學和復活節的事件中的語言事件〉（Das Sprachereignis in der VerKündigung Jesu, in der Theologie des Paulus und im Ostergeschehen），見 HPT，第 281～305 頁；亦見〈語言事件的本質和基督學〉（The Essence of the Language－Event and Christology），載《歷史上的耶穌研究》（*Studies of the Historical Jesus*），第 213～228 頁。

和非教條的詰問，而且也成為對如何等待、如何找到本文的存在將展示其自身場所（Ort）的認識。詮釋成為一種有助於語言事件本身發生的東西，因為人們強調本文自身的詮釋學功能，正是存在顯示其自身的場所。從本質上看，語言自身就是詮釋學的，而詮釋學語言在很大程度上又處於偉大的詩歌中，因為，正如海德格在〈論詩歌的本質〉（On the Essence of Poetry）中所說的，詩人是訊息的使者，是神與人之間的「詮釋者」（the "hermeneut"）。

　　海德格證明了存在的本質、思維、人、詩歌，以及哲學與言說的詮釋學功能具有同一性。這一觀點是否站得住腳，在此無須討論。事實是：他自己的哲學中心轉移到了詮釋學，他的所有的主要課題都進入了詮釋學的適當領域。當然，他已脫離了詮釋學做為原典詮釋的語文學科這一陳舊概念，從而改變了詮釋學的整個語境。主——客體圖式、客觀性、有效性規則、做為生命的表現的原文——所有這些，都與海德格的考察迥然相異。詮釋學的定義在著力使意義最終顯現出來時（既然此定義不必包括原文的行為，呂格爾就找到了一種「十分寬泛」的理解），它就在詮釋學的地誌圖中帶來一個大範圍的轉變。詮釋行為本身在一種本體論的背景中重新得到界定。

說明和存在的地誌學

　　把海德格本人的說明當做一般詩歌註釋範例是不明智的，也許還是不公正的，因為他是在探究存在本性和語言特性的語境中來使用它們的。在〈論詩歌的本質〉序言的註釋中，他尤其否認了這些說明對探究文學史或美學的貢獻。[41]然而，在此我可以舉出

----

[41] EHD；EB，第 232 頁。

兩個海德格轉向說明的問題的例子。一個例子是在早期的《形而
上學導論》中，另一個例子是在《通達語言之途》中。

在《形而上學導論》後半部分，海德格說明選自蘇福克勒斯的
《安提岡妮》中「人頌」的讚美詩，力圖更早地定義表達在此詩中
的人的早期希臘觀。他論述道：

> 我們的詮釋陷入三個階段。在每一個階段，我們都
> 根據一種不同的見地來探究整首詩。在第一階段，我們
> 將顯示詩的內在意義，此意義支撐著語詞的大廈，並超
> 乎於大廈之上。
>
> 在第二階段，我們經歷到反覆和逆反覆的整個系
> 列，並將此劃定為詩歌所展示的領域。
>
> 在第三階段，我們試圖主張我們處於詩歌的中心位
> 置，用一種觀點去判斷誰是依照這首詩的話語來說明的
> 人。[42]

顯然，海德格並未採取一種形式主義的考察辦法，因為這樣的
話，那就不會與他提出的意圖和問題保持一致。有趣的是這一事
實：他在此的步驟預示了他後期的「地誌學的」（topological）
考察。在此考察中，說明力求測定詩歌說話之外的「處所」
（topos），測定在為段落所揭示的存在範圍內澄明的位置。照
此看來，第一階段並未逐次開始，而是始於一種尋找意義的努
力，此意義支撐著語詞的大廈，並超乎於大廈之上。所說的東西
處於一種並非完全明晰的意義的範圍內，處於既在本文之下，又
在本文之上的意義內。這種遮蔽著的意義，這種不僅是部分總和
的格式塔（gestalt），於詩歌來說，是澄清它單獨部分的主要

---

[42] IM，第 148 頁。

規則。它是詩歌的真理，是即將顯示的存在──人們還可以說，它是詩歌的靈魂。僅僅依照這點，海德格才著手於第二階段。此階段是從反覆到逆反覆，又通過詩歌回來，以「劃定為詩歌的展示的領域」。

「在第三階段，我們試圖主張我們沒於詩歌的中心位置」──即我們處在遮蔽和揭示之間的決定性邊緣上。此邊緣是在命名人是什麼，以及在深度上重新思考命名的事物──這種詩人的創造性行為中被設定起來的。這當然意味著超出詩歌所未說出的東西：

> 若是我們滿足於詩歌直接說出的東西，那麼詮釋就（隨第二階段）窮途末路了。而實際上，詮釋才剛剛開始。實際的詮釋須顯示出不在語詞中的東西，而非說出的東西。為達此目的，註釋者必須行使暴力。他必須尋求本質的東西，而這些東西科學的詮釋很少能夠發現。它們標明為非科學的、超越科學界線的一切東西。❹

本質上，詮釋學過程並未進入對本文中已經闡述過的東西所做的科學說明中；相反，它是原初的思維過程，藉此過程，現在還未明白昭然的意義才最終顯現出來。

在《通達語言之途》中，有一篇題為〈詩歌中的語言〉（Die Sprache im Gedicht）的文章。此文以有關詩歌說明的某些一般性評論開始，討論了特拉克爾（Trakl）的詩歌。海德格把探討「討論」（Erörterung）這個德語詞的意義當做起其點。本文的標題原為：〈喬治‧特拉克爾：一場關於其詩歌的討論〉（Georg Trakl: Eine Erörterung seines Gedichtes）。海德格不是把他自己的論文界定為歷史的、生物學的、社會學的或心理學的，而是

---

❹ 同上書，第162頁。

界定為對特拉克爾詩化範圍中「處所」（Ort）的探討，這一處所是由他的詩歌揭示出來的。因為每一位偉大的詩人都以每一首單獨的、從未說出的「詩」來說話。與詩人進行一場思維的對話的任務，正是必須發現存在中的處所，此處所乃是詩歌的基礎：「唯有從（未說出的）詩歌的處所中，單獨的詩歌才煥發光彩，發出聲音。」❹

　　海德格聲稱，與詩歌進行一場思維的對話也許會「干擾詩歌的說話，而沒有讓詩歌在其平靜狀態中歌唱，這就存在著一種值得注意的危險……畢竟，一場有關詩歌的討論始終不可能是一種真正聆聽詩歌的替代物，始終不可能在它之先。一種有關思維的討論，壞則至多能使一種聆聽成問題，好則至多能使聆聽更富於意義。」❺難道海德格放棄了他早期對本文施行暴力的意圖嗎？人們必須通過表面的改變洞察到更深處。自一開始，海德格似乎就想讓本文用它自己的真理和聲音說話。「施行暴力」的爭端主要是對限制原典明確詮釋的批評家們的一個回答。它重新肯定有必要超出原典，並重新向原典處理的問題詰問。

　　況且，隨著越來越多地聆聽到本文自身的說明，所以每一步「討論」（Erörterung）過程似乎都從原典的背後深入到每個洞源之中，深入到一行或多行文字的再三重複之中。這些重複表明，說明的功能就是讓文字說活，而非試圖比文字所說的東西說得更好。詩歌揭示的「處所」這觀念是一種為詩歌「布景」，而非要在舞臺上佔據一席之地的努力。正像在新批評那裡一樣，詩歌本身而非生物學的背景才是至高無上的。一首詩的背景並不是作家的生活，而是詩歌的話題。新批評家和海德格都贊同詩歌的本體論自律，和釋意的異端邪說；差別在於，新批評家很難使他

───────────────

❹ US，第 38 頁。

❺ 同上書，第 39 頁。

自己的情況適合他預設的語境內的詩歌的「真理」。原典十分易
於變成一種概念的訓練的對象和說明，此訓練唯獨與「假定
的」、認可的、科學客觀性的限制一道起作用；而海德格的說明
風格，則根本上不同於任何一種對無可置疑地假定了的東西之
「分析」。然而，在風格的外在差別下還存在著本質上的相同
點，這些相同之點表明，海德格可以為新批評的一種重新恢復生
命力之形式提供基礎。

藝術作品的詮釋學概念

　　一九六三年，海德格做了三個有關藝術方面的演講，題為
《藝術作品的起源》（*The Origin of the Work of Art*）。這些講
稿直到一九五〇年才公之於世。

　　當時，它們是做為《林中路》（*Holzwege*）的開始部分出現
的。在這三篇講稿中，人們發現了海德格對藝術特性的理論所做
的完全展開之討論。它們實際上將藝術的領域基本轉變成了真理
和存在的詮釋學觀念，轉變成在一種肯定的闡述和一種否定的，
但卻是創造性基礎之間的衝突，轉變成了一種做為言說和說話
（speaking and saying）的語言。這些，我們以上都討論過。當
一部偉大的藝術作品言說時，它就使得世界持存不變。這種言說
（speaking）像所有真正的說話（saying）一樣，同時在揭示和
遮蔽著真理。「美乃是真理做為未遮蔽狀態，而發生的一種方
式」[46]。詩人為神聖的東西命名，並使它在一種形式中顯現出
來；海德格把所有的藝術內在地看做是詩意的，看做是使存在的
存在者進入未遮蔽狀態，並使真理成為一種具體的、歷史的事

---

[46] Ho，第 44 頁；UK 第 61 頁。

件的一種方式。

這種美學境況，是依照做為萬物創造的基礎——大地（earth）和世界（world）——之間的內在張力來加以描述的。對海德格來說，大地呈現為耗無竭止的母親，呈現為萬物的原初來源和基礎。藝術作品作為進入未遮蔽狀態的真理中的一個事件，形式上表現為對這一創造性的張力的把握。這樣，藝術作品就產生了一個做為一個整體的存在領域，並且向人揭示大地和世界之間的內在衝突。例如，一座矗立在山谷中的希臘寺廟，構成了存在中的一個開放的空間，並且創造了它自己的活生生的空間。它以其形式的美而讓它的質料煥發出壯麗的光彩。藝術作品使質料嵌入這種形式，並「展示」它們，讓它們熠熠生輝。寺廟中並沒有任何文字記錄；它純粹是用自身雕塑成的一個世界，在此世界中，人感覺得到眾神的存在。當質料的物質性越是實現它們做為工具的職能而消失於工具中時，藝術作品就越是通過展示這種質料的物質性而揭示出一個世界：

> 石塊開始移動和靜止，這樣它才首先真正地變成了石塊；金屬開始閃光發亮；色彩開始煥發出色彩的顏色；音調開始真正發出聲音；語詞開始說話。所有這些，都進入了作品。作品使自身還原成石塊的質料和重量，還原成樹木的堅固性和柔軟性，還原成金屬的堅固性和閃光性，還原成音調的有聲性和一個語詞的命名的力量。[47]

要說明這點，就唯有觀察到藝術作品「讓大地成為大地」。[48]大地並不純粹是供人步行的某物，一棵樹也不僅僅是站立在路

[47] Ho，第 35 頁；UK，第 47 頁。

[48] 同上。

旁的某物；大地就是在金屬的閃光和音調的聲響中展示出來，然後又消隱而去的東西。它既不做努力，也不知疲倦。「在大地上以及在大地中，歷史的人使他自己棲居於世界上。」[49]在藝術中，作品的傳構從大地中創造了一個世界；作品把大地自身把握在，並且保持在世界的開放性中。」[50]照海德格的話說，大地的形成和世界的展示，是藝術作品的兩種基本傾向。

照此看來，藝術作品的本質，並不在於純粹的技巧，而在於揭示之中。成為一件藝術作品意味著揭示一個世界。詮釋一部藝術作品，意味著進入使作品持存下來的開放空間中。藝術的真理觀並不是膚淺地贊同已經假定的某物（如真理做為正確性這一傳統觀念）；它使大地以這種人們能夠察見到的方式進入開放中。換言之，藝術的偉大性須按照詮釋學的功能來界定。海德格在本文中闡明的東西，就是一種藝術的詮釋學理論。

這樣看來，海德格對詮釋學的貢獻，實際上就是多方面的。在《存在與時間》中，他從一種根本上全新的語境來重新設想理解本身，這樣就改變了詮釋之任何連貫一致的理論之基本特性。他重新定義了「詮釋學」一詞，並證明此詞與現象（也正如他所定義的），以及同產生理解的語詞之主要功能是同一的。在其後期著作中，他選定了將原典註釋哲學化的典型方法，這表明了在詮釋學這一術語更為傳統的意義上，他是一個「詮釋學的」哲學家。但是，此詞的更深意義卻是對神秘過程的揭示，為此，存在才進入昭然若揭的生存中。依照這個本質上是詮釋學的過程，海德格考察了語言、藝術作品、哲學以及存在的理解本身。

狄爾泰明顯將詮釋學的概念擴大到了所有人文科學的方法論基礎，而海德格卻決定性地超越了狄爾泰；在海德格那裡，詮釋學

[49] 同上。

[50] 同上。

指理解的事件本身，卻不是指同科學方法一再對立的詮釋的歷史方法。所有的理解都根植於生存的理解的歷史特性。在這一斷言中，狄爾泰畢生致力於的歷史的——科學的二分法就被棄置不用了。這一根基以後又為高達美所清除。

第十一章 38
高達美對現代美學和
歷史意識的批判

Ch11-0

　　一九六〇年，隨著《真理與方法：哲學詮釋學的基本特徵》
（ *Wahrheit und Methode: Grundzüge einer philosophischen
Hermeneutik* ）一書的出版，在現代詮譯學理論中一個決定性的
事件出現了。本書之作者為海德堡的哲學家漢斯・喬治・高達美
（ Hans-Georg Gadamer ）。本書各有一卷分別展示了他對現代
美學的一種批判性評論，展示了他基本上是來自海德格觀點的歷
史理解理論，也展示了一種基本語言存有學的全新哲學詮釋學。

　　在本世紀，只有另兩部專論詮釋學理論的不朽作品——姚金
姆・瓦赫（ Joachim Wach ）的《理解》（ *Das Verstehen* ）和愛米
利略・貝諦（ Emilio Betti ）的《有關詮釋的一般理論》（ *Teoria
generale della interpretazione* ）——才可與這部具有豐富詳盡哲
學內容的著作媲美。三部作品中的每一部都為自身設定了一個不
同的目的，因此每一部著作都具有它自己特殊的貢獻。瓦赫的三
卷詮釋學史在二十世紀，為每一位認真去瞭解詮釋學的學生提供
了必要的參考。然而此書寫成於一九二〇年末，必然在狄爾泰詮
釋學觀念的視界之內。

　　貝諦由於闡明了一種包容性和系統性的一般理論，並發展出
一套所有詮釋形式的基本規則——這些規則可以用作更為有效的
詮釋學的基礎——所以他就洞察到詮釋的不同方式的系列。這部
著作自一開始就將詮釋形式的一種系統原則（ organon ）當做其

目標，而不是將一種純粹的歷史，由此也將歷史的過程和豐富的文獻，還有歷史的系統的目的——這些都是瓦赫早期作品的珍貴補充——當做目標。然而，從哲學上看，貝諦基本上是處於德國唯心論傳統的範圍內，他傾向於事先採納那些做為自明之理的預設，而海德格正是對此預設提出了根本的質疑。在貝諦看來，海德格對語言學和編史學具有客觀有效的結果這一觀念提出了一個威脅。在貝諦之後，高達美仍然覺察到了並且發展了積極的、富有成就的現象學結果，尤其是發展了海德格有關詮釋學理論的思想。高達美必須處理的是發展一種新的、理解事件的、存有學的哲學問題。

這樣，隨著《真理與方法》的問世，詮釋學理論就進入一個重要的新階段。我們前一章已經談過，海德格對理解做了根本上的重新肯定，現在，這種觀念在高達美那裡得到了完整的、系統的表達，它被設想到與美學和歷史的聯繫方式也開始顯現出來。詮釋學做為特別適合人文科學的方法論基礎這一陳舊觀念被棄之於後，方法自身的地位大成問題，因為高達美著作的標題本身就含有一種諷刺：方法並非通往真理的大道。相反，真理躲避著堅守方法的人。理解並非被想像為與一個客體相對立的人的主觀過程，而是被想像為人自身的存在方式；詮釋學並非被定義為普遍地有助於人文科學的規則，而是被定義為說明理解做為一種存有學——即內在於人的存有學的過程——的哲學努力。由於這些重新的解釋，結果就產生一種截然不同的詮釋學理論，即高達美的「哲學」詮釋學。

一開始就理解到高達美的哲學詮釋學，與那些定向於方法和方法論的詮釋之間存在著的區別，乃是攸關重要的。高達美並不直接關注詮釋在其實踐的問題上是要如何建立一些正確的法則；相反，他希望將「理解」現象本身更明白地展示出來。這並不意味著他否定建立法則的重要性；相反，法則在詮釋的課題中是有

必要的。這裡意指的是，高達美是在處理一個預先的、更為基本的問題：不僅在人文學中，而且在人對世界的整體經驗當中，理解是如何可能的？這一問題被預設為只存在於歷史詮釋的學科中，但是實際上它是遠遠地超越了這個範圍。正是在此點上，高達美明確地將他的詮釋學定義與海德格的詮釋學定義連繫起來：

> 海德格對人類存在的時間性的分析，我相信已經令人信服地證實了理解並不是主體諸多行為方式的一種，而是存有（Dasein）自身的存在方式。在這種意義上，我在此（在《真理與方法》中）使用了「詮釋學」這一術語。它標示著由有限性和歷史性所構成的人類的存在及其基本的運作，因此，它包容了人對世界的經驗整體……理解的運作是無所不包、無所不在的。❶

當然，關於那些在詮釋的課題上專注方法論研究的努力，詮釋學的普遍性的確對它們造成了重大的影響。比如，理解包覆一切的特性就產生了這一問題：法則是否授權與人能夠限定理解的範圍，或者把理解縮減到某一個觀點之內。高達美斷定，對藝術作品的體驗超越了每一個進行詮釋的主體其視域——既超越了藝術家自己的視域，也超越了欣賞者的視域。為此，作者的意圖（mens auctoris）就不可能是衡量一部作品意義（Bedeutung）的尺度。如果，排除了作品在進入我們經驗中時，那種不斷更新的實在性，而要就作品自身去談論作品，這實際上是一個非常抽象的觀點。❷關鍵性的東西既非作者的意圖，亦非處於歷史之外的做為物自身（thing in itself）的作品，而是那重複出現在歷史遭遇中的「東西」。

---

❶ WM，第 2 版序言，第 xvi 頁。

❷ 同上書，第 xvii 頁。

　　要把握高達美的那一種更為普遍的詮釋學，其對方法的概念所產生的影響，就有必要更進一步地深入到高達美思想中，所根源於海德格思想的部分，同時也深入到高達美認為詮釋學所具有的那一種辨證特性之中。與海德格一樣，高達美批評現代是屈從於技術思維之下的。這種技術思維根植於主體性（Subjektität）──即它把人類的主觀意識，以及基於這種意識的理性確定性，當做人類知識的最終參照點。笛卡兒以前的哲學家，例如古希臘人，就把他們的思維看做存有本身的一部分；它們並未將主體性當做起點，然後又在這種主觀性的基礎上建立起知識的客觀性。他們所做的是一種更為辨證的考察，也就是，他們嘗試讓那要被理解的事物其特性來引導自己。知識並不是他們後天獲得的財產，而是他們參與於其中的某物；他們參與其中，讓自己被引導，甚至讓他們的知識來佔有自己。古希臘人以此方式去接近真理，邁向真理；這種思維的途徑，也超越了現代以主體──客體思考模式來建立主觀確定性知識的思維方式之限制。

　　因此，高達美就更為接近蘇格拉底的辨證法，而非現代的操作性和技術性思維。真理的獲得，不是經由方法，而是經由辨證；經由辨證去接近真理，是被視做與方法對立相背的，並且實際上也被視做是克服方法之所以會預先建構了個人視見方式的一條途徑。最格地說，方法不可能揭示更新的真理；它只能將早已隱涵在方法中的真理透顯出來罷了。方法之所以會被發現，並不是透過方法本身，而是透過辨證，也就是透過以不斷地提問來做為回應的方式，如此趨近所要探究的事物。在方法中，進行探究的主體在主導著、監控著和操作著；在辨證法中，被探究的事物則提出問題並要人對其回應。一個人只能立基在他從屬的，和所處的環境中做出回應。由此，詮釋的境況不再是：一個探究者面對著一個對象，他需要建構「方法」以便能掌握對象。相反，探究者會突然發現他自己是被「主題」（Sache）所質問的存在

者。在這種境況中，「主體──客體圖式」（subject - object schema）只會誤導方向，因為主體現在已變成了客體。實際上，方法自身一般是被放在主體──客體概念的脈絡之中來看待的，它成為現代操作性和技術性思維的基礎。

人們也許要問，黑格爾的辨證法難道不正是那主觀主義的思維本質嗎？因為辨證法的整個過程不正是導向意識的自我客觀化嗎？自我意識是黑格爾思想的核心，但是，高達美的辨證詮釋學卻沒有採取黑格爾的精神（Geist）概念，以致於把主體性當做辨證的最終根據。他的辨證詮釋學並不是建立在自我意識上，而是根據著存有，根據著人類在世存有的語言性，也就是根據著語言事件在存有學上的特性。這不是一種提昇正反命題的辨證法；它是一個人自己的視域和「傳統」的視域之間的一種辨證。我們繼承了傳統，遭遇到傳統；同時，傳統也製造出了否定性的因素，而這個否定性就是辨證的生命所在，就是探究行為的生命之源。

所以，雖然高達美的辨證與黑格爾的辨證法有某些血緣關係，但它並沒有延續那隱涵於黑格爾思想中的主觀主義──實際上，在海德格之前的，所有現代的形上學都隱涵著這種主觀主義。雖然它與柏拉圖的辨證法有類同之處，但它並沒有預設了柏拉圖的理型學說，或他的真理觀和語言觀。相反地，他所提出的辨證，是根據著海德格在後期思想中所闡釋的那種存有結構，以及在《存在與時間》中所敘述的那種理解的前結構。辨證的目的極為明顯地是一種現象學的目的：讓遭遇到的存有者或事物開顯其自身。方法包含著特定的一種提問方式，也只能揭示事物單一的面向：辨證的詮釋學則開放自己讓事物的存有來質詢，因此事物能就其存有而開顯自己。高達美論證道，由於人類的理解是語言性的，以及存有本身終究也是語言性的，所以這個目的是可能達成的。

這種對詮釋學問題的思考方向極大部分都已經隱涵在海德格的思想中。新的發展是在於強調思辨和辨證（這兒可以說是黑格爾式的辨證），同時，也是將海德格的存有學對美學與文學詮釋的義涵做更充分的闡明。從這兒開始，讀者所要牢記的是，海德格對於思想、語言、歷史和人類經驗的概念，都為高達美所繼承下來。這是最重要的一件事，因為在《真理與方法》中，許多的論證都密切地根據著這些概念。若無意間退回到那些在大部分當代英國和美國，有關詮釋學的思考中所預設的觀念裡，那將會在理解高達美的時候增添許多困難。況且，高達美的觀念都是相互連繫著的，所以我們只能逐漸地進入他所探究的範圍。最後，構成高達美的論證結構者，極大部分是他對以往思想家思考語言、歷史意識，和美感經驗的成果所做的嚴密的批判。因此，要理解高達美，將會障礙重重，令人望而生畏。然而，我嘗試提出一些主要線索，以便說明高達美是如何將海德格的理解理論，正式發展成為一種對現代美學的批判，以及如何發展出詮釋的歷史概念。

對審美意識的批判

在高達美看來，能夠與「無關審美的」經驗領域截然區分，而被孤立出來的「審美意識」，是一個與現代十分有關聯的概念。事實上，這個概念是肇因於自笛卡兒以來普遍主觀化的思潮——就是把所有知識都立基於主體的自我確定性的這一個趨勢。依照這種觀念，那注視著審美對象的主體乃是一個虛空的意識，它接受著感官知覺並且浸淫在純粹感覺形式的直接性中。這樣，「審美經驗」就孤立於經驗裡其他更為實際的領域之外，不相貫連；既然它是對形式的一種反應，那它就不可從「內容」來衡量。它與主體的自我理解並沒有關連，也不關係到時間；它被視

為一種除了自身之外，與其他東西毫無關係的非時間性因素。

這一觀念產生了許多結果。首先，除了感覺的愉悅外，沒有其他適當的方式來說明藝術。既然藝術並非知識，那麼它就不可能有內容上的尺度。藝術「形式」和「內容」之間的差異被人們曲解了，同時審美的愉悅被歸諸於「形式」。既然藝術與藝術家本人並不以任何特殊的方式從屬於世界，那麼，藝術在世界中就沒有明確的地位。藝術被視為不具任何功能而被棄之不顧，藝術家在社會中也失去了一席之地。藝術那明顯的「神聖性」——我們會對一件偉大的藝術作品遭到無意義的破壞而感到震怒，此時才意識到這種神聖性——也失去了合法的地位。既然藝術家所創作的一切，均被視為一種情感的或審美愉悅的形式表現，那他當然不能稱呼自己是一個預言家。

但是，關於審美現象的這樣一種觀念，是與我們自己對任何偉大藝術作品的體驗相牴觸的。對一部藝術作品的體驗是開顯出了一個世界；這種藝術的體驗並不僅僅是在感覺的愉悅中讚嘆著形式的外觀。一旦我們不僅把作品看做是一個對象，而且看做是一個世界，一旦我們透過作品而察見到一個世界；那麼，我們便會領會到，藝術並不是感官知覺，而是知識。當我們接觸到藝術時，我們自己世界的視域和自我理解的視域都被擴大了，因此我們將會以一種「新的眼光」——就像第一次的接觸一樣，去觀察世界。即使是生活中的那些平凡的客體，當受到藝術的光照時，都會以一種全新的面貌出現。就這樣來看，藝術作品不是一個與我們自己相分離的世界，否則，即使我們最終理解它了，它也不可能對我們的自我理解有任何的啟發。在體驗一部藝術作品時，我們並不是進入一個陌生的領域，而步向時間和歷史的範圍之外；我們並未脫離自身，或者與無關審美的因素斷離開來。相反地，我們自身變得更為充分地呈現出來。當我們深深領悟到那之為世界的他者（the other）其統一性和自性（selfhood）時，我

們就將充實了自我理解；當我們正在理解一部偉大的藝術作品的
同時，我們帶有著既有的經驗，也帶有著我們將要扮演的角色。
我們整個的自我理解是個未定之數，是在接受挑戰。並不是我們
在向一個對象提出質詢，而是藝術作品在向我們提出問題，正是
這一問題造就了藝術作品。對藝術作品的體驗是被包覆在、並且
發生在我們自我理解的整體性和持續性中。

　　但是，也許有人會提出異議，認為當我們在觀察一部藝術作
品時，我們生活所在的世界就消失不見了。作品接掌了一切，並
且在此瞬間成為了一個自我包覆著的、自足的「世界」。它無需
估量自身之外的範圍，它當然也不會被視為對實在的摹本。如果
我們曾經斷言：藝術作品呈顯出的世界是與我們自身所處的世界
相接續著；這又如何能與上述的情形協調一致呢？

　　這種辨明必須是從存有學上來看的：當我們觀察一部偉大作
品並進入其世界時，與其說是我們離鄉遠赴他鄉異國，不如說是
「回到安適的居所」。我們會突然驚嘆道：確實是如此！藝術家
說出了什麼東西是真正存在著。藝術家用一則比喻、一種形式捕
捉到了實在；他並未虛構出一個令人心醉的海市蜃樓，而是建構
出我們生活所在的、我們存在於其中的經驗世界和自我理解。由
藝術家們制訂的世界之轉換，實際上是一種向存有真理的轉換。
藝術的合法性並非在於它給人予審美愉悅，而在於它揭示了存
有。對藝術的理解不是通過方法，把藝術作品當做孤立的客體來
看待，或者透過把形式從內容上抽離出來；理解是通過向存有的
開放、並且聆聽作品向我們提出的問題。

　　由此，藝術作品真實地向我們展示了一個世界。我們並未將
此世界化約在我們的度量之下，或者依循方法地去衡量它。我們
正是在理解這個新的世界，因為我們已經參與到自我理解──它
使世界對我們顯得真實──的結構之中。這也才是被理解的東西
（它是我們正在意想著的東西）的真正基礎。這種自我理解的媒

介即是形式。藝術家具有將他的存在經驗轉變為一種形象，或一種形式的能力。做為形式者，它延續地保存下來，當人們不斷地再接觸它時，它便不斷地展現自己給下一代的人們。形式的特徵並不純粹是存在的能量，而是作品的能量。形式變成了持續的真理（das bleibende Wahre）。❸

　　發生在物質上的那種「轉化為某種形象」（Verwandlung ins Gebilde），並不僅僅是一種單純的改變，而是真正的轉化：「以往的事不復存在，但是目前所存在著的、在藝術的遊戲中所顯現出來者，是對目前而言的那不變的真理。」❹被表現出來的真理或存有，是與形式完美地融合在一起，以至成為一種嶄新的事物。因為是一個「整全的媒介」，所以在形式中各個因素間的相互作用，是形成一個它自有的世界，而非單純是其他東西的翻版。這種明顯地表現出來的自律，並不是從「審美意識」中孤離出來的、無目的的自律，而若從「審美意識」更深的一層意義去看，這種自律更是一種知識的媒介；洞察藝術作品的經驗使這種知識成為共有的認識。❺

　　高達美對於「整全媒介」的概念還有另一個面向。它主張，在藝術作品的遊戲中，審美的因素和其他的因素根本上是不可區別的。如果把儀式或禮儀特別指為「美的」，我們會直覺地感到這是不恰當的；而關於一個「對於善的說教」來說，更是不容許這種美學的區分，因為這就等於指說一個聽教者可以將說教的內容從形式上抽離掉。同樣，若要區分審美的因素和無關審美的因素，也不適合於理解我們對藝術作品的體驗。「藝術的媒介必須

❸ WM，第 106 頁。

❹ 同上。

❺ 同上書，第 92 頁。

被看做是一個整體」。❻體驗一部藝術作品時，美感的一面或形式的一面（高達美拒絕將內容與形式的二分當做反省思維的結構）正是作品中所詮說出的事物的一部分，是「所意指的事物」，因此，這種美學上的區分是十分矯作和無效的。所以，與上述「審美上的差異」相反地，高達美主張（審美中的不可區分性）（aesthetische Nichtunterscheidung）這條原則。❼

　　對藝術作品的審美體驗其核心之處，既不在內容，也不在形式，而是在於作品「所意指的事物」；它是被傳達到一個形像或形式之中，是一個具有自身活力的世界。因此，一個人在審美的體驗中，並不是要嘗試去把詩歌的原始素材分離掉，而在欣賞詩歌的表演（performance）時，也不是要不斷地嘗試把表演所意指的事物從表演本身之中分離出來。「素材」和「表演」兩者在演出當中都體現了藝術作品所真正要求去意指的事物，它們與此事物交互滲透，所以任何分離都是矯作的、蓄意的。高達美明確斷言：「詩歌與其素材、詩歌與其表演這雙重區分，是對應於一種雙重的不可區分性（double nondifferentiation）；而這種的不可區分性，就是人在藝術的遊戲（Spiel）中所能領悟到的真理之整體性。」❽他繼續就戲劇評論道：「如果在觀賞詩歌演出時，是將注意力放在詩歌所描述的故事的演進過程，這就偏離了對詩歌的真正體驗；或者，當觀賞者在戲劇進行當中，是在思考著戲劇所蘊涵的概念是如此如此，或把戲劇就視為表演本身，這也是與正確體驗一齣戲劇相牴觸的」。❾

　　高達美提出了另一些觀點，使得在審美上所做的冠冕堂皇的

❻ 同上書，第 121 頁。

❼ 同上書，第 111～112 頁。

❽ 同上書，第 112 頁；著重號為作者所加。

❾ 同上。

區分進一步地崩潰。在「審美意識」的依據下，他反對藝術是處於無特定的場合（placeless）；相對地，他提出藝術是具有相對於一定場合的「裝飾性」。藝術並不是不需特定的場合，它要求需有一定的處所，並在此由其自身創造出一個開放的空間。藝術作品並不屬於美術館之類的地方，因為在那兒，作品統統被蒐集在一起，是一個沒有任何特定場合的處所。在這兒，最基本的問題出於，藝術被想像成美的事物，而不是從其最廣袤的意義上看做是存有學上的事物。高達美說，現在有一個明顯的需要，就是要改變近幾個世紀以來頗為流行的藝術觀，以及「現代通俗藝術讓我們極為熟悉了的關於表象的概念」。他說，我們需要恢復藝術中的裝飾性和非必然性因素，但是依據「純粹形式」或「經驗的表象」等觀念所建立的美學卻懷疑這些因素。❿藝術既是地方性的亦是時間性的。「第一項任務，是要找到一條途徑，以便使我們能重新找回視域——這個視域將藝術和歷史同時包含在內。」⓫

他表明，有兩個提問可以指示這條途徑：(1)一個形象（image）在什麼方面來看是有別於一種某物的翻版？(2)以此看來，表像（representation）與其表現的「世界」之關係是如何產生的？⓬藝術顯然在「表像出」某物，顯然在「表像出」產生藝術的東西。同樣明顯的是，表像之中還存在著一個開放的世界。主張「純粹審美」觀的美學立場永遠不能揭示這些問題的答案，而根據「經驗」的舊有意義所建立的美學也一樣是不充分的。二者都是從有關藝術作品的錯誤前提出發，即把作品歸因於主體——客體關係中的主體。除非我們能夠超越主體——客體模

---

❿ 同上書，第 130 頁

⓫ 同上。

⓬ 同上。

式而找到一個提問的視域，我們才能發現那通往理解的途徑，去理解藝術作品的功能與目的、理解其「如何」（howness）和「什麼」（whatness），以及理解其時間性和地方性。

遊戲和藝術作品的存在方式

在「遊戲」（game）現象中，有許多意義深遠的元素，可以闡明藝術作品的存在方式。⓭然而，高達美並不是在此恢復那基於審美的享樂主義所成立的美學，其中關於「遊戲」（play）的理論。這種理論將遊戲視為一種人類主體的活動：藝術是一種給人類主體予愉悅的遊戲，這種主體脫離世界並享受著他超越世俗生存之外的審美時刻。藝術家被想像為多情善感的、早熟的稚童，他「把玩著」形式，把素材加以鑄型，並將其巧妙處理出令人愉悅的性質，因而獲得感性上的愉悅。高達美在這種美學理論中，覺察到把一切活動都歸諸於人類主體性這種現代謬誤。高達美並未藉「遊戲」來意指一種在創造的，或在欣賞的人類主體其態度或行為；他也未藉此來意指能夠隨其所欲而投入遊戲之中的人類主體性的「自由」。相反，「遊戲」（game 或 play）⓮指

⓭ 同上書，第 97～105 頁。雖然遊戲（Spiel）可以譯作 "play"，但我大多都譯作 "game"。關於 Spiel 意蘊的其他方面，見歐根·芬克（Eugen Fink）的《遊戲做為世界符號》（*Spiel als Weltsymbol*）。

⓮ 「遊戲」有兩個英文詞，即 "play" 和 "game"。在作者看來，前者強調的是遊戲活動本身，此外前者還有「戲劇」之意；後者強調的則是具體的遊戲活動，如橋牌、圍棋等。關於「遊戲」，伽氏所用的德文名詞均為 "Spielen"，動詞為 "spielen"，但二者均來自同一個詞源 "spielen"。

——譯註

的是藝術作品本身的存在方式。高達美討論有關藝術的遊戲概念，其目的在於他想擺脫在傳統之中，傾向於把遊戲和主體活動結合在一起。

　　遊戲「僅僅是一個遊戲」而非「嚴肅的」東西；然而，遊戲之為遊戲（現在我們從遊戲本身開始談起），它已具有一種神聖的嚴肅性。確實有某些不嚴肅看待遊戲的人「破壞了遊戲」。但遊戲自有其獨立於那些玩遊戲者的意識之外的活力和目標。[15]遊戲並非是一個與主體對立的客體；它是我們將要進入其中的存有所自我界定出來的運作。我們討論的真正「主題」是遊戲本身，而不是我們對於遊戲的參與。我們的參與使得遊戲成為一種表現，但是，所表現出來的事物與其說是我們內在的主體性，不如說是遊戲本身：遊戲挺立出來了，它在我們之中並且透過我們而發生著。[16]

　　從主觀主義者的觀點看，遊戲是主體的一種活動，是人依自己的意志而進入其中的自由活動，而且人為了個人愉悅而投入其中。但是當我們追問遊戲本身是什麼，以及它是如何發生時，當我們將遊戲本身而非人類的主體性當做出發點時，那麼遊戲便呈現了一個不同的面向。就遊戲的發生而言，遊戲僅僅只是遊戲；而就人們參與著遊戲的進行而言，遊戲本身便成為主宰。遊戲的迷人之處攫取了我們，並將我們捲入其中；遊戲是真正主宰著遊戲者的主人[17]。這種遊戲自有其特殊的精神。遊戲者選擇他自己願意進行的遊戲，而他一旦做出選擇，他就進入了一個封閉的世界；其中，遊戲將在遊戲者中，並且透過遊戲者而發生。在某種意義上，遊戲自有其動量，它推動著自身進行，遊戲的目的

[15] 同註[13]書，第 98 頁。

[16] 同上。

[17] 同上書，第 102 頁。

在於完成遊戲。**⑱**

　　一個牌局、一場網球賽、孩子們彼此之間的玩耍——這些遊戲一般不是向觀眾展示的。它們是由遊戲者，並且也是為了遊戲者本人而進行的。事實上，當一場運動競賽變成根本是為了觀眾而舉行時，它就被扭曲了，失去了它做為一種遊戲的特點。但是，藝術作品也是如此嗎？倘若戲劇不是對著觀眾演出，那麼戲劇又在何處呢？當我們面對一件藝術作品時，我們是參與者或旁觀者嗎？高達美主張，我們在欣賞表演時仍為觀眾而非表演者。但是這裡忽略了一個區別：表演（play）並非遊戲（game），前者是為觀眾而「進行的」。更確切地說，它是「被」表現出來的，但是我們仍將稱它為遊戲（a play），並稱其演員為「遊戲者」（players）。在德語中，“Spiel”一詞和“Spielen”一詞分別指一種遊戲和正在進行遊戲：二者來自同一動詞“Spielen”。這樣，在德語中，表演與遊戲（play 和 game）之間的區別就被忽略了。另一方面，在英語中，我們還清楚地記得遊戲與表演（game 和 play）之間的親緣關係。二者都是自足的，都有它們自己的規則，都使自身趨於完成，並且都服務於一種遊戲本身的精神而非遊戲者的精神。

　　但是，表演與遊戲（play 與 game）之間的差別亦是同樣重要的，因為表演僅僅做為表現才完成其意義。表演的真正意義是做為一個媒介。而媒介主要是為了觀眾，而非演員而存在的。從詮釋學上看，任何表演都像一個遊戲般是封閉自足的，但是，做為表演，它在觀眾面前將自身表現的事件。高達美說：

　　　　我們觀察到，遊戲並不存在於遊戲者的意識或行為

---

⑱ 在這種意義上，它像是禮儀（ritual），此禮儀自有其力量，它在發生期間，使人脫離了日常生活的進程。

中，相反地，它將這些都捲入到它自己的領域，並且用其自身的精神去充實它們。就遊戲者而論，他體驗到遊戲是一種不可抗拒的實在。當這個實在是一個「被意想著」的實在，上述的說法就更適切了——這種情形也就是遊戲的東西向觀眾顯現其自身為表現。❶

現在，進行表演的理由，並不在於單純給表演者予表演的經驗，也不在於驅使表演者進入「遊戲的精神」中；進行表演的理由在於傳達表演之中，被意想到的不可抗拒的實在，傳達這種已經被轉化到形式中去的實在。這種形式的內在運作之特性是什麼呢？它像一種遊戲——像一種特殊的遊戲，做為觀眾的我們也被捲入其中。在遊戲的不可抗拒的事件中，遊戲裡所意指的東西（遊戲的結構和精神）被傳達出來。就藝術作品來說，什麼是這種「意指的東西」？它是「事物存在的方式」，是存在的「真理」，是事物自身（die Sache selbst）。藝術作品不只是一件令人愉悅的客體；它是移注到一個形象中去的表現，將事物的存有真理表現為事件。「從審美意識的衡量而言，人們並不是一下子就能掌握到一首詩的根本真理。相反地，詩與所有的文學作品一樣，它是在對我們訴說它內容的意義。」❷我們並不是首先問及一首詩的形式，形式也並未使一首詩成其為詩。我們問及的是詩中所說的東西。我們在形式中並且透過形式才體驗到它的意義，或者我們也可以說是在遊戲中，並且通過遊戲才體驗到意義，而遊戲事件便是我們遭遇形式，因為形式是做為一個事件而與我們相遭遇；我們此時就為詩歌的精神所把握、所臣服。

　　高達美洞察到藝術作品和遊戲之間的類同之處，並且當他談

---

❶ WM，第 104 頁。

❷ 同上書，第 155 頁。

及一個既具自律性、又能向觀眾開放的結構時，他實際上是將遊戲的結構當做標準的模式。在這兒，他達到了幾個重要的目的。藝術不是被視為一種靜態的東西，而是具有活力的東西。如此，他超越了以主體為中心的美學立場；為了理解一個遊戲，他提現出一種結構以顯示主體——客體圖式是不充分的，並且將此結果擴展到對於藝術品的理解。

　　高達美在這個論證的一個基本有力之處，在於他將具體的藝術體驗當做其出發點，並由此證明他的論斷能夠具體化。他表明，「審美意識」並非源於藝術體驗之特性，而是基於主觀主義形而上學的一種反省結構。正是藝術的體驗才顯示了藝術作品不只是面對著自足主體的客體。藝術作品在經驗中改變了經驗者——他是藝術作品的作品，基於這個事實，藝術作品自有其真實的存有。藝術經驗的「主體」，這種歷時的東西，並不是體驗作品的人的主體性，而是作品本身。正是在這一點上，遊戲的存在模式才變得至關重要。遊戲的特性也是在於它是獨立於遊戲者之意識外的。高達美發現了這樣一種模式，它不僅證明了主觀化美學的破產，而且還可做為將他詮釋學的辨證特性，和存有學特性具體化的一個基礎。

　　這種藝術作品的自律觀，以及嘗試發覺作品本身存有的活力，其基本精神難道不是與新批評一致的嗎？通過一番費力的分析，高達美是否只是達到了像新批評一直抱持的那種亞里斯多德式的實在論立場？兩者相似之處很多，所以新批評家們發覺與高達美的觀點相比，很少有不合之處。更為重要的是，高達美類比於遊戲的觀念，為藝術作品的自律性提供了堅固的合法性，而不必接受審美差異性說法所主張的那種審美的孤立性。至今，新批評家們為文學作品的自律所做的辯護，僅僅是去削弱相關於作品的其他因素。他們為詩歌所做的辯護僅僅是在提醒我們：詩歌與詩人在社會中不再佔有一席之地。那些專業的新批評家們只不過

是徒勞地拍打自己炫目雙翼的無用天使（此句是意譯阿諾德論述
雪利的名句）。然而，高達美的真正「客觀的」考察（此考察使
詮釋擺脫了主觀化美學的神話），尤為特別的是他對主體與客
體、形式與內容二分的考察，使得文學作品在與作者觀點和其創
作行為斷離開來以後，仍然得以保存下來，而又同時免於傾向以
讀者的主體性做為起點。新批評家們有時甚至也談到向作品的存
有「臣服」；在這一點上，他們才與高達美真正達成一致。

　　然而，新批評家們仍然糾纏在主觀化的美學中而又毫不自
知。高達美的立場將使他們更為清楚地看到，在文學之中所獲致
的自我理解，與我們自身一直存在其中的自我理解是相連續的。
特別是新批評家們可以通過高達美把握住文學的歷史性。新批評
的追隨者們經常將形式當做他們分析的起點，這種分析的過程會
立刻將他們推入伴隨著審美差異的所有謬誤之中。

　　同時，如今也還有許多文學詮釋者依然對於文學歷史的特性
避而不見。明確地說，藝術作品並不只是撰寫歷史時的填塞物，
但若忽略了另一個事實——即以往偉大精神的自我理解是通過藝
術作品歷史地傳達給我們的——那亦是同樣有害的。若是把文學
的形式面向與非形式面向區分開來，並視前者為審美因素，將使
詮釋者感到，當他試圖探究作品所說的東西時，他就不再是把作
品當做藝術而討論它。如果要去討論作品在於現今的意義，這在
他們看待文學作品的哲理思想中，似乎並無正當的地位。過去與
現在之間的張力，實際上時常被淹沒在對詩歌所作非時間性的、
非歷史性的形式分析中。在此，現代文學批評（包括神話批評）
迫切需要澄清文學藝術作品中的歷史性、時間性特性。在我們展
示了高達美對於一般對歷史和歷史性的理解所做的批判之後，這
一事實將會更加明瞭。

ch11-3

對於歷史的一般理解的批判

高達美明確地將海德格對理解的前結構分析，以及他對人類存在其內在歷史性（Geschichtlichkeit）的分析，當做他分析「歷史意識」的起點。依照海德格理解的前結構概念，我們之所以能理解一篇既予的作品，之所以能理解事物或境遇，並不是以一種暫時充滿著當刻境遇的空虛意識來進行的；相反地，在我們的理解之內，早已具有了相對於境遇的意向、一個既定的預見方式，和某些觀念上的「前概念」，並且在理解中發生著作用。我們在討論海德格的詮釋學時，已經論及過這種理解的前結構；現在，我們只需注意它對歷史意識的影響。我們一開始可以簡要地陳述這一基本的結果：對於歷史，我們絕對沒有一種純粹的洞見和理解，而無不都是牽涉著理解的當刻。我們唯有，並且總是透過一種當刻存在的意識，才可能觀察歷史，理解歷史。

然而，既然肯定了歷史性的概念，同時也就肯定了過去在現在中的作用：唯有透過從過去承傳下來的意圖、視見方式和前概念，我們才有可能觀察現在、理解現在。高達美的詮釋學及其對歷史意識的批判肯定了過去並非只是事實的堆砌──這些事實被當做意識的對象，相反地，過去是我們在每一理解行為中所邁入並參與其中的巨流。照此看來，傳統就不是與我們對立的東西，而我們是存在於傳統之中的；在大部分情況下，它是十分透明的媒介，以至我們不能察見到它──正像魚不可察見到水一樣。

現在，讀者也許會從海德格的《關於人道主義的信》（Letter on Humanism）中回憶起這種類比。他甚至會反對：在《關於人道主義的信》中是對於存有的類比。存有是我們生活的基本「元素」。然而，傳統與存有實際上並不存在著張力或矛盾，因為語

言是存有之所在，我們是在語言中並且通過語言而生活的。高達美和海德格都更進一步主張，語言是傳統的儲藏所和溝通的媒介；傳統將自身隱藏在語言中，語言是像水一樣的「媒介」。在海德格和高達美看來，語言、歷史和存有不僅相互聯繫，而且相互滲透，所以存有的語言性同時也是他的存有學——即它的「成為存在著」（coming into being）——和它的歷史性的媒介。「成為存在著」是歷史和歷史中的「發生」，它受歷史性的活力所制約；它是一種語言事件。但是，為了便於分析，我們暫緩一下對語言性的探討，先去觀察歷史性和前理解的結構，並探討在關於歷史理解的詮釋學問題上，它們是如何造成影響的。

在高達美和海德格那裡，對「歷史意識」的批判主要是針對德國的「歷史學派」（historical school），此學派在十九世紀的著名代表是卓依森（J. G. Droysen）和蘭克（L. von Ranke）。他們展示了一種「浪漫主義的詮釋學」的範圍。然而，這種詮釋學不應當被曲解為在華爾特·斯各特爵士（Sir Walter Scott）的風格中的浪漫化歷史，相反地，而應被分析為對「客觀的」歷史所做的最熱心的努力。歷史學家的任務，並不在於將個人感情注入歷史，而是完全進入他力圖予以說明的世界。

狄爾泰畢生都在致力為歷史理解建立一個非自然科學式的方法論。在其後期階段，他將人文研究奠基在一套歷史的、詮釋學的（而非自然科學的）觀念上。「經驗」和「生命自身」成為重新流行的主題。經驗當被看做是意義的單位時，就成為了知識，這樣，在「生命自身」中，就存在著一種「內在的反省性」。[21]正如高達美觀察到的，「在狄爾泰看來，生命和認識的關係是一種基本的依據。」[22]歷史的理解並不在於完全脫離人自己的經

---

[21] 比較，同上書，第 222 頁。

[22] 同上書，第 223 頁。

驗，而是在於體會到人自身是一個歷史的存在；歷史的理解最終
還在於人共同地參與到他人的「生命」之中。狄爾泰說，就是這
種對生命既有的理解，使得人能夠在藝術和文學之中，理解到
「生命的表達」。當人面對和理解這些生命的表達時，他也最終
認識了自己：「歷史意識（對狄爾泰來說）是一種自我認識的方
式」。[23]

　　然而，對狄爾泰來說，生命的表達實際上是生命的「客體
化」，我們可以從其中獲得「客觀的」知識。同他自己所批判自
然科學方法一樣，狄爾泰也抱有在歷史學科中獲得客觀知識這一
理想。歷史學科儘管是「人文科學」（Geisteswissenschaf-
ten），但仍可被稱之為「科學」。正是在此，高達美察見到狄
爾泰耽溺於歷史學派所擁護的客觀性理想之中，而這正是狄爾泰
自己大力批判的。客觀知識，以及客觀上的「有效」知識，都表
明了一個超越歷史的見解，依此見解，人就能夠洞察歷史。但
是，這種見解並不適用於人。有限的、歷史的人總是依照此時此
地的見解來洞察和理解；高達美說，人不可能處於歷史的相對性
之上，不可能獲得「客觀上的有效知識」。這種知識的見解預設
了一種絕對的哲學知識──即一種無效的假設。狄爾泰無意識地
藉用了科學中的一個歸納法概念，但是，正如高達美觀察到的，
「歷史的經驗並不是一個過程（Verfahren），並沒有匿藏著一
個方法……（它具有）一種截然不同的客觀性，它是以一種截然
不同的方式被人獲得的」。[24]狄爾泰是一個典型範例，他表現出
在科學的制約下採取了方法定位的思維。這種制約阻止了有天賦
的、真誠的探索歷史性的人去發現歷史性。當我們運用歸納法以
求獲得「客觀上有效」的文學知識時，我們就可以在他身上察見

[23] 同上書，第 221 頁。

[24] 同上書，第 228 頁。

到我們現在失去了歷史性的原型。

即使在海德格與高達美之前，胡塞爾在意識的意向性基礎上對客觀主義所做的現象學批判，已經使陳舊的客觀主義壽終正寢。當胡塞爾著手他的批判時，逐漸表明出，在人的世界中所有既予的存有者都處於意識的意向視域內，處於「生活世界」（lifeworld）之內。對照於科學家們所看到的那種「客觀有效的」、無名自存的世界，胡塞爾提出人所生存於其中的意向視域，一個個人的，而又與其他經驗著的存有者所共有的視域。這種視域他稱為生活世界。海德格正是在生活世界的概念內，著手了他對歷史意識的批判。

但是，在海德格那裡，人類生活世界並不僅是一個更完美的、更充分的描述方式，以便去描述那深藏於意識之後的超越主體性其運作狀況。意識的意向性被他做了「歷史的詮釋」，並成了他對歷史意識進行批判的基礎。海德格同時也著手了對形而上學的批判。因為，在形而上學中對於主體性的概念，最終把客觀性奠基在一個認識主體的自我確定性上。海德格的《存在與時間》在表面上訴諸於胡塞爾的現象學方法，但已力圖從超驗主體性轉移到一種處於主——客體區別之外的客觀性，轉移到一種將人類存在的實在性當做最終參照點的客觀性。這樣，在海德格那裡，就存在著一種新的客觀性，它與自然科學的客觀性，與狄爾泰的客觀性，與歷史學派的客觀性，與現代形而上學的客觀性，最終還與伴隨著實用性的現代技術思維的客觀性鼎足相對。讓事物真正如其本身那樣向我們顯現的，正是這種客觀性。

當人們不再將「客觀的宇宙」（客觀主義的世界觀所提出的世界）當做這個世界，並將生活世界當做起點時，客觀主義的嚴格界限就變得昭然若揭了。人們立刻會覺察到，他的生活世界只有一小部分可能成為一個與他對立著的客體；生活世界實際上就是做為世界的視域，而當它保持著為世界時，其他事物才被定義

為客體。一個人的生活世界取消了任何透過方法去把握它的努力，並且，人都是原則上透過某種否定性和毀損(breakdown)，偶然地遇見到它的特性。透過客觀性和方法，都不會向人自身開顯出他自己的生活世界。然而，正是在這種生活世界之中，人才能做出判斷和決定；甚至「客觀的世界」都是在一個經驗既予的生活世界之內的一個結構。那麼，一個人如何才能抓住生活世界呢？一個人怎樣才能讓生活世界開顯自身呢？海德格提出他的現象學方法當做一種途徑，此方式他稱為「實在性的詮解學」。這一考察所根據的，並不是把世界看做從屬於人類主體，而是基於人類主體從屬於世界的方式。這種從屬性（belongingness）是通過理解過程時發生的。因此，這一過程是如此基本，不能說它是人類所做的事中的一項而已，倒不如說人是在理解的過程中，人才做為人類而存在。

　　這種對理解的詮釋是存有學的、是描述存有的過程。海德格將這一觀念當做他分析存有的起點。此分析以生活世界的實在性，尤其是以人類存在的實在性開始的。他的分析表明，存在是一種「被拋的投設（thrown project）──就是，它是被定位在過去，因為它是在某種方式下「被拋入」時間與世界之中，而它又是被定向於未來，因為它總是在邁向「仍未」（not－yet），以便掌握到「迄今」（as－yet）尚未實現的可能性。這種意義在於：既然這種對發生於「存有」（Dasein）之內的理解所做的描述是普遍適用的，那麼這種描述就必須適用在任何科學裡的理解上。㉕照此，理解本身的運作就總是同時在時間性的三種模態下──過去、現在和未來。對於歷史的理解來說，這意味著人們不可能把過去當做是一個對象。依照過去自身來觀察過去的理想，證明是一個與理解本身的特性──此特性始終牽扯著我們的

㉕同上書，第249頁。

過去和現在——正好相反的夢幻。所謂理解的歷史性，便是指我們在洞察世界的時候，理解總是根據著其內在時間的過去、現在和未來。

chⅡ-4

有關理解的歷史性在詮釋學中的影響

chⅡ-4-1

關於前判斷的爭議

使理解和詮釋擺脫時代流行看法的偏見，這對我們來說已成常識之理。我們常說，根據現今的標準來判斷過往時代的成就是十分荒謬的。因此，唯有擺脫一個主體他個人的觀念及價值觀，並以完全「開放的心靈」去面對過往時代的觀念及價值觀，才有可能達到歷史知識的客觀性。狄爾泰對世界觀（Weltanschauungen）的闡釋被稱做是一種歷史的相對主義。這種相對主義明確斷言：對一個歷史時代做判斷必然不能是根據著另一個時代的觀點。同樣，由於我們無權以「現今的標準」去判斷一部文學作品，所以一些文學學者就要求我們對《失樂園》（*Paradise Lost*）抱持開放的心態。我們之所以將《失樂園》當做一部文學作品來讀，乃是由於其文體之宏大，其思想之莊嚴，其想像之充滿活力——而非由於這部作品的真實。這一論證將美與真割裂開來，最終，我們就將這部史詩看做一座「老朽思想的宏偉紀念碑」。❷⓺

諷刺的是，這種對於文學作品的觀點是戴著開放心靈的假面具，事實上卻預設了當代是唯一正確的、不須遭受檢驗的，也就是絕對的。然而，當代是懸而未決的，因為過往的時代不可能再

---

❷⓺ 見批評家拉萊（Raleigh）在 1990 年所作的評論。

與之辯駁。在這種開放心靈對於偏見（prejudice）持疑的背後，卻是毫不情願將自己的前判斷（prejudgement）推向挑戰；過去被當做是不相干的某物與我們對立著，似乎只是一個考古學家才感興趣的對象。令人遺憾的是，文學教授一般若不是可以被劃分為形式主義美學家，就是可以被劃為考古學家。後者認為前者缺乏歷史和語文學深度，而形式主義者則批評語文學家和歷史學者，並未真正將文學作品看做「藝術」。美學家們的這種主張，依靠的是主觀化美學中站不住腳的形式與內容的分離。因為我們已經看到，真與美在藝術作品的經驗中是密不可分的。現在，從海德格和高達美的歷史理解觀中，我們可以得出這個結論：考古學家和語文學家就過去來論過去，不比美學家們對歷史有更確切的理解。

實際上，要進入過去就不可能脫離現在；我們不可能單獨依照以往的作品本身去察見它的「意義」。相反地，我們得根據現在而向過去的作品提出問題，以便界定它的「意義」。倘若我們仔細考慮一下理解的結構，我們就可以察見到：我們在理解中將自身投設於未來的方式，安排了我們所要詢問的問題。簡言之，考古學觀點否定了真正的歷史性，這種歷史性是內含於我們所有的對過去的理解之中，而這些理解又是立基於現在的。這對於有關前判斷的爭議意味著什麼？偏見是自啟蒙時代起遺留給我們的一種錯誤觀念。高達美甚至斷言說，我們的前判斷在詮釋中自有其重要性：「個人的自我詮釋（Selbstbesinnung，自我思索）並不僅僅是在封閉的歷史生命之流中的一種閃現。為此，個人的前判斷也不僅僅是他個人的判斷；前判斷是他存有的歷史實在性」❷簡言之，前判斷並非我們必須或者能夠擺脫的某物；它們是我們得以完全理解歷史的基礎。

---

❷ WM，第 261 頁。

　　從詮釋學上看，這個原則可被陳述如下：不可能存在著「無預設的」詮釋。❷如果沒有前概念，我們就無法詮釋聖經的、文學的或科學的文章。既然理解是一種歷史地累積著並且歷史地運作的基本結構，那它就為科學的詮釋奠定了基礎；描述試驗的意義，並非來自試驗中各種因素的相互作用，而是來自於詮釋的傳統，試驗的意義就在這種詮釋的傳統中存在著，並且也存在著它向未來開放的可能性。這種過去──現在──未來的時間性既適合於科學的理解，又適合於非科學的理解；它是具有普適性的。無論在科學之內或之外，都不可能存在著無預設的理解。在何處才可找到我們的預設呢？從我們所處的傳統之中。這種傳統並不做為一個思維的客體與我們的思維相對立，相反地，它是關係的結構，是視域，我們就在此視域中思考求索。由於傳統並非客體，也不可能被完全客觀化，因此採取思維之客觀化模式的方法就不適用於它；相反地，倒是還需要一種處理非客化者的思維。❷但是，我們並非完全是從傳統中獲得我們的預設的。我們必須謹記：理解是一個人（在他的「視域」或「世界」內）的之為交互作用辨證過程的自我理解。自我理解並不是一種自由浮動的意識，並不是充滿著當刻境遇的一種時隱時現的半透明體；它是一種已經被置放於歷史和傳統中的理解，它唯有擴大它的視野以包

---

❷ 比較，見魯道夫・布特曼（Rudolf Bultmann）的文章〈無預設的註釋是可能的嗎？〉（Is Presuppositionless Exegesis Possible?, 1957），載蘇伯特・奧格登（Schubert M. Ogden）編著的《生存與信仰》（*Existence and Faith*），第 289～296 頁。

❷ 比較，見海德格 1964 年寄往在德魯大學舉行有關詮釋學會議的信。見海恩利希・奧特的文章〈在神學中非客觀思維和談話的問題〉（Das Problem des nicht－objektivierenden Denkens and Redens in der Theologie），載 ZThK，第 5011 期，（1964 年），第 327～352 頁。

容遭遇到的事物，才有可能理解過去。

如果不可能存在著無預設的理解，換言之，如果我們稱之為「理性」的是一種哲學建構，並且沒有最終可訴諸的判準，那麼，我們就必須重新考察我們自己和所繼承者的關係。傳統和權威無須再被看做是與理性和合理的自由相敵對的，正像它們在啓蒙時代、浪漫主義時期，以至在我們現今的遭遇一樣。傳統給我們提供了一條我們身處其中的觀念之流，我們必須準備好在有利的預設，和那些禁錮並阻止我們思索、預見的預設之間做出區分。㉚無論怎樣，在理性的要求和傳統的要求之間，並不存在著內在的對立：理性總是處於傳統之內。傳統給理性提供實在的和歷史的面向。由於這些面向，理性的作用才得以發揮。最後，高達美斷言說，當我們認知到並沒有無預設的理解存在著，就會使我們拒絕啓蒙時代對理性的詮釋，而權威和傳統將贏得它們自啓蒙時代起就不曾擁有過的地位。

如果並不存在著無預設的詮釋，那麼，主張有一種就其本身可言之為「正確的詮釋」的這種詮釋觀念，就是不可思議的，也是不可能實現的。㉛沒有一個詮釋不是關係著現在，而且這種關係的內涵並不是一陳不變的。一篇留傳下來的作品──無論這作品是《聖經》（ Bible ）還是莎士比亞的戲劇，都必須在詮釋學的境遇中為人理解。在此境遇中，作品才發現它自身──即它與現在的聯繫。這並不意味著，我們立身於現在，是訴諸於一些外在的標準去審視過去，以便與自己不相干地去發掘《聖經》或莎士比亞。相反地，這不僅顯示了「意義」並不是像一個客體不變的屬性，同時，意義總是「對我們而言」的。這一主張也不是意味著：一篇在我們歷史性的視域內被觀察到的作品所含有的意義，

㉚ WM，第 263 頁。

㉛ 同上書，第 375 頁。

對我們來說，是絕對不同於它之於原初讀者的意義。它肯定意義是與現在相關聯著，是發生於一個詮釋的境遇中。既然一部偉大作品開顯了存有的真理，那麼如果我們並沒有肯定一種自在的真理或一種永遠正確的詮釋的話，我們就可以預測：作品本質的真理是符應於原初令它存在的真理。

時間間距的概念

對高達美來說，過去與現在之間的張力本身就是一個核心，甚至是在詮釋學的某些方面中有利的因素：「在歷史遺產刻意採取距離所造成的對象性，與我們對於傳統的從屬性之間，存在著一種陌生與熟悉的張力。詮釋學的真正處所正是在這種「之間」（between）內。」❸由此，詮釋學的媒介既涉及到歷史地意指的東西，又涉及到傳統；然而這意味著，詮釋學的任務與其說是為理解發展出一種方法論過程，不如說是澄清理解得以發生的條件。❸❸

對作品的詮釋者來說，作品所傳達出的作者感受或觀點，並不如作品本身所意指的事物那般重要。同時，作品也不因為它是做為一種「表達」——無論是生命的表達，或者任何其他東西的表達——而令人感到興趣；作品本身就是人所關注的主題。一個人感興趣的是作品對他而言的真理。因此，邏輯地說，一部當今創造的藝術作品應當是對於我們、對於與它同時代的人們有其最重大的意義，但是，我們從經驗中得知，唯有時間才將從無意義中選擇出意義。這是為什麼？高達美說，這並非由於時間間距（temporal distance）扼殺了我們個人對主題的興趣，而是因為

---

❸ 同上書，第 279 頁。

❸❸ 同上。

時間的功能，就在於讓事物中隱藏著真正意義變得昭然若揭，以消除非本質的東西。這樣，時間間距就既有否定的、又有肯定的功能：「它（時間間距）不僅讓主體的本性所特有的某些前判斷消失不見，而且也產生那些導致真正理解的前判斷」。㉞

這樣，我們就在時間中接觸到富有成果的分離，一種類似「審美間距」概念的現象。在「審美間距」中，觀眾必須與舞臺相隔一定的距離，以便觀看到劇中所意指的整體，而不被演員的化裝所迷惑。一個人儘管必然會意識到現在，意識到過去正將臨現，但他還是從詮釋學上發現了時間流轉所帶來的成果。唯有藉助時間之遷移，我們才可以把握「作品所訴說的東西」；它的真正意義是逐漸透顯的，然後才開始對現在講說。

ch 11-4-3

論對作品作者的理解

詮釋學的任務主要是理解作品而非理解作者。時間間距的概念和在歷史理解中，對意義的強調都使得這一任務顯得不言自明了。作品之所以被人理解，並非由於涉及到一個人與人之間的關係，而是由於對作品傳達的主題的參與。這種參與還強調，一個人與其說是走出了他自己的世界，不如說是讓作品在他當刻的世界中向他訴說；他讓作品向他臨現，成為同時代的（gleichzeitig）的東西。㉟理解與其說是一個主體的過程，不如說是將人自身置放於一個傳統中，也就是置放於向他傳達傳統的一個「事件」中。㊱理解一旦參與傳統之流，過去和現在都會在其中融為一體。高達美說，這種理解觀是詮釋學理論中必須為人接受的東

㉞ 同上書，第 282 頁。

㉟ 見同上書，第 115 頁及其後。

㊱ 同上書，第 275 頁。

西。㊲真正的參照點既非作者的亦非讀者的主體性，而是對我們現在而言的歷史意義本身。

ch11-4-4
對過去的重建

內在歷史性——此歷史性涉及到任何對古代作品的理解——的另一結果，就是一個人必須重新考慮詮釋學的一個預設：就是，理解的基本任務，是要重建藝術作品中的那個世界。在施萊爾馬赫之前，要重建一篇給定的作品之歷史背景，以及決定作品所處的歷史脈絡，是同語法的詮釋一道，成為基本的關注所在。儘管施萊爾馬赫給了詮釋學予更多心理學的和預設式的轉變，但他仍然預設了在理解任何的古代作品時，重建其歷史脈絡是最基本的一項運作。《聖經》經文畢竟不是一個非時間性的承載者，不論說它是承載著永恆的觀念，或者說它是承載了一個，或一詩意幻想的翔翔，而並無對真理有嚴肅的主張，它們是用一種歷史的語言，由一羣歷史中的人所進行的一項歷史的創造。

對作品創作所在的世界的重構，以及對藝術作品原貌的重構，在理解來說自然是必不可少的。但是，高達美告誡人們，不要把重建當做詮釋學中基本的和最終的運作，或甚至當做理解的關鍵。在重建過程中我們所處理的東西，和我們標示為作品的「意義」並去探求的東西，是否實際上是同樣一件事物？當我們嘗試在理解之中找到一個完全相似於原創作過程的二次創作——一個「再」創作——時，這樣是否是正確地定位了理解？顯然並非如此。因為作品的意義得回應著我們現在所提出的問題。高達美說：「假如『恢復』成為詮釋學的核心，那麼它正好與使逝去的生命復生這種觀點一樣荒謬」。㊳綜合，而非復興，才是詮釋學

㊲ 同上。

㊳ 同上書，第 159 頁。

的真正任務。

Ch11-4-5

「應用」的意蘊

理解的歷史性結構表明，一個長久為人忽視的因素——應用（application），就是使作品的意義連繫到現在的詮釋之功能——是至為重要的。譬如，應用的因素在聖經的和法律的詮釋學中，都是不可或缺的，因為它們若以一種一般性的方式去理解和說明文獻，都將是不充分的；必須讓文獻來說明當前的境況，如此才能弄清文獻的涵義。蘭姆巴赫（J. J. Rambach）在其一七二三年的《聖經詮釋學的構成》（Institutiones hermeneuticae sacrae）中，認為詮釋學包含三種力量：理解（subtilitas intelligendi），說明（subtilitas explicandi），和應用（subtilitas applicandi）。❸❾它們並非三種分離開來的「方法」；相反，"subtilitas"指一種要求精神特別敏銳的能力或力量。這三種力量結合在一起，就構成了理解的實現。

在施萊爾馬赫和後浪漫主義詮釋學那裡，普遍存在著這樣一種主張：前兩種因素（理解和說明）是一個內在統一體；說明被看做是使理解清楚明白，而對理解和說明這兩個因素的強調，則使應用的功能失去它在系統中的一席之地。尤其是當施萊爾馬赫使得詮釋學成為一種對話中的理解理論時，當語言和認知最終顯現出來時，在這個樣子的理解之中，就很少為應用留有系統中的地位。事實上，施萊爾馬赫甚至給說明的因素設定了一些清晰的界線。他觀察到，「一旦說明超出了理解的結果，它就成為表現的藝術。唯有恩內斯特所謂的理解（subtilitas intelligendi）才真正屬於詮釋學」。❹⓿

---

❸❾ 同上書，第 291 頁。

❹⓿ H，第 31 頁。

另一方面，照高達美的分析，在這個樣子的理解中，「總是
有著某種應用在運作，也就是將被理解的作品適用到現在的境遇
裡。」[41]在認知和說明的意義上，理解在其自身已經包含了使作
品運用於或關係於現在的運作。神學的和司法的詮釋學注意到所
有理解都有這個面向，因此，他們設定了一套更好的方法，以便
掌握理解在文學和歷史之中的運作，而不像語言學傳統那樣矯作
地省略掉有關應用的功能。高達美說：

> 　　司法的詮釋學實際上絕不是一個「特例」，但它適
> 合於使歷史的詮釋學充分回到問題所在的深度上。它可
> 以重建詮釋學問題舊有的整全性。此問題一般是（在十
> 八世紀）由司法學家、神學家和語言學家遭遇到的。[42]

高達美在此表明了一個鮮明的觀點：司法的和神學的詮釋學
可以用作一種文學詮釋的模式。

讓我們探查一下這一觀點創造的可能性。司法的和神學的詮
釋學，不把詮釋任務僅僅看做是考古學家，就進入另一個世界的
努力，而看做是測量文獻和現在境況之間距離的努力。無論是在
下一個判決，或者是要進行一場佈道，詮釋所做的不僅是說明文
獻在其自己的世界中所意指的是什麼，同時也說明文獻在現在的
境況下又意指著什麼。換言之，「理解作品總是已經涉及到應用
它」。[43]司法的和法律的詮釋學也傾向於否定這一觀念，即文獻
是在與其作者一致的基礎上為人理解的——即，一個浪漫主義的
夢幻。無論與作者是否一致，我們知道理解仍然可能發生，也實
際地發生了。這是為什麼？因為我們事實上並未連繫到作者，而

---

[41] WM，第 291 頁。

[42] 同上書，第 311 頁。

[43] 同上書，第 291 頁。

是連繫到本文。

　　另一方面，司法的和神學的詮釋學還構造了一種有助於文學詮釋的模式。在司法的和神學的詮釋學中，詮釋者與其說是運用一種方法，不如說是調節和安排他自己的思想，以適合文獻的思想。他與其說是在所佔有一件所有物，不如說是他為文獻的主要觀點佔有。在詮釋「法律的意志」，或「上帝的意志」時，並不是在主宰著主題的這一形式下進行，而是服侍著主題。這種詮釋絕不是這樣的一個過程：一個人讓他的預設免遭質疑，並由這些預設建立出方法，然後將他對世界和現象的理解順從於方法。相反，詮釋者是將自己的觀點推向挑戰，並依照文獻中的主要觀點來重新放置他的立場。因此，高達美斷言，即使在歷史的詮釋學中，理解也必須行使應用的功能。「在應用中，理解明確地、有意識地通過溝通詮釋者與作品分離的時間間距，來接受作品的意義；這樣，它就（通過應用）克服了發生在作品中的意義的異化。」❹

　　在歷史的和文學的詮釋學中，要求一個人服從於作品，為作品的主張所支配，同時又依照現在去詮釋作品，這是一個真正的挑戰。這樣一種探索是依照現在來審視作品，而非用現在去制服和統治作品；詮釋者必須受制於作品的觀點，但他也得將此觀點的意義轉譯到現在的時代。高達美的用意並不是說一個人要毫無批判地接受作品的主張而拒絕現在的觀點，相反地，我們必須讓作品的主張如其本身那樣顯現出來。在視域的相互作用和相互融合中，詮釋者聆聽到使作品自身之所以存在的問題。這是一種提問的辨證，是將現在的主張懸置不決，並面臨傳統的挑戰，這將在以後還會論及到。然而，有一點是很清楚的，就是：即使最近在歷史的和文學的詮釋學裡，理解之普遍的、歷史的結構已經被

------

❹ 同上書，第 295 頁。

凸顯，但是神學的和司法的詮釋學卻提供了一個更協調於理解特性的研究進程。這樣，它們也有助於文學和歷史的詮釋者，更為健全地把握詮釋學問題。

應用原則在消解神話的工程中找到其神學的表現。比如，在魯道夫‧布特曼（Rudolf Bultmann）的釋經學中，這一表現是處於過去的經文與現在應用的需要之間張力的結果。我們早已指出，消解神話並不是像啟蒙時代那樣，要求以理性來衡量一切，以便消除《聖經》中的神話；相反地，它試圖將《聖經》中提出的要求置放於我們現代人面前。這些要求並不是一種科學真理的要求，而是為個人所決定的要求。為此，對《聖經》採取一種「科學的」態度，並把它當做不會向我們個人提出要求的一個對象，就會有效地使《聖經》保持沉默了；人不能只是對它嚴密盤詰，因為當它訴說時，人就必須使自己成為聽它講述的「對象」。如果人們是採用一個固定的、未經質疑的標準來衡量《聖經》中的啟示，那麼人們不再是去聆聽《聖經》；他是在檢驗《聖經》。依照布特曼的說法，《聖經》既不是科學論文，亦不是一部非個人的傳記；它是宣示，是 "Kerygma"──即一種訊息。

在文學詮釋中，關於消解神話的努力，類似於我們在詢問著我們是如何去理解神話的。透過神話，以及在神話之中所要告訴我們的到底是什麼？在一方面，布特曼神學中的一個先例是不斷強調著與現在的關聯性，另一方面則是我們對歷史理解的分析，兩者都在提防著這一個幻覺：即是，認為在閱讀一部文學作品時，僅僅在於返回並「重建」一個過去的世界。彌爾頓、莎士比亞、但丁、索福克勒斯，或者荷馬──這些人的「意義」不是僅僅依照著建立在每部偉大作品中的世界來衡定的；閱讀一部作品是一個事件，是一個在時間中發生的事件，而作品對於我們的意義是由我們現在的視域，與作品的視域相結合所產生的。在每一個對文學作品的真誠理解中，都含有著某種類似於消解神話的運

作。一種針對於現在的應用出現在每一個理解行為中。如果說我們在閱讀莎氏戲劇時，僅僅是「正在返回莎士比亞的世界」，並且將我們自己的視域拋諸於後，這種錯誤的觀念正是表現出，在審美的經驗中應用（subtilitas applicatio）的功能已經消失不見。然而，在亞瑟王的會議上，一個康乃狄克州的美國佬，將以康乃狄克州美國人的眼光去看待一切事物，而不是以一個圓桌武士的眼光去看事物❹，記住這一點是十分重要的。

若將莎士比亞戲劇或其他同樣古老的戲劇搬上舞臺，在這樣的情況下將能夠確證那些我們所說過的東西。佈景為人返回到過去提供了許多的助益，戲裝偶爾也十分忠實於那被表演出來的時代。然而，戲劇事實上卻是在現在被搬上舞臺的。它就在現在，是在我們的眼前，是在我們的理解之中。劇中事件的場所，是處於觀眾的集體心靈之中。演員知道這一點，並且在扮演角色時也考慮到這件事。舉個例子，就是關於《馬克白》（Macbeth）這齣劇中女巫的角色，要如何搬上舞臺和扮演的問題。現代的演出傾向於不強調超自然的因素，而僅僅把這些婦人扮演成跟隨馬克白的軍隊的一羣醜老太婆。巫婆們的預言被表現為只是說出那既已呈顯的風險，以及散播那蘊釀中的麻煩。她們造出了一個預言的氣氛。女巫如此這般地被搬上舞臺，以避免過時了的超自然主義，對現代觀眾可能造成的喜劇效果。經由這種方式，女巫對於我們今天的「意義」就這樣被「詮釋」出來了。

在演出中的那戲劇的幻境，並不是依賴佈景或服裝，或甚至依賴演員可視見的風采，這一點也是至關重要的。與錄音機的情形一樣，聲音的出現才是真正重要的因素。戲劇的幻境是指：過

---

❹ 亞瑟（Chester Alan Arthur，1830～1886），係美國第二十一任總統，任期是 1881～1885 年。這裡作者強調的是亞瑟總統與英國亞瑟王的區別。──譯註

去發生於現在之中了；不是發生在過往的歷史中，而是發生在當刻的經驗中。這種現象澄清了在歷史理解中，有關應用的某些意義深遠的面向：應用並非表面上將過去帶進到現在的外觀之中；它是將在過去是最根本的東西帶到我們個人的面前來，帶進我們的理解中，或者更為精確地說，帶進我們存在的經驗中。❹我們不應當自瞞於這個事實；我們對一齣劇的理解──即我們「認知」到它所「意指」的東西──並不是一種自我封閉的事物，而是關聯著一個自我封閉的遊戲，在此我們所走的任何一著棋，既是關聯著我們的現在，也是關聯著未來。這就是高達美的主張：理解總是包括對現在的應用。

ch11-5

真正歷史的意識

與他所批判的那種歷史意識相反的，高達美試圖描述一種歷史不斷地在其中發生作用的真正的察覺。他用來表示這一觀點的術語 "Wirkungsgeschichtliche Bewusstsein" 很難有適當的翻譯。字面上的翻譯應為「歷史一直在其中作用著的意識」或者「歷史效應的意識」。❹根據行文脈絡，我一般使用後一個術語，或者另一個短句：「真正的歷史意識」。高達美釐清，真正的歷史意識並不是黑格爾式的歷史意識（這種意識把歷史覺知置於反省性的範圍之內，並使它成為歷史和現在的中介）。它當然

---

❹ 正如我們將見到的，我們理解的「什麼」（What）並不是一種對個人來說的「什麼」，而是一種我們參與其中的歷史的「什麼」；當它指「個人經驗」時，它就墮入了主觀主義者的錯誤虛構中。

❹ 關於「歷史效應的意識」（historically operative consciousness）這一提議，我得益於特奧多尼‧凱塞爾（Theodore Kisiel）教授。

是一種思辨的和辨證的意識,但是辨證並非理性的自我媒介,而是經驗自身的結構。

高達美用三種「我──你」(I─thou)關係──它不完全相同於馬丁‧布伯(Martin Buber)的我──你關係[48]──的類型說(Typologies),以便有助於安置,並且澄清歷史地運作的意識其特性:(1)「你」之為一定場域內的客體,(2)「你」之為反省的投設,以及(3)「你」之為會訴說的傳統。[49]唯有第三個才是高達美認做真正歷史覺知的詮釋學關係。

在第一個我──你關係中,他者被看做是個人經驗領域內特定的某物,此物常被看做是人達到其目的的途徑。這個他者是被看做人的經驗領域內的客體,「你」則是就其全體而被人理解的。這種對「你」的探究方式裡,固有著所有歸納思維所具有的那種目的論。現在,若是將這種模式應用於對傳統的詮釋學關係上,我們就容易墮入到「方法」和「客觀性」之中。由此看來,傳統變為了一個與我們分離開來的客體,它搖擺不定,不受我們影響。此時我們又在欺騙自己,認為只有在我們可以消除所有關於這一傳統的主觀因素時,我們才可以獲得這個傳統所包含的某種知識。這樣一種以方法導向的「客觀性」時常流行於自然科學中和社會科學中,除了那些認清到現象學的區域之外。[50]但是,

---

[48] 有趣的是在芬狄蘭特‧艾貝納(Ferdinand Ebner)的〈語詞與精神的實在性:神靈學片斷〉(Das Wort und die geistigen Realitaten: Pneumatologische Fragmente)〔載其《文集》(Schriften)第 1 卷,第 75～342 頁〕一文中出現的「我─你關係」。(Ich-du Beziehung)的早期形式。

[49] 見 WM,第 340～344 頁。

[50] 見斯蒂芬‧斯特拉塞(Stephen Strasser)的《現象學與人文科學》(Phenomenology and the Human Science);亦見塞維尼‧布魯恩(Severyn Bruyn)的《社會學中的人類前景》(The Human Perspective in Sociology)。

對於那些專注於人類經驗的研究而言，這種客觀性並不能做為一個戒律；對於一個歷史在其中運作著的意識而言，它的基礎絕不可能是這種客觀性。(51)

去體驗和理解「你」的另一種方式是將他看做一個人，但高達美表明，這種「人」的關係仍被禁錮在「我」之中，並且實際上所建議的一種關係是介於「我」，和一個反省構成的「你」之間。

> 這個我——你（I－thou）關係並非一種直接的關係，而是一種反省的關係……這樣，每一個參與了這種關係的個人，就始終可能過度地扮演著一個他者的反省活動。他是透過自己的反省去認知到他者的要求，這樣，他就比他者對他者自己的理解更理解他者了。但是，在對一個人做要求時的這種關係的直接性，就被這種反省性所掏空了。(52)

從詮釋學上來說，這第二種關係正是高達美所批判的歷史意識其特徵。這種歷史的覺知並不是就其全體地去認識他者的他性（the otherness of the other），相反地，卻是在其個殊性中認識到的。因此，我們對於他者的他性，以及對於過去的逝去性（the pastness of the past）的認識，都僅僅是像我們對於「你」的認識那樣——也就是，透過反省。當認識者聲明要去認識所有條件下的他者的同時，當聲明要客觀地去認識的同時，實際上他也就是在聲明他是那唯一的主宰。就是這種潛藏在理解之中的狡猾的宰制，讓理解把歷史僅僅看做是「就在那兒」，像一個由反省所建構出來的「你」；這種宰制將歷史客觀化，並有效

(51) WM，第 341 頁。

(52) 同上。

地摧毀了歷史對意義性的真正要求。❸

第三種我——你關係的特點是真誠地對「你」開放。這種關係並不是根據「我」來投設意義，而是一種真正的開放，是「讓事物被說出來」：「他若讓事物能夠對著他而被訴說出來，他就是持有那最根本的開放態度。」❹這一種關係比前兩種更為接近布伯主張的我——你關係。這種開放是願意去聆聽、願意讓他者來塑型自己，而不是想要去宰制。它是歷史效應的意識——即"Wirkungsgeschichtliche Bewusstsein"——的基礎。

這種意識包含了一種與歷史的關係，在此關係中，作品不可能完全地、客觀地成為一個「他者」，因為理解並非是消極地去「知曉」過去的他性，而是將自己置身其中來讓他者向自己提出主張。當一篇歷史作品被當做是一個「歷史上的」作品而來閱讀時，就已經把現在教條化了，並且把現在置於所關注的問題之外。另一方面，真正的歷史意識並不把現在看做是真理的最高點；它使自己開放向作品中之真理可能會對自己講述的主張。「詮釋學的意識發現它自己的豐富性，不在於方法上的自我確定性，而在於經驗的齊全和開放，這也就是一個『經驗豐富的』人不同於一個教條的人所擁有的。這就是歷史效應的意識其特徵……。」❺經驗豐富的人與其說是只擁有客觀化的知識，不如說擁有不可客觀化的經驗，此經驗既使他成熟，也使他向過去的傳統開放。我們在下一章中將會看到，經驗的概念對理解高達美的詮釋學乃是至關重要的。

---

❸ 同上書，第 341～343 頁。

❹ 同上書，第 343 頁。

❺ 同上書，第 344 頁。

第十二章 30
高達美的辨證詮釋學

⇒ 思辨的詮釋學

Ch12-0

經驗與詮釋學經驗的結構

　　高達美從批判關於經驗的流行觀念，開始他對詮釋學經驗的審察。在這些流行的觀念中，他發現大部分都把認識看做是一個感官知覺的行為，而知識則是一個概念資料的集合體。換言之，我們今天在定義經驗的時候，傾向於完全以科學知識來定位，而忽視經驗本身內在的歷史性。當這樣做時，我們毫不自知地達到了科學的目的，即「將經驗完全客觀化，以至沒有一種歷史因素附著於經驗之上。」❶通過嚴格的方法上的安排，科學試驗就將其對象從它的歷史因素中提取出來，並重新建構它以適合於方法。高達美說，當神學和文獻學在使用一種「歷史的─批判的方法」時，也是在尋求一個類似的目的，這也反映出科學之猖獗，使得我們要將每一件事物都客觀化和可檢證化。❷就這種流行的精神而論，唯有可檢證的東西才是真實的；這種觀點對經驗不可客觀化的一面，和歷史的一面是不容一席之地的。結果，正是這

---

❶ WM，第 329 頁。

❷ 同上。

種對「經驗」的定義，把這些科學所採納的資料，從經驗本身之內統統排除於外了。

與這種純粹概念的和可檢證的知識神話相反，高達美仔細地闡釋了關於「經驗」的歷史概念和辨證概念，在這些概念下，認識並非是一條知覺之流，而是一種發生，一種事件，一種遭遇。雖然他並未利用黑格爾的前提和結論，但他仍在黑格爾對經驗的辨證說明中為自己的辨證詮釋學找到了起點，這也可以用作我們對此詮釋學概念進行說明的起點。

正如黑格爾定義的那樣，經驗是當意識遭遇到一個客體時所產生的。高達美將黑格爾的話引用如下：「存在著這樣一種運動，其中，意識既運作著它的認知，又運作著它的對象；就意識來說，一種新的對象就從此過程中產生出來，這就是真正被稱之為『經驗』的東西。」❸因此，在黑格爾看來，經驗的結構始終是意識的一種反轉或者再建構；它是一種辨證的運動。

在意識的這種反轉性的基礎上的是一種否定性的因素：經驗首先是對於「不」（not-ness）的經驗——即某事物不是像我們所猜想的那個樣子。人經驗的對象以不同的眼光被人察見，被人改變；對同一個對象有不同的認識時，人自身也得到改變。一個新的對象包含了一個超越了舊對象的真理；舊對象是「服務期滿了」。❹但是對於黑格爾來說，經驗是意識的自我對象化，因此

---

❸ 此段原文為："Die dialektische Bewegung, welche das Bewusstsein an ihm selbst, sowohl an seinem Wissen als an seinem Gegenstand ausübt, insofern ihm der neue wahre Gegenstand daraus entspringt, ist eigentlich dasjenige, was Erfahrung genannt wird"（Ho, 第 115 頁）。本文題為〈黑格爾的經驗概念〉（Hegels Begriff der Erfahrung），載 WM, 第 336 頁。

❹ WM, 第 337 頁。

人們是從超越在經驗之上的知識其有利地位去考察經驗的。由此，黑格爾主張意識是一個根本的依據。然而，關於這一點，高達美將會反駁說，在黑格爾自己的說法裡，意識本身反被經驗的對象性所超越了。

高達美斷言，經驗有其辯證的實踐「並不在於一個認識之中，而在於一個對於經驗的開放性中，這種開放性本身是被置於經驗的自由活動之中。」❺顯然，經驗在此並不意味著某種關於此或關於彼的情報，而被保存下來成為知識。高達美在使用「經驗」一詞時很少具有專技性的涵義，而是接近於日常用法。它是指非客觀化的，而且幾乎是不可客觀化的一種「理解」的累積，而我們稱之為智慧。比如，一個人畢生都在接觸人羣，所以他也就學到一種理解人的能力，這種能力我們可稱做「經驗」。當他的經驗不是一種可以客觀化的知識時，這種經驗就邁入了他與人們的詮釋性遭遇中。然而，它並不純粹是一種個人的能力；它是一種對事物存在方式的認識，是一種「關於人的知識」，這種知識實際上不可能被納入概念性的觀點之中。

經驗時常令人聯想到成長的痛苦和更新的理解。人們不斷地遭遇到經驗，沒有人能使我們擺脫經驗。我們都希望自己的子孫能夠倖免於我們曾經遭遇到的不愉快「經驗」，但是他們卻不能倖免於經驗本身，因為經驗正是屬於人的歷史特性。高達美說：「經驗是人們的期待在多方面下的破滅；人唯有在這種方式下才真正遭遇到經驗。『經驗』明顯地是痛苦的、不愉快的，然而這一個事實實際上並沒有把經驗抹黑；這個事實讓我們洞察到經驗的內在特性。」❻否定性和幻滅均是經驗不可或缺的因素，因為在人之歷史存在的特性之內，似乎存在著一種否定性的因素，這是

---

❺ 同上書，第338頁。

❻ 同上。

在經驗的本質中所透顯出來的。「倘若一個經驗真正值得被稱之為經驗，那麼它就應該是與期待相違背的」。❼

若考慮到這一事實，那麼高達美之所以會談及希臘悲劇和埃斯奇勒斯（Aeschylus）的準則 pathei mathos——即「在苦難中學習」——就不令人驚訝了❽。這個準則並不是意指一個人將學習到某種科學的知識，甚至也不指某種知識能夠讓人再處於相似狀況時「更能認清」；相反地，人在苦難之中得知到人類存在本身的界限。一個人是學習著去理解人的有限性：「經驗即是關於有限性的經驗」。❾就其內在意義的真實意味而言，經驗教導人內在地去認識到：他並不是時間的主人。正是「經驗豐富」的人，才知道所有期望的界限，才知道人們所有的計畫是沒有保證的。然而，這並未使他變得固執和教條，相反，卻使他向新的經驗開放。

既然人在經驗中是不斷地在邁向他所期待的未來，既然過去的經驗教人知道所有的計畫是不能完全達成的，那麼，在我們先前的討論中所強調的歷史性，在這兒就清楚地呈現出來了。高達美斷言：「真正的經驗乃是人對於自己的歷史性的經驗」。❿在經驗中，人去做事的能力和他投設計畫的理性都遭遇到它們的限制。人挺立在歷史之中，並且在歷史中行為著，他在經驗中洞察向未來，而在這個洞察之中期待和計畫是仍然對人開放著。在經驗中的成熟思慮將使人正確地向未來開放，也向過去開放，而這種思慮正是高達美所主張之歷史效應的意識本質。⓫

---

❼ 同上。

❽ 同上書，第 339 頁。

❾ 同上。

❿ 同上書，第 340 頁。

⓫ 同上。

將這些觀察所得謹記在心，我們將可以描繪出「詮釋學經驗」的特徵，而這種經驗是有關於我們所遭遇到的、類似於歷史遺產的事物。人們在詮釋學遭遇中必須去體驗的正是這種遺產。一般說來，經驗是一個事件，而人所面對的遺產「並不僅僅是一個人們透過經驗去認識到的，並且能去操控它的事件；相反地，它是語言，也就是像一個『你』一般，它自己能夠訴說。」⓬遺產既非人可以控制的某物，亦非一個與人對立的客體。即使人實際上是立身於這個遺產之內，人們也將會把它理解為一種內在的語言經驗。當一個人親身體驗到本文的意義時，將理解到一個遺產，因為這個遺產已經像一個與他對立的某物一般被傳達給他；然而，在此同時，這個遺產也正是他所置身之不可對象化的經驗流的一部分，也是他所置身之歷史的一部分。

高達美極力主張，做為一個「你」而被遭遇到的本文，不應該被視做一種「生命的表達」（狄爾泰的概念）。本文自有其特定的意義內容，而作者與本文之間的任何關聯都將不影響本文這種自有的意義。同時，「我」與「你」的關係，也不應該是讓我們根本地聯想到人對人（person-to-person）的關係，因為訴說的能力是在於本文中所被說出的事物身上，而不是在作者身上。

由一種我──你的關係連繫到歷史遺產的觀念，高達美所要闡釋的是：在本文中的遺產是在向讀者訴說著，並且向讀者提出要求，而這個遺產並不是與讀者毫無共通之處，卻是處於一個相互關係之中。讀者必須要讓本文去自由地訴說，並且向它開放，就其自身地視它為一個主體，而不是把它當做一個對象客體。這種真正的開放性，正是我們在連繫到歷史效應的意識其我──你結構時已經描述過的東西。

這種我──你結構表現出了一種對話的或辯證的關係。人向

⓬ 同上。

本文提出問題，在更深的意義上，本文又向其詮釋者提出問題。在一般的經驗裡，尤其是在詮釋學的經驗裡，這種辨證的結構將其自身反映在所有真正的對話所具有之問答的結構上。然而，若是從人對人的關係去看待這種辨證，與我們把這種辨證當做是主體的事務比較起來，前者更值得我們謹慎提防。在我們接下來對提問（questioning）的分析中，主體的事務在對話中的意蘊將會浮現。

詮釋學中提問的結構

在所有真實的提問中，我所可以發現到的那些否定性因素以及負面的遭遇，正是反映出經驗的辨證特性。高達美甚至這樣斷言：「在所有經驗中，提問的結構是被預先設定的。關於一個事物，除了我們對它第一眼的印象之外，還能對它有新的領悟，這就是預設了我們是通過了一個提問過程才得到這種領悟。」[13]經驗的開放性自有一種提問的結構：「它是這樣還是那樣？」我們觀察到，經驗是在實現我們的有限性和我們的歷史性時完成它自身的；因此，在提問裡面最終將會碰到一面否定性之牆，也總是包含著一種「無知」（not knowing）的知識。這讓人聯想到蘇格拉底著名的無知之知（docta ignorantia），此即透顯出所有的提問所奠基於的一種真正的否定性。

高達美說，真正地去提問便是意味著去「置於開放之中」，因為在這個時候答案尚未決定。因而，在修辭上的疑問並不是一種真正的問題，因為當所談及的事物未曾真正地被質問時，就不存在著真正的提問。一個人必須要願意去認識，他才能夠提出問

---

[13] 同上書，第 344 頁。

題，然而，這也就意味著，要去認識到他自己有所不知。」⑭當
一個人認識到自己有所不知時，同時他也不假定自己只須透過方
法在既有的理解方式上做更徹底的理解，那麼，他就學得了真正
的提問所特有的開放性。蘇格拉底所建立的這種對話方式；是使
問與答、使知與不知做戲劇性地交換，並依此來向對話的主題作
嚴密的探察，以便找出一條適合達到話題本質的途徑。

　　然而提問的開放性並非絕對的，因為提問總是具有特定的導
向。在所提問題的意涵裡，已經包含著對於這個問題的答案——
如果答案是有意義的，並且是針對問題的——之導向。由於問題
置放的脈絡，所問的東西是被放在某種見解之下。這就已經開顯
了所問東西的存有。在這種邏輯之中，那既已開顯的存有被展現
開來，而根本地也隱涵了一個答案，因為任何答案唯有依循問題
才有意義。照此看來，真正的提問就預設了開放性——即，答案
是未知的。但此同時，提問也為答案設定了一定的界線。

　　這一現象提出了一個問題：人如何達成正確地提問？提出問
題時所站的立場可能是錯誤的。若是如此，它就產生不了真正的
知識；這樣「一種錯誤的問題可能並沒有答案，它既不為假也不
為真，而僅僅是錯誤的。因為答案並不存在於人們提出問題的方
向裡。」⑮照高達美看來，要找到正確的答案只有一個方式，即
通過沈浸於話題本身之中來實現。真正的對話絕對不是一個論
證，因為論證是堅持於它自身對問題所做的開放性回應：「一場
對話並不試圖去說服其他人，而是一個人依照話題本身在檢測他
的論斷。」⑯在柏拉圖那兒，關於愛、倫理、公正或其他話題的

⑭ 同上書，第 345 頁。

⑮ 同上書，第 346 頁。澤格芒特，阿達姆澤維斯基（Zygmunt Adamcze-
　　wski）在「現象學和存在主義哲學的團體」年會上提交了一篇討論此課
　　題的文章。此會於 1967 年 10 月 27 日在浦杜（Purdue）大學召開。

⑯ WM, 第 349 頁。

對話，都是在一些不可預見的方向中進行，因為對話雙方都共同沈浸到正在討論的話題之中，而被引導著。為了檢測其他人的論斷，一個人並非試圖去削弱它們，而是要增強它們，即是要找到它們在話題本身中真正的力量。高達美說，這就是為什麼柏拉圖的對話最富有當代意義的一個原因。

　　因此，在詮釋學的對話中，對話者——既包括詮釋者亦包括本文——普遍浸淫於其中的一個主題，即是傳統，即是歷史遺產。然而，一個人在對話中的伙伴，是本文，它已經表現在僵硬不變的書寫形式中。因此，人需要去發現一個通達對話之給與受（give-and-take）的途徑；這就是詮釋學的任務。僵硬的形式化必須設法放回到對話的運作中。本文在此運作中向詮釋者提出問題，詮釋者又向本文提出問題。詮釋學的任務，即是「使本文脫離異化（在此異化中，本文發現自己是做為僵硬的、書寫的形式），回到對話的活生生的呈現之中。這種對話的完成根本在於問與答。」⓱

　　當一篇流傳下來的本文變成一個詮釋的對象時，它就在向詮釋者提出問題，而詮釋者也在詮釋中嘗試去回答這些問題。真正的詮釋會使自身連繫到由本文所「放置」的問題（這篇本文有一個立場和一個主題）。理解本文就意味著理解這個問題。要詮釋一篇本文，首先需要理解意義的視域；或者，首要理解本文提問的視域，因為本文的意義導向是在這個視域中被決定的。⓲

　　然而本文自身也是一個斷言。在某種意義上，它自身就是對一個問題的回答。這一個問題並不是我們向本文提出的問題，而是本文的「主題」向本文提出的問題。現在，如果一個人依照本文所要回答的問題來理解本文，那麼很明顯地，他為了詮釋本

⓱ 同上書，第 350 頁。

⓲ 同上書，第 351～352 頁。

文，就必須深入到本文之後去探詢。一個人也必須追問那沒有明說出來的東西：「要回溯到明說的東西之後，人必然將走出明說東西的範圍之外。一個人之所以能就本文的意義而理解它，是因為他已經獲致一個提問的視域，而此視域裡必然也包含著其他可能的回答。」[19]任何句子的意義都與它所要回答的問題有關；這即是說，句子的意義必然超出了明確說出的東西。對於人文主義的詮釋本文而言，這是具有決定性影響的。人絕不能僅僅滿足於讓本文中已經述說清楚的事物變得更為明確；他必須將本文放在本文自身所要回答的問題之視域裡。科林烏（R. G. Collingwood）在歷史詮釋中頗為有效地運用著這個原則。他說，要去理解一個歷史事件，就是要把人們在歷史上的行為視為一種回答，而最重要的是去重新建構它所要回答的問題。[20]高達美聲稱，科林烏是在現代思想家裡面，少數幾位嘗試去建構問答邏輯的一員，可惜的是，他的努力並沒有系統地貫徹到底。

　　如果本文或歷史行為被當做是對一個問題的回應，那麼，要去重建這個問題，是無論如何都不能被視為一個自我封閉的任務。正如高達美在批判歷史意識時指出的，要邁向本文和歷史行為所處的意義的視域，人們是從他自己的視域出發，不斷質疑地前進著；當人在詮釋時，他並未將自己的視域棄之於後，而是在擴大視域，以便與行為或本文的視域融為一體。這既不是要去探索歷史行為者的意圖，也不是要在本文中去發現作者的意向。是歷史遺產其自身在本文中訴說者。問與答的辨證產生了一種視域融合（fusion of horizons）。是什麼使得這種融合成為可能的？是這一項事實：詮釋者與本文的視域，兩者在某種意義上都是具有普遍性的，而且也都是建立在存有之基礎上。因此，與流傳下

---

[19] 同上書，第 352 頁。

[20] 見科林烏的《自傳》（*Autobiography*）。

來之本文的視域相遇，實際上啓發了人自己的視域，並且能夠導致自我開顯和自我理解；「遭遇」（encounter）成為存有學上開顯的一個因素。它是一個事件（event），在事件中，某些事物將從否定性中呈顯出來。這種否定性就是人明白到他自己有所不知，也就是明白到事物實際上並非他所料想的那樣。

換言之，當一個事件具有經驗之結構，而同時也具有問與答之結構時，將會有所開顯，這是一個辨證的事件。這種存有學上的開顯，是透過什麼媒介，才使得它發生在那之為問與答的經驗辨證事件中？什麼媒介具有這樣一般的普遍性，使得不同的視域都能藉由它而互相滲透？是什麼媒介，它隱涵了並且保存了人們在歷史中所累積下來的整個經驗？是什麼媒介，它與經驗本身是不可分的，也與存有是不可分的？這些問題的答案必然就是：語言。

語言的特性

語言的非工具特性

在高達美對於語言的概念中，最根本的乃是拒絕以「符號」（sign）理論來標明語言的特性。他強調活生生的語言及其特徵，也指出我們是參與在這種語言之中，這與強調語言的形式及其工具性機能是正好相反的。高達美認為，正因為科學所抱持的理想，是要能夠標示精確以及概念明晰，所以科學在根本上就把言詞轉變成為符號了。言詞之為符號的這樣一種觀念，已經變得令我們如此地熟悉和看似是不證自明的，以至於「我們必須在智慧的鍛鍊上獲致某種精妙的技藝，才會讓我們記住：在科學所要

求之精確標示的理想之外，語言有其自主的生命而不受任何外力影響。」㉑把言詞看做是符號，這就剝奪了言詞的原始力量，並使它們僅僅成為一種工具或標示者。「只要我們把言詞視為僅僅具有符號的功能，那麼言說之於思維的原始關係，就被轉化成為了一種工具關係。」㉒言詞成為思維的工具，並且與思維本身以及思維所意指的事物相對立。在言詞及其標示的事物之間，人們察見不到可加證明的有機關係；語言僅僅是一種符號。思維似乎是與言詞相分離的，並且用言詞來標示事物。

　　語言的符號理論何時出現在西方思想中？高達美將此概念追溯到希臘思想中的邏各斯（Logos）理念。他斷言：

> 　　如果邏各斯的領域是表象出純理智領域中的複雜網路，那麼言詞就像數字一樣，成為一個界定清晰、為人預知之存有者的純粹符號。由此，在根本上這是將問題顛倒過來了；現在，我們不再是從事物本身出發，而去探究言詞做為事物之媒介的存在狀態。相反地，我們倒是從這個媒介——即言詞——出發，去詢問此符號向使用者傳達了什麼訊息，以及是如何傳達的。事實上，符號的本質僅僅是在於被應用。㉓

　　言詞消失於它的標示功能中；言詞就其自身不再是重要的，它僅僅被當做是符號。人們不再談論到言詞揭示存有的力量了；相反地，邏各斯為符號提供了一個現成的、既知的實在做為它們標示的對象，而真正的問題僅僅在於使用符號的主體方面。言詞被看做是人類溝通思想的工具。語言最終被看做是主體性的一項

㉑ WM, 第 410 頁。

㉒ 同上。

㉓ 同上書，第 390 頁。

工具，而與被思考之事物的存有完全分離著。

與這一觀念密切相關的，是在卡西勒（Ernst Cassirer）的哲學中，我們所熟知的把語言視為符號形式（symbolic form）的概念。在此，語言的工具性功能又成了出發點和基礎，雖然它們曾以某種方式超越了純粹符號的功能。高達美爭辯道：卡西勒、現代語言學，以及一般現代語言哲學，都錯在將語言的形式當做其基礎和核心。形式的概念足以說明語言現象嗎？語言之所以為語言，僅僅在於它是符號形式嗎？形式的概念真的充分說明了可以稱之為語言性的人類經驗嗎？或者，形式只是一個靜態的概念，它剝奪了言詞之為事件的特性，剝奪了言詞訴說的能力，並且忽略了言詞遠非主體工具的存在狀態？

假如語言既非人所創造的符號，亦非符號形式，那麼它是什麼？首先，語言並非是從屬於人的，而是從屬於境遇（situation）的某物。人們思尋著適用的言詞，是在思尋著從屬於當刻境遇的言詞。當人說：「這樹是綠色的」時，言詞所帶有者不是人的反省性，而是主題本身。這裡，重要性既不在於斷言的形式，也不在於這一斷言是由人類主體所做出的這一事實。最重要的是，樹在此時是在某種角度下被開顯出來了。做出這個斷言的人並沒有發明任何言詞；他是學習到了言詞。學習語言的過程是漸進的，並且是完全浸淫於歷史遺產之流中。人並未創造一個言詞並且「賦予」它意義；人之所以會想像到這種創造言詞的過程，乃是語言學理論的一個純粹虛構。高達美斷言：

> 言詞並不是一種人所能隨意操控的「符號」；同時，言詞也不是人所塑形的一個存在事物，並由人賦予它意義，以使用來標明言詞之外的事物。這兩種想法都是錯誤的。相反地，意義的理想性在於言詞自身，言詞不外乎已經具有意義的了。❷

經驗的本質並不是一種非語言性的資料，以至於人們要透過反省行為去發現言詞來表達它們。經驗、思維和理解都完完全全是語言性的。人要形成一個斷言時，僅僅是使用那些既已屬於他當刻境遇的言詞。為了描述一個經驗而去設想言詞，並不是一個隨意的行為，而是要符合於經驗本身的要求。

如此觀之，言詞之形成就不是反省行為的產物，而是經驗本身所產生的。它不是精神或者心靈的表現，而是境遇與存有的表達：「當思維要去尋求一個表達時，它並不是將自己關聯著『心靈』，而是關聯著事實，是關聯著事物。」㉕為了弄清言詞、思維、言說三者之間的關係，高達美提出了體現（Incarnation）這條教義：㉖「那對應於三位一體之神秘體現（在祂化為血肉之軀以前，聖言仍只是聖言）的思維，與言說之內在統一性，是包含了一種觀念，即精神的內在言詞不是透過反省行為所形成的。」㉗當一個人要「表達自己」，事實上是要表達他正在思考的事物。當然，言詞是來自於一種心靈活動的過程，高達美所要斷言的是，言詞並不是反省本身的一種自我外化。在建構言詞時的起點和終點並不是反省，而是最終表現在言詞中的東西。

把語言和言詞看做是人類反省和主體性的工具，就是允許小

㉔ 同上書，第 394 頁。

㉕ 同上書，第 403 頁。

㉖ 「體現」（Incarnation），宗教術語，一譯化身，道成肉身。在基督教思想中，體現是與語言問題緊密聯繫在一起的。當聖言變為肉體，就成為了體現。高達美主要是用「體現」這一術語，用聖言（上帝，God）變為肉體這一例子說明，在基督教學說中，思維與語詞，或者內容與形式，都是密不可分地聯繫在一起的。——譯註

㉗ 同註㉕。

人得勢，以小管大。❷把形式當做語言中的起點，就如同把形式當做美學中的起點一樣，本質上是犯了同一種錯誤。這樣，現象之為事件的這種特性，以及時間性都被遺落了，最為重要的，是我們不再嘗試去指明那被表達之事物的本質，而陷入錯誤之中，僅僅是要去標示出人類的主體性，並把它當做固定的依據。在語言中，和語言的形式相較，語言的言說能力才是最核心而具決定性的事實。形式不能與內容相分離，但是當我們用工具觀點來思考語言時，我們就自動做了這樣的分離。高達美說，語言的典型不應該是依據它的形式，而應該是依從於它歷史地傳達給我們的事物。語言不能與思維相分離。

　　語言與思維自身的統一性，以及形成言詞時的非反省性，二者都拒絕語言之為符號的觀念。語言像理解本身一樣，是一種廣袤一切的現象。語言永遠不可能像「事實」一樣被人掌握或者完全被客觀化。像理解一樣，語言包覆著一切可能成為我們對象的東西。高達美注意到，在古希臘早期，就沒有關於語言本身的詞或概念；像存有以及理解一樣，語言是媒介而非工具。對於形式的思考，對於思維、語言和理解三者的不可分離性的思考，以及對於語言的不可見性（invisibility）的思考，他總結如下：

> 那在言談中活生生的語言，那包含了所有對於本文的理解與詮釋的語言，是與思考過程充分地融合在一起（由此也是與詮釋充分融合）；以至於，假使我們摒棄了語言的內容所傳達給我們的東西，同時希望依據形式

---

❷這裡，作者用的是一個成語：to allow the fail to wag the dog, 意為社會中的小人物得勢而反過來統治他人。高氏認為，人類的反省和主體性都應該服從、遵循語言，現在卻相反，語言反倒成了讓前者隨意支配的工具。故作如是說。——譯註

來看待語言，那麼我們將所剩無幾。語言的<u>無意識性</u>，將永遠是<u>語言最正確的存在方式</u>。㉙

Ch12-3

語言和世界的開顯

如果語言的功能並不在於指向事物，如果語言的指向性並不是從主體性透過符號工具到達被指向的某物，那麼人們就需要一個對於語言及其功能的新概念，<u>表明語言的指向性另有運作的方向</u>——<u>從事物或者境遇，透過語言到達主體性</u>。為此，高達美選擇了<u>開顯</u>（disclosure）或<u>再現</u>（representation）的觀念。語言<u>開顯了我們的世界</u>——不是我們周圍的科學世界或宇宙，而是我們的生活世界。要理解高達美的語言觀，我們就必須首先記住他指的<u>世界是什麼</u>，因為<u>語言創造了人能夠擁有世界的可能性</u>。

世界與環境不一樣，因為只有人能夠擁有一個世界。「要擁有一個世界，一個人必須能夠向他面前的空間開放。在空間中，這個世界能如其本身那樣向他開展。<u>擁有一個世界，同時就是擁有語言</u>。」㉚高達美斷言，例如動物就不擁有世界，也沒有語言。當然，它們有相互理解的方式，但是，這並不是語言。除了有一類科學家用一種純粹的工具觀，將語言看做是符號的這一觀點外。然而，<u>語言的能力在於開放出一個空間，使得世界能夠在其中開顯其自身</u>，動物卻不具有這種能力。譬如，動物就不能運用它們的溝通器官去「理解」一個處境或者環境，無論是在過去或是在未來；唯有語言以其真正建立世界的能力才能做到。

㉙ 同註㉗，第 382 頁。

㉚ 同上書，第 419 頁。

　　若把這個世界基本上看做是主體性的所有物或財產，就是一個謬誤；這是現代以主體性為定位之思維的典型錯誤。相反地，世界和語言兩者都是超越個人的東西，語言是為符合這個世界而被造的，因此，是世界在決定著語言，而非我們的主體性決定語言。在這種意義上（而非在科學的意義上），語言是客觀的：

　　　　從語言之於世界的關係，可以推斷出語言獨特的客觀性（Sachlichkeit, 事實性）。是一些關於事實（Sachrerhalte）的事物進入了語言之中，支持著語言。當一個事物或者境遇是在以某種特定的方式運行著，將允許人們認知到它獨立自主的他性（Otherness），而這種他性預設著說話者與事物之間存在著一個真正的距離。正是因為這種距離，事物或境遇可以將自己定位成一個客觀的事實，並且最終可以成為一個陳述的內容而讓他人所理解。❸

　　世界並不是無關個人的，但也不是孤離之個人劃地自限的領域，打個比喻，就像是個人心靈和知覺所投設出的大氣球，把自己罩在其中一般。世界更應該被看做是存在於人們之間。人與人之間存在著共有的理解和此理解的媒介；使這一切成為可能的是語言。語言做為相互作用的領域，實際上不是一件為了理解而建構的「工具」。在這一點來看，人是生活在一種類似於那存在於動物之間的共有理解之中。但是，就人而言，這是一種語言性的理解，而存在於人與人之間的是世界。高達美告訴我們，語言性的理解「將它自身所發生於其中的世界當做是一個過程，並且像似放在不同的黨派之間一般，讓此世界成為爭論的對象。世界就是每一個人都瞭解的一個共同基礎，使每一個參與者都緊緊相連

---

❸ 同上書，第 421 頁。

在一起。」�| 語言的開題|

　　既然人類存在的開放空間是共同理解的領域，也就是語言所創造出來的世界，那麼人顯然就存在於語言之中。「語言並非人在其世界中發現到的固有物；相反地，唯有完完全全地處於語言之中，人類才有可能擁有世界。」㉝這就是說，語言和世界都超越了所有被完全轉化為客體的可能性。人並非是以某種認識和反省去超越語言和世界的；相反地，「世界的語言性經驗卻是一個絕對的東西」。㉞這種既已棲居於語言中的世界經驗，超越了任何存有者可在其中顯示自身的相對性；每一個知識的對象都被包覆在語言的世界視域之內。我們可將此稱之為人類之世界經驗的語言性。| 世界經驗的語言性|

　　這一觀念大大擴展了我們的視界，讓我們得以看清詮釋學經驗。透過語言所理解到的東西，不僅是一個特殊的經驗，而且是經驗中開顯出來的世界。語言的開顯能力甚至超越了時間和場所。一個早已滅絕了的民族所遺留下來的古老本文，能夠令人驚訝地正確呈顯出存在於那個民族之中的語言性世界。這樣，在我們的語言世界所具有的這種開顯能力中，具有某種的普遍性（universality），使得我們能夠去理解其他地方的傳統。高達美注意到：| 語言世界的普遍性|

　　　　我們自己的語言世界，這個我們生活於其中的世界，並不是一堵妨礙我們去認識事物本來狀態的堅固圍牆；相反地，它基本上包覆了一切能夠擴大和提高我們洞見的東西。當然，一個傳統對世界的看法不同於另一

㉜ 同上書，第 422 頁。

㉝ 同上書，第 419 頁。

㉞ 同上書，第 426 頁。

個傳統的看法。在歷史進程中的歷史世界彼此不同，也與現在的世界不同。然而，這些世界都是人類的世界，這也就意味著是在語言中所創造出來的世界，它們是呈顯在任何一種的歷史遺產中。㉟

這就是語言的言說能力，它創造了一個能把一切事物都開顯出來的世界；這就是語言的可理解性，它使我們能夠理解那在語言之中所表達出的最截然不同之世界。這就是語言的開顯能力；甚至一篇相當簡短的本文，都能夠開放出一個世界，它與我們自己的世界不同，然而卻能被我們理解。

ch12-4

語言性和詮釋學經驗

　　如前所述，詮釋學經驗是詮釋者的視域與歷史遺產的一種遭遇，而這種歷史遺產是以流傳之本文的這種形式呈顯出來的。語言性提供了一個共同的基礎，而它們可以在這種基礎中相遇。語言是傳統之所能夠隱涵於其中，並且藉此被傳達的媒介。與其說經驗是先於語言的東西，不如說經驗自身是在語言中所發生的。人的存在是一個歷史性的在世存有（being-in-the-world），而語言性則滲透在人之存在的每一個角落。正如我們觀察到的，人由於語言而擁有著世界並生活在世界之中。

　　正像一個人說他「屬於」某個團體一樣，他也屬於歷史中的某個時間和地點，屬於某個國家。這個人並沒有斷言團體屬於他，或歷史是他主體性的私人所有物，他也沒有以任何方式去控制他的國家，而國家在某種程度上卻是在控制和安排他的生活；

㉟ 同上書，第 423 頁。

他是參與了它們。我們以同樣的方式從屬於語言和歷史；我們參與了它們。與其說我們是佔有和控制了語言，不如說我們是學會了語言並遵循語言的運作。語言所具有的能力是在安排著和指導著思維，而這並不牽涉到語言本身嚴謹與否的問題；這種能力是建立在境遇或語言所溝通的事物上的。我們必須使自己的思維服從於境遇或者事物。因此，語言並不是一種桎梏，而是在存有之中的一個開放空間，它根據著人對傳統的開放程度，而允許無限的擴張。

這種從屬（英文是 belonging，德文是 Zugehörigkeit）現象，對詮釋學經驗具有至關重要的意義，因為它是使人們之所以可能在本文中遭遇到他歷史遺產的基礎。由於我們對語言的從屬關係，以及本文對語言的從屬關係，共同的視域就成為可能的了。這種共同的視域就是高達美所稱做的視域融合，而它是由歷史效應的意識所產生的。照此看來，語言性就成為歷史意識的真正基礎。語言是我們世界經驗的媒介——事實上，我們之所以能夠擁有一個世界，並且事物的存有能夠在此開放空間中被開顯出來，這種可能性也是奠基在語言之上的。這種對語言的從屬關係，或參與關係，乃是詮釋學經驗的真正基礎。

從方法上看，這意味著人們並不試圖成為本文中之事物的主宰，而是要成為本文的「僕人」；人與其說是觀察和洞見本文中所說的東西，不如說是遵循、參與並「聆聽」本文所說的東西。高達美用「從屬關係」（belongingness; Zugehörigkeit）一詞來表明聆聽、從屬和服務之間的關係（Hören 意為傾聽、聆聽或聽從；gehören 意指從屬；gehörig 意指適當、適合）。高達美斷言，聽比看具有更大的力量：「沒有任何東西不是通過語言而被聆聽的。」[36]這是為什麼？因為透過聆聽，透過語言，人就

---

[36] 同上書，第 438 頁。

能夠通達邏各斯，通達我們所從屬的世界。正是這種透過了語言
所達到的更深層面向，所達到的存有學面向，使得詮釋學經驗對
於詮釋者當刻的生活更具深刻的意義。㊲這種能夠開顯事物本來
面目之語言特有的客觀性，將語言建立在一種普遍的語言存有學
之上。在語言的這些更深層的面向裡，語言獲得了開顯事物的存
有的能力，同時，詮釋學經驗之所以能做為一種直接而有意義的
存有學上的開顯，也由此獲得了其存有學之普遍性的基礎。由
此，傳統所以能夠向我們言說；這種言說既不是要有特殊原因
的，也不是僅僅具有修飾性的，而是傳統直接在向我們意指著某
些事物，直接在影響著我們。㊳

那適合於詮釋學境況的方法總是牽連著詮釋者和本文，因
此，這個方法就應該將詮釋者置於一個開放的態度中，讓傳統能
夠向他訴說。這種態度是一種期待，是一種對將要發生的某事的
等待。詮釋者認知到，他並不是一個認識者，嘗試著去探索他所
要認識的對象，並且去擁有它——若是在這種情況下，那麼他似
乎是要擺脫自己的一切偏見，抱持著一種看似純粹「開放」的態
度，而要去認識本文「實際上是如何存在著」，以及它「實際上
意指著」什麼。相反地，人設計出來的方法規則是為了要限制他
自己的主宰意志。他與其說是一個認識者，不如說是一個經驗
者；「遭遇」並不是藉由概念去掌握某事物，它是一個事件，在
此事件中，世界自身向經驗者開放。就每一個處於全新視域中的
詮釋者而言，來到詮釋學經驗中的語言事件是某種新出現的東
西，是以往不曾存在的東西。這種事件是奠基在語言性上，並且
是由於與流傳下來之本文的意義有辨證性的遭遇才使它成為可
能；在這種語言事件中，詮釋學經驗發現它自身的豐富性。

㊲ 同上。

㊳ 同上。

ch12-5

語言與詩的本質中之思辨結構

　　對於高達美來說，語言本身有一種內在的思辨結構。這種結構不是僵硬地、教條地被確立的，因為語言做為開顯的事件，總是處於進程之中，總是在移動、轉換、以完成其將事物帶入理解中去的職責。活生生的語言是不斷在運動著，抗拒成為一種單調陳述的固定性。一個謹慎的秘書在作會議記錄時，把會議進程中的每一個事件都化約成一個陳述，試圖用這些陳述去掌握住從事件的發生中萃取出來的意義。但是這些陳述正因為是陳述，所以容易扭曲會議中真正被說出的事物，並且記錄所要求在方法上的精確性，也遮蔽了陳述所置身於其中的意義的視域。

　　真正的言說（Saying），即那種發生在日常生活中彼此理解的人們之間的說話，允許未說出的東西伴隨著明說出的東西，而兩者共同組成一種統一性；人們是透過這種在言說之中的統一性才得以理解的，而並非僅僅是透過明說出的東西在理解。高達美說，用後一種方式進行談話的人們，

> 　　只可以用最普通平常的言詞，但他卻不能通過這些言詞帶出語言未說出的東西，也就是那未被說出而又需要被說出，其實也是被說出的東西。一個正在說話的人是在思辨中進行著他的言說，他的言詞並不是某種「實在的」東西的副本，而是實際表達出他與整體存有的關係，並且也表達出存有本身。㊴

被明說出來的東西，實際上是被一個巨大而無從掌握的意義導向

㊴ 同上書，第 444～445 頁。

所安排著。這種無從掌握的情況使得語言的思辨結構得到明證。即使是在純粹地覆誦某某事物的意義，也是立身於一個不可能完全被客觀化的背景中。

　　關於這種現象，我們可以在詩所說出的言詞中發現到一個極為顯著的形式。我們在詩中所面對的是一個主張，一則陳述。一個人理所當然地可以主張詩的陳述本身是自足的，對它的理解不是依靠特殊的偶然知識。詩的陳述是對存有的面目所做一個赤裸而不加修飾的陳述，此陳述是完全分離掉詩人的所有主觀觀點和經驗。然而真是這樣的嗎？高達美告訴我們：絕非如此。詩的言詞是與發生在彼此理解的人們之間日常生活中的言說一樣，具有同樣的性質。「這些言詞是思辨的……與日常生活中的言說同樣：正如我們以前說過的，在說話中，說話者將一種與存有的關係帶入語言中」。❹更明確地說：「就詩中所做的陳述來看，它是思辨性的，因為詩的言詞就其本身是一個語言性的事件，它表達出自身與存有的一種特殊的關係」。❹

　　以上最後的一個陳述將某種新的課題帶入了我們的討論之中：詩的語詞之所以是思辨性的，不僅僅是在於這些語詞要求有一個未被明說者之背景，以便那些未被明說而又有需要被理解到的東西，能夠伴隨著明確說出的東西而被說出。詩的語詞也有其自身與存有的關係，並將某種新的東西帶入到明確說出的領域中。為什麼？因為詩人是傑出的思辨經驗者；他透過自身向存有的開放，而在存有之中開啟出新的可能性。正如賀德齡（Hölderlin）告訴我們的，詩人首先有意地使自己擺脫日常的、陳腐而習以為常的語詞及其用法。當他環視自己周圍時，他像似首次看見這一嶄新的、不曾認識的世界。他的認識，他的眼

---

❹ 同上書，第 445 頁。

❹ 同上。

界，以及藝術、自然——所有這一切，都懸置在不確定性上。這是懸置了存在和思維的日常模態，使得偉大的詩人能夠錘煉出嶄新的思考方式和感受。因此，「詩中的陳述是思辨的」。正如高達美告訴我們的，「詩既然不是在複製一個當刻存在的世界，就這一點來看，它也不是在將存在的秩序中對事物的既定觀點反映在詩詞裡，相反地，它是在『詩意地發明』這種想像力的媒介下，呈顯出一個嶄新的世界和其嶄新的眼光。」㊷

這裡，我們所談論的不是詮釋學經驗的思辨特性，而是談論詩的寫作。然而，詮釋學問題立刻又出現了：如果一個人保持思維的習慣模式，他怎樣才能理解到那種為我們指明是開啓出對存有嶄新關係的詩的言說？很明顯地，詮釋者本人必須是分享了詩人那種向新的可能性開放之態度。這裡，讓我們回想起這一論斷：詮釋者不外乎是立身於歷史之中，毫無例外；任何詮釋的主題都不可能為人從永恆的立場去洞察。高達美告訴我們，傳統的適用性其本身就是在親身體驗主題事項自身的立場。這種適用性受人們所溝通的話題所引導，但這兒有一個詮釋上的弔詭，即相同的主題在不同的詮釋中卻有不同的面貌與立場。「所有的詮釋實際上都是思辨性的。因此，正像批判哲學看穿了經驗中的教條主義一樣，對於所有那些深信存在著一個在其自身是無限之意義的教條信仰，詮釋學也必須看穿它們的虛假。」㊸如是觀之，對本文的詮釋就不是被動地開放，而是與本文辯證地相互作用；詮釋不是赤裸裸的重現，而是一個新的創造，是理解中的嶄新事件。㊹

因此，思辨性是包含了一種運動、一種懸置和開放，讓在存

㊷ 同上書，第 446 頁。

㊸ 同上書，第 448 頁。

㊹ 同上。

有之中可能有的新關係能夠向我們說話，並且試圖說服我們的理解。對詩人來說，思辨是向那進入到語言之中的存有開放；對詮釋者而言，思辨的開放性在於懸置個人的視域。在遭遇到本文的意義時那可能呈顯出來的存有，能夠給予我們一種嶄新的理解；而在思辨的開放性中，個人的視域便是要在這種嶄新理解的指引下不斷修改。思辨性最終被建立在一種具有創造力的否定性上，建立在存有的特性之上，而正是此存有為任何明確的陳述建構了它們的背景。一個思辨的詮釋學將敏銳地察覺到這種否定性其深刻的義涵：它是任何對存有之新的開顯的根源，它也是永遠與任何的教條主義相背反的。

ch12-b

詮釋學的普遍性

在《真理與方法》結尾，高達美陳述了他殫心竭力建立了基礎的主張：早在施萊爾馬赫以前開始，中間經過狄爾泰，再到胡塞爾和海德格為止，詮釋學問題的發展表明了，我們稱之為「詮釋學」的東西，並不是指那些在語文學中自我檢驗之方法的有趣應用；實際上，詮釋學將哲學對其自身的研究帶領向一個有系統的見解中。它不僅僅是要去發現一個正確的模式，以便在對本文進行歷史的理解或者文學的理解時，能夠適當地提問；詮釋學斷定人類理解的本身就是歷史性的、語言性的和辨證性的。高達美在他的詮釋學理論中，是要發展出一種提問的立場，以便能夠超越主體──客體的圖式。其中，他提出了一種新的客觀性（Sachlichkeit，事實性），這是奠基在這一項事實上：在提問之中被開顯出來的東西，並不是主體性的一種投設；它在呈顯其自身的同時，也影響著我們的理解，牽動著我們的理解。

我們應該隨時抗拒著在一般陳述之中那種僵硬的既予性

（givenness），這條原則用於詮釋學經驗，而且適用於一切經驗。辨證的態度讓我們得以不再把經驗看做是主體的行動，並且也讓我們嘗試著將經驗看做是主題事項或者境遇本身在行為著；也就是說，這種辯證讓我們得以思辨地去看待經驗，把它視為反倒能夠掌握提問者的一種運作。這種辯證的觀念不再只是具有方法論上的意義。在這本著作的結尾裡一個深具意義的段落中，高達美概略地陳述了他的論點，以及如何從這個論點漸次引導出一個更為廣泛之詮釋學的主張：

> 我們現在可以清楚地領悟到，從對審美意識和歷史意識的批判，引導出我們對詮釋學經驗的分析，而在此進程中我們一直所要釐清的目標便是這個思辨的因素。藝術作品的本身並不是一個自在的存有者（being-in-itself），而完全不同於它的表象之偶有性和可複製性。僅僅是在理論的第二層次上，我們分別把作品本身和它的表象當做研究的主題，那種「審美的差異」才成為可能。相同地，那些在我們歷史研究或語文學研究中的歷史遺產——也就是一個歷史事件的義涵，或者一篇本文的意義——也不是一個自在而固定不變的對象，以便讓我們去加以辨認和描述。事實上，歷史意識包含了一種介於過去與現在之間的調解。當我們瞭解到語言就是這種調解的一個普遍之仲介者時，便能夠從我們的研究起點——也就是，對審美意識和歷史意識的批判——擴展出去，並用詮釋學去取代它們，邁向那些更為普遍的面向。因為人與他的世界之間的關係，根本上是語言性的，同時完完全全是以語言性為其本質，所以這種關係也就能夠為人所理解。所以，就如我們已經清楚看到的，詮釋學是一種哲學上的普遍觀點，而不僅僅是人文

科學的方法論基礎。㊺

　　高達美繼續說，由於他將語言性和存有學當做基礎，他也就沒有墜入黑格爾式的形而上學。對他來說，語言並不是主體性的工具，它也不是在一個無限智性的自我沈思中完成它自身的；相反地，語言是有限的和歷史的，它承載著、儲存著對存有的體驗，因為存有在過去中已經進入到語言之中。在理解本文時，語言必然是在引導著人的理解；詮釋學的任務，即是要去認真地看待語言和經驗中的語言性，並發展出一種真正的歷史詮釋學。

　　歷史和藝術作品都面對著人們，向人們訴說，並展現其自身。它們的本質中存在著思辨性，而人們所可能遭遇到的一切在在的事物其本質中，也包含了這種思辨性：一切事物，就它們試圖要使其自身「為人理解」而論，都在其自身中產生分裂，將明說出的東西與未說出的東西區別開來，將過去與現在區別開來；這種自我展現和逐步為人理解的現象，並不是僅僅在歷史、藝術和文學中才具有這些特徵，這些現象是普遍的。這即是高達美視之為在存有自身中所具有之一個普遍特徵的思辨性：「處於詮釋學基礎中的那存有的思辨性的概念，與語言和理解一樣，都是包覆了一切的事物。」㊻假若對思辨性做更深的理解，那麼我們將會明白，如果要去理解高達美的詮釋學，關鍵不僅僅是在於這個思辨性，而是在於他之所以斷言這個思辨性是普遍的時候，所依據的真正基礎。

　　當我們已經理解了高達美所意指的思辨性是什麼，那麼，將他的詮釋學稱做是一種思辨的詮釋學，而非前面已經稱做的辨證詮釋學，似乎更富有意義。這無非是因為「辨證的詮釋學」此一

㊺ 同上書，第 450～451 頁。

㊻ 同上書，第 452 頁。

術語在高達美的想法中是具有特定的意涵，而且一個章節的
只是引言，並不是一個章節的真正結論，所以我們選用了
為能夠使人直接明白的術語，以便有助於引導人們進入到
考領域，能夠清楚看見思辨性與詮釋學的關係。

ch 12-7

結　論

在《真理與方法》中，高達美將詮釋學推展到一個內涵更為廣
泛的新的層次。狄爾泰和貝謔所爭論的，都是那種做為人文科學
方法論的一個廣泛的一般性詮釋學。關於自然科學，又是怎麼樣
的一個情形呢？它們是否需要一種不同的理解方法？一般結論
是：對一種歷史留傳下來的本文做詮釋，需要一種歷史的理解行
為，這種行為與自然科學家的理解行為截然相異。高達美將此區
分拋之於後，因為他主張詮釋學所針對者不再是侷限在一篇本
文，或者侷限在人文科學上。

高達美說，理解總是一種歷史性的、辨證的、語言性的事
件，無論是在科學中，還是在人文學中，甚至在日常生活，都是
如此。詮釋學是理解的存有學和現象學。他不是以傳統的方式把
理解想像為一種人類主觀性的行為，而是存有（Dasein）在世的
基本方式。理解的要件並不是操縱和控制，而是參與和開放；理
解並非知識而是經驗，並非方法論而是辨證。對他來說，詮釋學
的目的並不是在於提出「客觀有效」的理解規則，而是在於盡其
可能廣泛地去審察理解本身。雖然貝謔和赫許都對他提出批評，
但與他們相較起來，高達美所關注的焦點，不是要如何進行更正
確的理解，也不是要提出一種有效詮釋的典範，而是要更深刻、
更真實地去關注理解的本身。

高達美深入探究了海德格對理解所做的那種原創性的、內涵

廣泛的定義，並且像海德格後期著作所呈現出的那般，對於理解的存有學面向和語言性特徵，做了更進一步的強調。當他做這樣的努力，並且同時試圖要建立出一個有系統的詮釋學時，他就更為相似於那位德國哲學的偉大推動者──黑格爾。這樣，當他訴諸於辨證以及思辨性時，立刻就會令人聯想到黑格爾。高達美的理解現象學與黑格爾的精神（Geist）現象學無可避免地將有不少的類似之處。雖然在黑格爾與高達美兩人的現象學之間存在著諸多差異，尤其是關於主體性是否應該做為起點的這一方面，這我們早已提及。然而，高達美對主題的客觀性（Sachlichkeit）的處理方式，與黑格爾對精神的客觀性處理方式之間的類同之處，還值得做進一步的說明。

就此而言，似乎可以說是高達美遠離了海德格哲學的觀點，而傾向於重新回歸到黑格爾的哲學中。然而，這是一種錯誤的倒退，或是是頗有價值的遠見？海德格本人可能對這種回歸之舉深表懷疑；他會懷疑，對於哲學思維應該以實在性（facticity）做為起點的這一個根本的看法，是否會在回歸黑格爾的哲學時失落掉了。另一方面，高達美又頗具說服力地爭辯道：海德格自己思想的內在運作完全是辨證性的。❹這樣又可以說，高達美的詮釋學完全是海德格思想自身中固有傾向的延展。他繼承了海德格的理

---

❹ 比較，見高達美的〈有關黑格爾和海德格論題的說明〉（Anmerkungen zu dem Thema 'Hegel und Heidegger'），載《自然與歷史：卡爾‧羅威斯紀念文集》（ Natur und Geschichte: Festschrift für Karl Löwith），第 123～131 頁。亦見湯馬斯‧拉干（Thomas Langan）論黑格爾與海德格的文章〈海德格超越黑格爾：對「存有─神學構成的形而上學」的一個反思〉（Heidegger beyond Hegel: A Reflexion on 'The Onto-theo-logical Constitution of Metaphysics'）。此文於 1968 年 4 月 27 日在皮茲堡（Pittsburgh）大學舉行的「海德格學圈」會議上宣讀。

解理論、存有學，以及對現代人文主義者之主觀主義和技術所做的批判，並且也排除了海德格思想的內在基本矛盾，發展出一個以語言為中心的、存有學的、辯證的和思辨的詮釋學。

高達美的詮釋學基本上是一個海德格式的詮釋學，然而其中所包含之黑格爾的哲學模式，又可以看做是對海德格觀點的超克。這樣的情況將會變得十分明顯，只要我們去注意到，海德格在後期思想中僅僅是用消極的眼光去描寫理解：理解不再被看做是人的行為，而是在人之中的一個事件。在這樣子的描述下，潛藏著一種危險，即人將被看做是語言和傳統之流中的一個消極斑點。高達美並未走入將人的主觀性，當做他所有思考理解的起點這樣一個極端，他反而採取了另一種立場，就是當他談及「經驗」和「視域融合」的時候，對於動態的相互作用作了更大程度的考慮。有趣的是，在這方面，結構主義者讓—馬利耶·多梅納赫（Jean-Marie Domenach）、李維史陀（Lévi-Strauss）以及米歇爾·傅柯（Michel Foucault）近來所作的批評，很少適用於高達美，反倒是更適用於海德格：

> （在今日哲學中）從事研究的焦點，在於把哲學之所以發展至今的進程次序顛倒過來，並且否定意識的自律活動。並不是我在思考，而是我被思考；並不是我在訴說，而是我被訴說；並不是我在論述事物，而是我被論述。萬物出自語言，又回歸到語言。任何體系，只要我們必須進入到它之中才能掌握它自身，便宣告它對人們的主宰……任何體系，只要它是一個冰冷的、非位格的思維，只要是必須排除任何主體性——不論是個人的或是集體的——才能建立它，那麼它終將否定了主體能夠表達和獨立行動的可能性。❹

---

❹〈體系與人〉（Le Système et la personne），載《精神》（Esprit），1967
　年 5 月，第 772～773 頁。

在這兒必須立刻說明的是：在純粹體系中那脫離現實的客觀性，是忽視了對於人的考察，而立身於一個與現象學所研的世界——就是生活世界——完全分離的世界中。因此，將海德格與高達美同那些客觀的結構主義者相提並論是荒謬可笑的。然而，令人感到有興趣的是：正是在這些方面，高達美是採取辨證的處理態度，他考慮的是經驗中的辨證特性，並且將理解視為個人的行為，而不僅僅是一個「發生了」的事件。

那是很難不讓人去追問，海德格到底預設了什麼樣的一個倫理學以及關於人的信條。是否人的生活僅是一種對存有的回應、對存有的臣服？人們將會有興趣對高達美提出一個相似的問題。就語言在理解中的運作而言，要如何看待人的慾望及意志的功能？高達美可能會首先回答道：他在《真理與方法》中的分析是針對理解事件本身的分析，而不是在分析理解的動因，或者那些圍繞著理解而發生的個人內心作用。進一步地，他將說明他並不是要提出一種倫理學或關於人的信條，而是試圖真誠地把理解描述為一種存有學的結構或功態的過程。這只是可能的回答內容，但也可以啓發我們去認識到高達美本人將如何去回答這一個問題。在此，我還相信，對照著海德格的詮釋學來看，高達美的詮釋學中的那種辨證特性，將會為那些從事於理論詮釋學經驗的人提供更多的貢獻。這也將在本書處理詮釋學經驗的最後部分，提供有價值的補充和擴展。

照此，《真理與方法》就展示出了一個探究詮釋學理論的全新視野，也許還預示了現代關於詮釋思想的、一個成果豐碩的嶄新階段即將開始。儘管海德格的詮釋學已經從存有學上來設想理解的事件，高達美更進一步地將理解的存有學發展為一種辨證的詮釋學，而這種詮釋學向現代美學和歷史詮釋中最基本的公理提出了質疑。它也提供了一個哲學基礎，以便能夠對當今文學批評理論中，關於詮釋的概念做最根本的批判。

第三部分
對美國文學詮釋的
一個詮釋學宣言

前　言

　　現在，我們該向美國文學詮釋中深具防禦性的觀點提出質疑了。❶新批評（the New Criticism）提供給它豐富的推動力不可能持續永遠；現今，還存在著定位於內容的考察，形式主義的考察，以及尤為著名的神話批評這樣一些廣泛系列❷。儘管有各式各樣豐富的文學批評活動，也有許多文學分析所能依據的堅強基礎，但對文學詮釋該做什麼這一問題還普遍存在著模糊和混亂。這就要求重新追問這一根本的問題：什麼是詮釋？

　　今日美國文學批評所需要的不是更多的工具以便去「掌握」文學作品，而是要對預設——它的「詮釋」的概念就是基於這種預設上——做嚴格重新的考察。從哲學上看，實在論的鼎盛時期已經過去，同時現象學革命使人感覺到它對實在論和觀念論所做的批判。所以，對詮釋問題的重新考察就不可能樸素地在常識觀

---

❶ 見斯坦尼・愛德加・海曼（Stanley Edgar Hyman）的《具防禦性的見解》（*The Armed Vision*）

❷ 見約翰・維克尼（John B. Vickery）編著的《神話與文學》（*Myth and Literature*），以及諾斯諾浦・費利耶（Northrop Frye）的《對批評的解剖》（*Anatomy of Criticism*）。為了簡略地瞭解各種見解，見華爾特・蘇頓（Walter Sutton）所著極有價值的概括評述，載《現代美國批評》（*Modern American Criticism*）

的基礎上產生，也不可能一開始就預設一種從屬於過時的實在論。相反，文學理論必須大膽考察在愛德蒙特‧胡塞爾、馬丁‧海德格和漢斯‧喬治‧高達美等人的現象學中對實在論所作的批判。高達美的詮釋學提供了現象學和理解理論成果豐碩的結合。它構成了對文學詮釋理論的一種創造性再考察的基礎。

為了澄清對文學詮釋的流行觀的批判（這種批評是隱涵在現象學的詮釋學中），為了以一種預備的方式闡述建立在它之上的文學理解理論的特性，我們將向美國文學詮釋者提出如下宣言。

第十三章

朝向問題的再開放：
什麼是詮釋？

Ch13-0

「理解一篇本文」意味著什麼？

　　美國文學詮釋者和理論家們已經墮落到這一地步：即以一種魯鈍的自然主義的和技術掛帥的方式來看待他們的任務。他們甚至不能夠在其現在的視域範圍內，有意義地向自身詢問他最需要提出的問題：當一個人在「理解」一篇文學作品時，是在從事怎麼樣的一件事？這個問題，或者被視它為一種抽象的、邏輯的、技術的方式來加以處理，或者不相干的東西拋在一旁，因為，它似乎並不涉及分析的客體，而是在處理對這客體的主觀經驗。

　　但是，他們假定的是什麼？一個人可以依照客體的形式及其「客觀意義」來談說那被分析的客體。以此方式，作品似乎就獨立存在於我們對它的體驗之外了！在對客體的分析與我們自己在理解中對它的體驗之間，終於失去了相互的關聯。對形式以及對邏輯矛盾的抽象分析最終成為敏銳的詮釋標誌，對作品生動的體驗最終被無意識地迴避了，或甚至被歸為「謬誤」。這種客觀性還假定了從理性上而非從經驗上接近作品；它使詮釋脫離了其活生生的語境，並肅清了詮釋的歷史特性。

　　應該說，詮釋的主體──客體模式自始就是實在論者的一種

虛構。它並非來自理解的經驗，而是反思地被建構起來，並被投設為詮釋境況中的一種模式。並沒有一種無立場的（nonpositional）主體存在，因此，也沒有一種無立場的理解存在。理解總是有既定立場的：它處於歷史既予的定點上。在歷史之外，在一個人自己的理解視域之外，人沒有其他的權威途徑得以接近文學作品。某些詮釋者顯然希望情況如此，但希望並不會造成事實。討論理解的歷史性和既定立場，不是插入一個相對的和主觀的因素（就此而論，「主觀的」一詞的使用仰賴著沒有根據的客觀性）；它是有關我們詮釋境況的一項事實，而卻一直遭到忽視。忽視它就是削弱人的詮釋概念，因為它使某些極端的形式主義批評家得出這個假設：文學本質上並非是歷史的，理解文學並不是一種深刻的歷史行為。

當代形式主義今後將由於其缺乏真實的歷史意識而受到指控。所謂的歷史意識，我並不是僅僅意味著能感知到作品中的「歷史因素」，相反，而是指對歷史在理解中不斷起作用的方式，做一種真正領會，也是指在作品的視域和人自己現在的視域之間，一種具有創新的張力意識。

主體——客體圖式的結果

當我們詢問到，對於一篇文學作品的理解到底是什麼樣的一件事，並且深入到此一問題的意義中，此時也就意味著要去超越一般根據主體——客體圖式所定義的詮釋境況。讓我們審察一些假定了主體——客體圖式的詮釋所造成的普遍結果。當詮釋者在此框架內面對一部文學作品時，意識正在遭遇一種「客體」。客體的身分是做為對應主體的客體，所以它的身分像整個世界的身分一樣，都可回溯到主觀性，回溯到心靈的反思操作。例如，

「科學的客觀性」就處於這種詮釋的框架內，並斷定，它只想要獲得清楚明晰的有關這些「客體」的觀念。數字是最清楚、最明晰、最抽象的觀念，以至它們尤其為人稱道。按此，一切事物都成為可量度、可重複，或可察見到的圖式。不可還原為原初地觀念化（視覺化）思維形式的知識，和經驗易被看做是不真實或者不重要的。

在這樣一種框架內看待詮釋，人就察見不到在他生存中的語言和歷史的力量及其無處不在。語言被看做用來交流「意義」的物件。人被視做是製造符號的動物，他藉助於語言來控制符號的系統。但是所有這一切，都源於自笛卡兒以來的現代形而上學謬誤的觀點。今天，我們之所以將語言看做是一套人造的符號，並將歷史看做純粹過去的事件，這就是因為我們確定無疑地把非歷史的人類主體性當做一切事物的起源和參照點。這樣，儘管有「客觀性」一詞，但我們確認方位的中心仍是主觀性。但是倘若一切事物都回到主觀性，並且主觀性之外不存在任何參照點，那麼人類的權力意志就會成為人類活動的主要動力。這種膚淺的主觀主義是現代狂熱追求技術知識的主要基礎；當人類主觀性成了最終訴諸的判準時，人除了更為完全地控制他世界中的「客體」外，再別無他途。

儘管在現代批評中時有宣示人文精神的主張，但現代文學詮釋的模式和焦點已變成了技術的、控制分析客體的東西。針對這樣的情況，新批評將在某些方面構成了一個例外，因為它所依據者是向作品的存有「臣服」，因為它不遺餘力地避免標新立異的釋意，而訴諸於對作品的直接體驗，因為它意在討論作品的形式和內容，而非迷失在外來有關作品訊息的泥沼之中。這種運動，恢復了文學研究的巨大生命力和意義性，並將其從枯燥無味的歷史主義和語文學中拯救出來。然而，新批評的哲學基礎始終是搖擺不定的，始終徘徊於實在論和唯心論之間。❸它需要在哲學上

針對詮釋的特徵做進一步的澄清；它的脈絡主義（contextua-
lism）也時常沒有注意到對作品的感知，才是「作品」真正的呈
顯所在，反而墜入到一種亞里斯多德式的實在論、系統論，或形
式主義之中。這種形式主義沒有弄清楚它的基礎在於經驗，而非
在之為一種客體的作品「形式」中，因此它也時常背負著是為一
種非時間和非歷史解釋觀的指責，並且詮釋似乎也經常是依據靜
態的知識，而非活生生的經驗來詮釋。

　　這樣一種詮釋觀易於把概念的操作與理解等同起來。當作品
被人當做一個客體（而非一部作品）時，它就變為一個純粹的知
識實體。這種知識是通過空間化的觀念作用，通過解剖和分析所
為人獲得的。這樣一種考察表現出批評轉變成為了對世界所做的
一種技術考察，此考察的目的就是在於尋找一種能夠駕馭和控制
客體的客觀知識。據此，關於文學理解的根本錯誤的概念也隨之
而產生。因為批評家們將其任務看做試圖去說明作品是怎樣被建
構起來的，它是怎樣演變的，以及最終它是否是成功的（成功與
否一般是依照是否消除邏輯矛盾和不合語法的情形而定）。這
樣，詮釋者就並未將其任務看做是除去理解的障礙，以便使一個
理解事件得以完滿地發生，作品能夠說出它的真理和活力；相
反，倒是使作品完全處於概念的操作控制之下。這樣一種批評家
若是經歷一種大徹大悟的宗教體驗，他會依照這種經驗的「結構
和模式」來客觀地、概念地談說經驗嗎？當然不會（除非他是最
抽象的人），因為決定性的東西並非模式而是所發生的事情。試
圖成為宗教經驗中的絕對主角，這種自信感是顯而易見的；試圖
成為文學遭遇中的主角，這種自信感雖不明顯，但卻真實存在。

　　在現代時尚下的客觀性中，還有一個缺陷，即將讀者放在遠

---

❸ 見黙里·克利格爾（Murray Krieger）的《詩歌的新辯護者》（*The New
Apologists for Poetry*）

離作品之外，以將作品看做「客體」而非看做「作品」；然而，
文學詮釋的目的卻在於克服讀者與作品的疏離。以一種精神分析
專家瞭解病人病情的方式，去瞭解一部作品是不夠的；文學詮釋
應當使語言所表達的事件能夠掌握、牽制和改變詮釋者本人。一
個作品的表達，不能被肢解為許多片斷，以便讀者去分析明白它
是如何及為何如其所是地被創作出來，為了讓作品如其所是地訴
說，一個人必須懂得如何聆聽，不但聆聽那字裡行間明白說出
者，也要傾聽那隱涵其中的弦外之音。如果把這個問題放在我們
所熟悉的馬丁・布伯（Martin Buber）的我──你（I－thou）
關係的術語下來看，那就有助於使我們明白作品並非是一個任我
支配的它（it），而是一個向我訴說的你；這也有助於使我們記
住意義並非一個客觀的、永恆的觀念，而是由關係中發生而來
的。一種錯誤的關係將產生一種歪曲的、不完整的意義。

　　根據方法提問迫使詮釋者面臨作品本身所導引的存有可能
性。❹一種方法將提出一系列問題，因此，一個人在遭遇作品而
提出詢問之前，就已經對作品有所掌握。方法或方法論分析的這
些冒險當然無須都排斥方法的運用，也無須使人否定所有概念分
析方法的來源和分支。這也不必聯想到，一個人應該故意地對閱
讀一篇文學作品採取一種簡單態度，並輕率地放棄概念思維的嚴
格性。相反，它意味著，詮釋者需要更廣泛地領悟到方法的局
限，理解到根據方法的概念分析，也可能總是太容易被人完全替
代了經驗理解，尤其是當一個人對於文學理解本身沒有一個充分
的概念的時候。

---

❹ 見 WM，第 435 及其以後諸頁。

ch13-2

朝向一個更為廣泛的理解觀

　　海德格在《存在與時間》中所做的貢獻，是開啓了理解的存有學的特性，而根本地超越了早先以主──客體圖示來定義的理解的概念❺。在海德格看來，理解並不是人所具有的許多能力之其中一項；理解是他存在於世的基本模態。通過理解，我們能夠掌握自己處境的意義，同時我們透過語言而掌握意義，所以世界裡的事物能夠進入到我們存在的視域中。若是我們以主觀性為起點，那麼理解似乎就成為一種人的能力；然而，若是我們以世界的實在性（Faktizität）為起點，理解就變成了使世界的實在性向人呈現的方式。海德格採取了後一種考察方法，由此，他也將理解看做是立基於世界的行為、世界的實在性，以及基於人而非人的自律的反省活動之上的。照此看來，理解即是中介，世界是透過這個中介而屹立於人的面前；理解是存有學開顯的中介。

　　理解並非像意識一般，是適用於某種事物的一件工具，人透過理解而存在，人就是存在於理解之中。理解不能被客觀化，因為所有的客觀化操作都是發生在理解之內的。一個存在著的人不可能從外部來觀察理解；理解始終是在觀察那些被察見到者時所依據的立場（position）。現在，正是因為一切事物都立基於理解之上，所以理解就不是一個空洞的和無定形的質料，不是整個充滿著當刻感覺飄忽不定的半透明東西。相反，理解必然總是「依照」保留下來臨視到的特性，依照我們對現在處境的理解、

❺ 亦見海德格的〈科學與知覺〉（Wissenschaft und Besinnung），以及〈對形上學的超越〉（Überwindung der Metaphysik），載 VA，第 45～99 頁。

依照對未來可能，或者將要進行的事情之感知來進行的。因此，我們在理解之中所立基的這樣一個背景，恰好有一種確定的地貌，詮釋的每一行為都是處於這種地貌的界域之內。語言是儲存過去的場所和我們觀察的中介。語言與理解是同樣原初的，因為理解就是語言的；正是通過語言，世界才能向我們呈顯。這個世界是一個共有的世界；它是由以語言為其形式的共同理解所創造的開放領域。一如剛才注意到的，由共有的理解創造的開放領域具有某種確定性，它是有限定的，隨時光的流逝一道變化。這意味著，理解是歷史地形成的，每一個理解的行為，就等於歷史透過理解，並在理解之中行為著。

　　因此，可以說，理解是語言的、歷史的和存有學的。因為海德格的分析，將理解的實在性當做其起點，它斷言，最終處於理解中的東西並非主觀性的某物，而是人在外界遭遇到的東西，它在理解之中開顯其自身之為這個世界。這樣，理解就不是一個反省意識的投設，而是使處境或事物如其所是地被開顯出來的媒介。海德格斷言：理解並不將其範疇強加於世界；世界中的事件卻將自身強加於理解上，並且要理解與它符合一致。但是，剛才不正是才斷言，所有的理解是依照理解中的地貌——此地貌建立在時間的基礎上，並且在語言中被傳達出來——來進行的嗎？倘若如此，那麼主體不正就是將理解投設到他們在處境中所遭遇到的東西之上，而不是依照它們在外界實際的面目來接受它們的嗎？當然不是這一回事的。那能自我開顯者，是在理解之中被揭示的、對象的存有。若是將事物的存有（being）看做就是事物實際的面目（actually is），就是耽溺於形而上學的思辨之中：這是以誰的立場而言的？從人的立場而言不可能由他的透見，而能說明到底一個存有的實際面目是什麼。另一方面，主體在理解之中似乎有所「投設」的東西，並不是個人的和反省的，雖然，我們必須承認它是非客觀的，並且很大程度上是不可能加以客觀

化的。主體透過共同理解的世界（此世界已經被給予並貫通在他的語言之中）去理解，透過他的理解所處其中的歷史處境去理解。既然個人並未創造共同理解的世界和共有的語言，而只是參與了它們，那麼，把理解稱做是主觀的或者使它追溯到個人意識，這都是站不住腳的。一言以蔽之，世界和語言在客觀上都是真實的；同時，我們又不使它回溯到一種空虛的反省或者一種超驗的自我中。共有的理解、歷史性、語言，都成為能夠獲得一個立場的基礎。此基礎超越了科學主義和主──客體圖式的主體中心論。今天，我們毫不自知地傾向於採取主──客體圖式的操作，並且，目前盛行的美學和文學理論，也預設了這種圖式觀。

海德格對於理解的概念，是視之為存有學上開顯的功能，並由此開啓了一種新的立場；據此立場，我們之所以可能論及的語言客觀性，是意味著語言「是其所是」（is what it is）而我們必須順其所是。例如，一個人探尋著語詞，以便向另一個人傳達一種情境。他試著使用第一個詞，然後又一個詞，也許在找到第三個詞後，他才感到滿意。這裡，我們是否可以說，反省意識正在表達出它自己？並不盡然。因為欲將表達出來的東西是情境的存有，是它向我們開顯它自身的方式。如果情境自身並不維持在以這種而被察覺到的可能性中，那麼它終就不能被表達出來。他發現第一個和第二個詞不滿意，若非情境表達的本身需要，難道還有其他的理由要使用第三個詞嗎？即是我們能夠論及語言的客觀性的涵義。

基本上把語言視做是一種「溝通工具」的錯誤理論，還揭示了主體──客體模式的思維，在科學中對於觀念化作用的偏好，以及人之為宇宙的主宰及工具的操縱者，這一權力意志的技術觀等等扭曲的概念。語言並不是人將非語詞的思想和非語詞的經驗，納入一個既有標示意義的形式的一種手段；思維，理解和經驗都完全是語言的，因為正通過語言，人才擁有了他所理解的世

界，而正是在這世界中並通過這世界，客體才會在他的經驗中有所定位。語言並非人能夠發明的某物；唯有在最矯作地設定的境況中，每個語詞才是被「分派了」一種意義。更確切地說，語言總是已經具有一個普遍的意義，人選擇它來表達境況。雖然有時一個語詞可能被大膽地援以非日常用法，來表達處境中非比尋常的事物。但是，給語詞賦予一種新的意義的，不正是處境非比尋常的事物，而非使用者嗎？

如此看來，我們並沒有創造意義。當一位科學家造出一個新詞時，他通常是接收了一個現存的字詞並限制它的意義。這種造詞，其旨趣是在專用的和限定在一定意義範圍之下的概念，然而與其說是創造出一個新字詞，還不如說是削弱了並且摧毀部分現存語詞其原初的表達力量，而就是這種表達力量才使得語詞得以實際存在著。一個詞很少是由隨意組合在一起的語言鑄造而成的，如果真是如此，那麼它也通常是怪模怪樣，而又十分模糊的。根據經驗的基礎而創造人工語言，與我們在此的看法並沒有駁斥，因為人工語言總是參照著我們活生生的語言，而派生出它真正的和唯一的表達力量。照此看來，人「創造一種語言」並將其用作一門工具的這樣一個概念，就是科學的想像所導向的天真虛構。這一虛構為一個明顯的事實所否定：我們的語言實際上不是我們所發明的，語詞具有的意義也不是我們分派給它的，我們不能單獨通過主觀意志，使語詞表達不同於它們實際上所表達的東西。這即是語言的客觀性。當然，理解之為存有，由於其結構總是而且完全是語言性的，所以也就產生了語言的符號理論。這種符號理論是基於一種對意識的完全誤解、基於一種昧於理解如何作用的無知，明顯地只是根據實在論的錯誤預設而進行的理論構成。

高達美在《真理與方法》中清楚地證明，人是通過語言這個媒介，並且唯有在語言之中，才面臨一個「世界」。語言透過對存

有的開顯，在存有中開拓了一個開放的場所❻。這種開顯並非個人的、私意的，而是語言自始就讓我們具有的一種共同理解，並使我們能夠互相溝通這種的理解。人並未發明和任其所好地操作語言；他是參與了語言，並讓處境介入了語言之中。語言像理解一樣，絕不僅是世界中的一個客體，它滲透在世界的每一個角落，而我們是透過語言這個中介，並在語言之中見到任何的客體的。因此，唯有這種根深柢固的誤解——即將理解看做非語言性的東西——才可能導致如下信條：語言只是世界中的一組客體，它們可以按照人的個人意志而被隨意操作和改變。

ch13-3

依照經驗來定義理解❼

經驗以体驗

若把理解看做是一種概念的認識，其貧困之處沒有比在文學詮釋中更為顯著的了。它導致一些漫無邊際的分析，這些分析幾乎不能使人體驗到作品的表達力量對我們的驅使。所有的分析，都須根據它是否使理解之為語言的事件更為深刻來加以衡量；有些分析甚至會促使人們提向一些毫無意義的問題，最終導致的結果，是把理解視之為膚淺的、關於概念的事件，那麼這反而是有害的。

理解作品即是體驗作品。經驗並非主——客體二元構架中的

---

❻ 尤見第三部分：〈詮釋學在語言指引下的存有學轉換〉，（Ontologische Wendung der Hermeneutik am Leitfaden der Sprache）WM，第361～465頁。

❼ 見〈經驗概念與詮釋學經驗的本質〉（Der Begriff der Erfahrung und das Wesen der hermeneutischen Erfahrung），同上書，第329～344頁。

次級圖式（subschema）；它並非是處於時空之外——在這兒，空洞的、無定處的意識取得一個感覺或知覺的模樣——的某種非歷史性的、非時間性的、抽象的認識。經驗是發生在活生生的、歷史的人類身上的。讓我們暫且拋開以科學的模式去認識世界時的抽象性，去詢問在經驗中發生了什麼，「經驗」一詞的日常用法意指的什麼。

可以說，我們是首先通過經驗，其次才通過規則來學習的。這個表述隱涵著一種否定性因素，因為我們提到的經驗主要是指負面的、痛苦的經驗，人在此經驗中認識到他以前不曾知道、也不曾預料到的事情。因此，在經驗裡，就存在著一種期望的破滅，並且，人在經驗裡不斷由悲傷中茁壯而為一個智者。我們想使我們的孩子倖免於那些痛苦的經驗，尤其是那些我們的曾經有過的經驗，然而他們卻不能倖免於經驗本身。

當人們從經驗之外來探究經驗的結構時，人們立刻注意到的是它與期望有關的時間特性。此期望發展於過去，保存到現在，延伸到未來。一如人們觀察到的，經驗是與期望相背反的，照此看來，經驗正是那優秀而無可替代的教師。和語言一樣，經驗不可能成為我們的一個客體，然而它卻無聲無息地介入了每一個理解的事件。即使一個人，他在判斷人上（或簡單地說，在生活上）有豐富的經歷，也不可能真正將其經驗放入規則的形式中。他也許會寫一本關於「如何一眼判斷其人性格」這方面的書，但他表達出來的卻會是空虛的知識，而非他自己的判斷能力。

具有真正智慧而不只是具有知識的經歷豐富者，懂得所有期望的局限和限度。經驗教給他的，不是儲存許多事實，以便在未來面臨同樣的問題時能找到更好的解決方式；而是如何去期待那些料想不到的事情。簡單而言，經驗教給他的，是在與經驗比較之後認識到知識的貧乏。

對文學詮釋來說，我們從經驗的結構中學到的教訓，是在於

要不斷察覺到這一事實：即經驗的每一個面向都超越了概念化的思考；經歷於理解一個作品時的豐富性，和作品裡所表現之經驗的豐富性，都不能被化約為一些知識的範疇。鑑於概念性知識存在著這些局限，因此，經驗就提現了一種向作品辨證開放的態度。

詮釋學經驗中問與答的辨證

當接觸一件歷史上遺傳下來的作品時，這樣的經驗其結構不僅僅是一種「認識」，更是一種「親身經歷」。這可以被稱之為詮釋學經驗。[8]詮釋學經驗不僅具有如上所述的經驗之包覆一切、不可客觀化的特性，而且自有其生動的辨證性。真正在提問具有創造力的消極性——它是經驗在教導並改變人時最基本的那種消極性——乃是詮釋學經驗之核心。因為去經驗就是去做「不同」的理解，而非去做「更好」的理解；經驗並不告訴一個人他所期待的東西，而是傾向於超越和否定期望。一個「深刻的」經驗教給我們的，與其說是更好地理解到已經部分地被理解了的東西，不如說這樣的理解是錯誤的。

但是在我們詢問所有的問題時，我們不可能「不同地」去理解。一個問題畢竟假定了一種預先的視見方式；正像理解並非無定處的和空洞的一樣，提問也並非沒有它自己期待的視域。關鍵在於，一定不要將我們自己的預設當做絕對的（因為這些預設是我們期望的基礎），而是要當做可以改變的某物。然而，分析和根據方法的提問，傾向於不向他們自己的主要預設提出質疑，相反，卻推動自己在一個系統之內發揮作用，因此，答案總是已經

---

❽ 同上。

潛藏在系統之內，並且可以預期得到。這樣，它們與其說是真正提問的形式，不如說只是檢驗的形式。但是經驗並不是依循著這種在系統之內解決問題的模式。它是突破到系統範圍之外的途徑，是對系統的創造性超越和消除系統的途徑。當人遭遇到任何真正偉大的藝術或文學作品時，這個經驗就改變了人的理解；這個遭遇的經驗提供了一個嶄新的生活觀。一部作品之所以被人讀解，正是由於這種「嶄新」（freshness）。但是這種嶄新卻是不能被加以分析觀察（此觀察亦具有可被稱之為「分析的盲目性」）的東西。大多數方法都不具有創造性的消極性因素，因為真正的創造性因素正是在於方法自身的創新，而在大多數情況下，這種因素並不是通過方法就可獲致的。這樣看來，創造性的消極性可被稱之為真正辨證提問的生命和基礎所在。

　　文學詮釋中所須的東西是一種辨證的提問，此提問並非單純地向本文提出質疑，而是允許作品表達之內容向詮釋者提出反問，反轉過來向詮釋者自己的視域提出質疑，並基本地改變了一個人對作品主題的理解。這並不意味著要否定詮釋者的視域，也不意味著使人自己的視域成為絕對的東西——在多數情況下，分析和方法都隱涵著這樣的兩難元素。它意指一種創造性的視域融合。一個人只能在他自己的視域內並透過他的視域來理解，這只是部分的事實。若真如此，視域就不可能發生重大的改變。反之，在真正的經驗中，存在著對個人的視域部分的否定，通過這種否定性，一種更具包覆性的理解才得以出現。蘇格拉底的辨證方法可以做為所有真正辨證提問的典範，因為他在知與不知之間搖擺，他不斷換以各個角度對事物作玩笑似的探尋，都顯示他願意冒險完全由對話中的主題本身來引導他。在蘇格拉底對話中這種巧妙的變移背後，是認真地意圖要讓主題本身引導討論的方向。他環繞著主題，用開放的、非教條的、不僵化的方法對它加以探討。他不是力圖削弱他的對手的論證，而是力圖發現這些論

證的真正力量，以便可以改變他自己的理解。今日的文學詮釋者
需要培養出對文學作品的「說出」者採取開放的態度。在與作品
的對話中，提問和被提問必須是同時並行的。

ch13-5

論傾聽作品與弦外之音

　　一個成功的聽者能夠聆聽作品實際上所說的東西，一個更成
功的聽者能夠傾聽作品沒有明說，卻在其中開顯出來的東西。一
心一意地專注於作品明白說出的東西的實證態度，是沒有充分認
識到詮釋學經驗。我們有必要深入到作品之後去發現作品未明說
出的，也許還是不可能明說出的東西。❾

　　正像每一個問題都包含了一個預先的主張一樣，這樣一個主
張也可被看做是對一個問題的回答。文學作品就是這樣的一個主
張。它不是被看做某個獨立的、不關聯的實體，而是被看做對問
題的回答，並且其意義是立基於某一思想的視域之內。這樣，詮
釋作品就意味著步入被質疑的視域之內（作品就在此視域內推動
著步伐）。但是，這也意味著詮釋者進入一個其他的回答均成為
可能的視域中。一個人就是為了作品因為在時間的脈絡中，或即
使就在當前的情境下，所具有的這些可能的回答，所以他必須要
去理解作品的訴說。換言之，明說出的東西唯有根據那沒有被明
說出的東西，才能被人理解。

　　重建使作品產生出來的提問，並非一個單純的歷史重建問
題，也並不僅僅是一個「復興」的問題。這種分類法就如同要努
力尋回那永去不返的東西一樣荒謬可笑。

　　這也不單純是找出作者意圖的問題，雖然這可能是相關的工

---

❾見 KPM，第 181 頁；英譯本第 206 頁。

作；因為作品中所要說明的東西，是有關於作品之所以被寫作其所關心的主題，是作品之為一個回答而所指向的那個問題。然而，詮釋者也帶有質疑地考察作品，作品必須興啓詮釋者的視域，或者對其空洞而抽象的理解引導出路。這裡，在今天聆聽作品的訴說，將成為一個歷史的任務——換言之，聆聽作品在過去沒有說出也不能說出的東西。關於「曲解作品」的疑慮，就不能當做藉口而背離詮釋學的任務，不去深深地聆聽深藏在作品表面之下的聲音。

論「適用於現在」的意義

正如只處理作品表面明確意義的詮釋，沒有充分地認識詮釋學任務一樣，僅僅自我滿足於依照過去的意義視域，而做詮釋的理論，也是誤解了詮釋的要求。這些理論把詮釋基本上看做是對過去的重建和復興。它們和十九世紀追求客觀性者——例如蘭克（Leopold von Ranke）——走的是同一條路。蘭克把歷史的理解想像為對過去時代的重建。但是，這是由於對理解所包含的辨證的誤解。一個人向作品提一個問題，此問題是處於他自己的視域之內的；若不如此斷言，也就是在荒謬地假設：人是在毫無目的地從事歷史研究的。一個人想去理解自有他的理由，而那個理由實際上是一個向作品提出的問題。因此，在每一詮釋中，就產生了「適用於現在」這樣一個情況。❿

因此，文學詮釋並不像在文獻學，或歷史研究中的客觀主義點那樣以方法為導向，它是研究在詮釋神學經典和司法條文時所面臨的相同的問題。因為司法條文的和神學經典的詮釋學，必須

---

❿ 見 WM，第 290~295 頁，第 312~316 頁，第 322 頁，第 381 頁。

將理解看做是為溝通文件和當刻處境間的距離而努力，而不是將它看做是純粹為了另一個世界本身的真面目，而進行的挖掘工作。無論是宣布判決，還是傳經布道，詮釋的因素都非只是解釋文獻在其自身世界中的意指，而是要說明文獻對我們意味著什麼。司法的和神學的詮釋學都傾向於拒絕這一觀念；能理解一份文獻是因為與作者有某種內在的契合。個人能夠詮釋聖經或法律條文，甚至依據自己立場而反對作者的觀點。一篇作品不是在與作者契合的基礎上被人理解的，它之所以被理解，乃是因為作品的主題是作者與讀者所共有的某樣東西。這種共有的基礎並非嚴格地是個人的，它即是語言。一個人是透過語言而存在著，也是一直存在語言之中，他通過語言來詮釋自己的存有；甚至當他必須溝通兩種不同的語言差異時，他仍然是在語言性的世界——在此世界中，存有最終挺立於語言中——之內進行詮釋的。

再從另一方面看，文學詮釋者們也是得益於司法和神學的詮釋。後兩種詮釋的目的在於讓文獻引導理解，並開顯出主題。詮釋者與其說是把文獻當做是一個觀察的對象，並援用一個適當的觀察方法，不如說是在根據著文獻而調整自己的思考。他並未挪用別人智慧的成果來堆砌自己的知識，而是文獻中的主張主宰著他的思考。換言之，詮釋法律的精神，或詮釋上帝的意志，都不是處於一種宰制文獻主題的形態，而是處於一種為它服務的形態。

法律的詮釋者與聖經的詮釋者，都必須敏銳地感覺到過去與現在之間的張力。二者必須覺察到什麼是可運用和有意義的東西，以及次要的和不運用的東西。這樣做，實際上是深入到了文獻之後的，導致文獻之所以存在而嘗試去解決的問題；這樣做，是探查文獻尚未，也可能不說出的東西。既然詮釋的任務是創新地溝通文獻，和詮釋者兩個視域之間的張力，那麼，一個真誠的歷史意識之基本重要性，將是無庸置疑的。需要提醒美國的文學

詮釋者的是，正因為文學詮釋是要溝通時間上的間距，所以詮釋內在上就是一種歷史的行為，它需要知曉遭遇歷史時的特性，因為詮釋學經驗就是遭遇歷史。

ch13-7

論美學的範疇及伴隨的誤解

自啓蒙時代起一直到我們現在，關於「美的」的觀念，或關於一個藝術作品中純粹「美的」因素觀念，乃是一種在反省中虛構的東西。[11]一部文學作品的美學面向，尤其不能與它的意義——即它語詞的意義，由此也是它歷史的意義——分離開來考慮。用在文學作品中的這些詞——如「愉悅」、「喜悅」——不應當被解釋為是純粹根據作品「形式」的反應，解釋為作品的結構和作品的創作技巧。反之，對一篇偉大的詩歌或文學作品真正反應的是它要訴說的東西；「它所訴說的方式」事實上並不可與「它所訴說的東西」相分離。若相信這種分離是可能的，這是一種自康德以來的現代主體化美學的謬誤[12]，此謬誤僅僅從感知主體的方面來談論與一部藝術作品的遭遇。

亞里斯多德在其《倫理學》（ *Ethics* ）中，以更適當的角度，把愉悅定義為在器官正確發揮功能時，所伴隨產生者。他指出，說生命是指向於獲取愉悅是站不住腳的；人的目的應該指向德行，愉悅僅僅是做為德行的副產品。在文學中亦是相同。閱讀的愉悅就是透過並浸淫於形式之中理解的愉悅；它並非形式本身的反應。把形式與訴說的內容相分離是一種反省的行為，是一種概念性的結構，此結構並不基於實際發生在經驗中的二分上，相

---

❶ 同上書，第 77~96 頁。尤見第 83 頁。

❷ 同上書，第 39~52 頁。

反，是基於哲學上站不住腳的經驗觀上。）這種經驗觀使思維與真
理，和情感與「知覺上的愉悅」在形式上分離開來，好似認為感
覺的構造本身就是令人愉悅的感覺一樣。我們可試驗一下，比
如，要一個不會說德語的人去聽歌德的詩歌，並對他的詩歌優劣
做出評價。

　　內容──形式的分離純粹是現代對藝術採取主體化的研究態
度，所衍生的另一個非常錯誤的導向。對一部藝術作品的審美體
驗，其核心既非內容，亦非形式，而是它所意指的東西。這所意
指的東西完全由於它自己的活力而傳達出一種景象和形式，傳達
一個世界。對於詩歌的審美體驗，人並未分離出一種未加工的原
始素材；在親臨一場音樂演出或一齣戲劇的表演時，只要他沒有
反省地去區分「作品」和「演出」，就是最真實地在經歷一個藝
術作品。在素材、作品與作品的演出之間做出區分，表現了與審
美經驗的偏離。在演出期間，一個人是被作品正在訴說出的東西
所吸引。如果把這撇在一旁，就只著眼於表演而論表演，或就只
著眼於作品的素材而論素材，都將使得接觸作品時的審美因素變
得無足輕重；就這兩條路而言，無採取任何一個方向，藝術作品
都不再是一個正在訴說的主體，而成為一個思維在其反省過程中
所判斷和評價的客體了。這樣，把焦點放在就作品的形式而論形
式，而與作品動態的「訴說」異離了，這實際上不是去發現作品
「純粹美的」一面，而是遠離了審美因素自身。審美的愉悅並非
是針對形式，而是對藝術作品形式中意義的全面運轉的一種感性
相應。說得更明確一些：審美的愉悅是人在接觸到一個藝術作
品，在其世界裡所建立起的嶄新存有真理時，所伴隨發生的。

　　為使這種在藝術品中突然提及到的「真理」能明白些，同時
進一步闡明，對於形式就是分離於意義之外的、純粹「感覺裡的
形式」這樣一個觀念，我們最終視之為反省的思維所杜撰出來
的。那就讓我們澄清一下什麼因素，使得藝術作品之所以成為

「藝術」的。藝術不是以精妙的技巧或者以純粹形式上的和諧，做為它內在的目的。一個藝術作品之所以是藝術，它將一個世界套以物質的形式而表現出來。這並未否定藝術之形式的一面；相反，形式是藝術作品的核心，只是「形式主義者」在某一個方面不能覺察明白。不能說是那浸淫於形式之中的愉悅，創造出了一個區別於形式之外的世界，而這個世界使得藝術作品真正成為藝術。在藝術中，通過形式所認識到的世界是被作者植入物質之中的，所以不能將「思想」與世界區別開來，實際上也不可能將「美的」與「無關美的」因素區分開來。❸正像海德格在《藝術作品的起源》（ *Der Ursprung des Kunstwerkes* ）中闡明的，一座希臘寺廟是創造了一個「存有中的開放空間」，而人們可以在這樣的闡明下得到啟示。❹以海德格在有學的角度來看，每一件偉大的藝術作品，是透過它自身的形式創造出一個世界，而存有便挺立在那兒。在理解中所遭遇到的存有，並不是一個抽象的實體，而是一個整體的一部分，這個整體是關聯著理解的視域，或者，它可以被稱為一個「世界」。因此，從現象學上來說，形式就不可被看做是一個觀念的表現，而這個觀念是先於形式的；形式與觀念最終共同存在於一個不可見的、做為世界的統一體中，二者若是與世界相分離，就不具有真正的存在。世界是那出現在藝術作品中的整體，藝術作品唯有造出一個世界才成為藝術。

　　照此，藝術終就不是通過感官知覺的認知，而是理解。當一個人接觸一部偉大的藝術作品時，他將發現他自己世界的視域、他對自己世界的看法，以及他的自我理解都被擴大了；他將以不同的眼光來看待一切，有些時候這可以說是一種嶄新的眼光，但終究是因為他有了更多的「經歷」。這表明，藝術作品中的世

---

❸ 同上書，第 88 頁。

❹ Ho，第 7～68 頁；UK，第 7～101 頁。

界，並不是與一個人自己的世界相分離的另一個世界，兩者是連續的；並且，即使一個人是要去理解這個藝術作品裡的世界，它也同時在啓發他的自我理解。在接觸一部偉大的作品時，人並未進入一個陌生的宇宙，並走出時間和歷史之外；人最終並未將審美的理解與人整個的理解分離開來，以至將「無關美的」拋之於後而進入「美的」領域。相反，當人理解一部偉大的文學藝術作品時，當他把一切他所有的和他所是的都呈顯在身旁，他就能更完全地臨視到自己。理解作品，並且將作品的世界完全融合到人自己的視界中去，這意味著使人的自我理解達到一個懸而未決的狀態。如果說詮釋者僅僅是在詢問著具有令人感覺愉悅的、和諧的一個客體，這種神話早已過時了；藝術作品正在向他提出問題，此問題使作品之所以存在。由於對藝術作品的體驗是被包覆在，並且發生在自我理解的統一性和連續性中，所以檢驗藝術經驗的判準就不是和諧形式的典範，而是真理。藝術揭示存有，開顯「事物存在的方式」——即真理。

所以，當人進入偉大藝術作品的世界時，他並不是安然無恙地保有他自我理解的典範，而是把它推向挑戰；反倒是在這過程中，他「歸向安適的居所」。透過存有學上的認識，他驚訝地說：這的確是如此！藝術家訴說出什麼東西是真實存在著。藝術家並未許諾一個迷人的海市蜃樓，相反，他已突破了一個人生活所在的經驗世界和自我理解，而達到一個更深層的境界。這樣看來，藝術的普遍性就是一種存有學的普適性；所有偉大的藝術都開顯存有。藝術家將世界轉化到他所制訂的形式之中，但這並不是他主體性的表達；這也不是將「感受」轉變成為「形式」。這種轉化本身就是真正的真理，就是存有的真理，這個真理完全化身成為藝術作品的整體。藝術之所以成立，並不在於它給人予美感的愉悅，而在於它揭示存有。

現在，應該放棄這樣一種孤離的態度：也就是、十分矯作地

把「美的現象」看做是藝術中純粹的感覺形式，並且在形式和內容之間做出明顯的區分。然而，在美感經驗的現象學中卻是容不下這種區分的。做這些區分並沒有幫助我們找出藝術的原因，而且在上一個半世紀就證明了它們於藝術相牴觸。由於這種美學的孤離性，我們發現了「為藝術而藝術」是荒謬的，發現「藝術能向我們呈現真理」的這個主張不能成立了，發現在藝術理解中歷史意識的喪失，以及藝術家失去他在社會中的地位——更進一步說，藝術喪失了它在社會中的地位。在文學中，我們遭遇到這種情況：倘若詩歌的目的在於使人愉悅和高興，那麼許多學生會更喜歡其他的愉悅。就像品味一樣，在這林林總總的愉悅之間是無從比較的——除非在愉悅之外，有一個衡量愉悅本身的標準。但是，以主體為中心的美學，是不可能找到藝術之所以成立的客觀條件。現在應該拒絕無意義地把人類主體性當做我們的據點（它預設所有思維都處於主——客圖式之內），應該停止追問藝術是怎樣影響我們的，而把藝術作品的存有放在首位。藝術作品的存在方式即是一種開顯——開顯出一個世界，而存有就挺立在這開顯事件之中。藝術之所以成立在於它向我們的自我理解開顯存有，以至我們自己的世界，我們生活於其中、活動於其中，並且存在於其中的視域，都得到擴展，都得到更好的定義。美即是真理，即是在藝術中將自身向我們開顯出來的存有真理。❺

現在，我們看到，接觸一部藝術作品的經驗，乃是一種向一個世界的開放；在語言形式的藝術作品中尤為如此。但是，這裡

---

❺「美即是真理」（beauty is truth）這一斷言的意義仍舊是模糊不明、甚至完全躲藏著我們，其原因部分在於這一事實（一如海德格所表明的）：我們堅持著一個以主體性為中心，而對真理所做的「客觀」定義，認為真理即是「符應」（correspondence）或「一致」（agreement）——即真理僅僅被定義為一種可加證實的陳述。

有必要注意到非語言形式藝術中的美學現象。以便澄清我們是根據著什麼，而去否定有孤立於藝術作品整體效果之外「純粹美的」因素——也澄清藝術的存有學內容，即它的「真理」價值。

美的因素是包含在經歷著藝術作品之訴說的整全經驗當中，而不可分離出來。關於這個概念，我們可以將所有先前談到的東西——提問、經歷、理解、語言和歷史意識——再添加進去，以便獲得一個關於詮釋學經驗的統一概念。在此概念內，我們可以察見到有關文學詮釋中的東西。為了概述這裡已經提出的要點，我闡述了三十個有關文學詮釋或詮釋學經驗的主張或論題，它們大部分是依據這些要點而建立的。這些將在下一章中展示出來。

第十四章
關於詮釋的三十個論題

論詮釋學經驗

　　1. 詮釋學經驗（與文學藝術作品的接觸）內在地是歷史的。然而，由於我們對歷史、理解、語言和文學作品的存有學狀態普遍存在著誤解，所以就很難領會這句話的意義。這一缺陷是普遍缺乏歷史意識的明顯癥候。

　　2. 詮釋學經驗內在地是語言性的，直到我們把語言放在「語言性」（linguisticality）的範圍裡來看待，我們才有可能理解此句話的全部重要性。也就是說，不是將語言當做一種意識操縱的工具，而是當做媒介，藉此媒介，世界最終挺立於我們之前，存在於我們之中。

　　3. 詮釋學經驗是辨證的。唯有當經驗被想像為是遭遇到一種能擴張，和啓發自我理解的否定性理解，而非被想像為感知客體的意識時，我們才可獲得這一事實的成果。

　　4. 詮釋學經驗是存有學的。在理解和語言的存有學，功能被加以考慮時，這種詮釋學經驗的意義才將出現；（理解和語言）二者都是存有學的，因為它們開顯了事物的存有。但是它們並沒有把存有呈顯成為一個相對於主體性的客體；相反地，它們揭示

的是我們已經身處其中的存有。被開顯的存有不僅僅是一種客體的存在，而且是我們自己的存有，即「它意圖要成為的東西」。

5. 詮釋學經驗是一個事件——是一個「語言事件」。當文學被放在概念性認識的靜態範疇下來看待時，它的真正動力和它言說的力量就被剝奪了。遭遇一部作品，是去經歷一個事件，而非只是概念性的認識，它並非靜態的和觀念化的，並非處於所有時代和時間性範圍之外；它是自遮蔽狀態中發生、出現的真理，然而它卻規避每一種將它還原為概念和客觀性的嘗試。

6. 詮釋學經驗是「客觀的」。如果我們仍堅持著當前盛行的對客觀性所作的陳腐定義，也就是所謂「科學的」定義，這個命題就會被誤解了。根據科學定義的概念（這種概念源自於啓蒙時代的反迷信、反偏執、以及反對樸素地接受傳統），客觀性是人們藉之以獲得清楚、明晰、沒有摻雜主觀先見的概念知識途徑。只要我們在理性「自然的光照下」，拒斥一切不可經由經驗而被「檢證」的東西，就可獲得這種客觀性。這種執行檢證的理性成為最終訴諸的判準。所有的真理，都在心靈的反省運作（即主體性）中，發現了它自身的有效性。詮釋學經驗是「客觀的」，這一陳述在此並不意指上述的「主觀」形式的客觀性。它所意指的是一種「歷史的」客觀性而非科學的客觀性。這種客觀性指涉著這一事實：呈現在語言之中、並且最終挺立於文學作品中的存有，並不是心靈反思活動的產物。另一方面，語言所呈現者也不是一個抽離的實體，此實體是被想像為在時間和歷史的脈絡之外，仍舊能以某種方法傳達出意義。相反，當一個人觸碰到世界的抗阻，而他又無法真正地對世界加以成形、組構和控制，便會讓自己順應於歷史流傳下來的形式，處於這些形式之中。也就是說，他處於傳統的理解方式之中，處於傳統對世界的看法之中。

要貼切地描述人與語言，與歷史和與世界的關係，不是在於他「使用」它們，而是「參與」它們；人並不是依他個人地塑造

語言、歷史，或建構他的「世界」，人是使他自己語言的活動順服於它們。語言實際上並不是人的工具，而是存有得以顯現的方式。當一個人意圖傳達某一個情境的存有時，與其說他是設計語言以便去適合情境，不如說是去發現為這情境所要求的語言。這樣，在語言中最終表達出來的東西實際上就不是人的「反思性」，而是情境本身；語詞的主要功能並不在於指出主觀性，相反，是指出境況。客觀性的基礎並非在於說話者的主觀性，而是在於那透過語言並在語言之中被表達出來的實在性。詮釋學經驗必須在這樣一種客觀性中尋找自己的基礎。

7. 詮釋學經驗應當受本文引導。本文不完全類似於對話中的夥伴，因為它需要某些條件的配合才得以訴說，這種需要，產生了一些詮釋學經驗所固有的困難：需要在作品完全的他性（otherness）中感受到本文客觀的主張，而同時，又不能使它成為純粹相對於我們主體性的一個對象。我們絕對不能把詮釋的任務根本上看做是分析，而應該看做是「理解」，否則立刻就使本文成為一個對象了。如果，理解是被視為能就事物的存有而掌握事物，而不是被當做一個自足的領悟意識，它就是最開放的。一個詮釋行為必然不是一種強力的奪取，必然不是對作品的「劫掠」，而是一種親密的結合，由此，詮釋者和本文的潛能將完全發揮出來，而在詮釋的對話中，本文真正成為那對話的夥伴。

因此，詮釋者對本文的屈服就不可能是絕對地任其擺布，而是像《道德經》（*Tao Tê Ching*）❶中所指的「陰」一樣，是一種來自劣位的克服。詮釋學遭遇並不是對一個人視域的拒絕或否

---

❶ 見亞瑟・瓦勒（Arthur Waley）的《道及其力量：對道德經及其在中國思想中之地位的研究》（*The Way and Its Power: A Study of the "Tao Te Ching" and Its Place in Chineses Thought*），尤見詩第 6 首，第 28 首。

定（因為他必須通過視域來看視，如果沒有視域，他就一無所
見），而是人在自身的自由開放中，將自己的視域推向挑戰。保
羅・田利克（Paul Tillich）把愛定義為克服疏離❷；本文與詮
釋者的結合克服了與本文歷史年代的疏遠，而這種結合之為可
能，是因為兩者在存有（也就是，在語言和歷史）中有共同背
景。在視域融合——它是詮釋學經驗的核心——中，一個人的視
域中某些因素被否定了，某些又被肯定了；作品的視域中某些因
素退出了，某些因素（如消解神話）保留下來了。因此，這意味
著，每一個真正的詮釋學經驗都是一個創新，一個對存有的嶄新
開顯；它與當刻有牢固的關係，從歷史上看，它以前絕對不曾發
生過。由此，存有在以嶄新的方式挺立出來時，人得以「參與」
其中。

8. 詮釋學經驗依照當刻的眼光去理解所說的東西。另一種說
明這個陳述的方式就是：每一真正的詮釋都涉及對當刻的「運用
性」。按照詩歌自身歷史視域的脈絡，從語法上來說明詩歌所意
指的內容是不足夠的。詮釋並非是一種著眼於語文學的重建和復
興（如果這是可能的話）的分類學任務。詮釋要求詮釋者澄清作
品在今天的意義；詮釋要求溝通詮釋者的視域與本文的視域之間
的歷史間距。在神學的和司法的詮釋學中，運用性的因素顯然是
必要的，甚至是最重要的。在神學和法律學的研究當中，試圖去
克服歷史上的疏離所做的努力，可以讓文學詮釋引以為借鏡；神
學和法律可以提供詮釋學情境有益的模式，此模式使文學詮釋重
新獲得它失去的歷史意識。

9. 詮釋學經驗是一種對真理的開顯。今天，如果客觀性沒有
一種新基礎，以及真理沒有一個新的定義，詮釋者在此就不可能
察見到對真理的開顯本質上意指著什麼。真理必然不能被視為是

---

❷見他的《愛、力量與公正》（ *Love, Power, and Justice* ）。

一個陳述對「事實」的符應；真理是存有在邁向開顯時動態的浮現過程。❸真理從來不是整全的和明確的；「邁向開顯」也就同時遮蔽了存有其不可窮盡的豐富性。真理是奠基在否定性上的；真理的發現，最好是在那否定性的力量能夠發揮作用的辨證法內進行，也就是這個道理。在詮釋學中，是在接觸到經驗內在的否定性時，真理才將浮現；在這種情況下，經驗表現為「美感因素」或「語言事件」。真理並非概念性的，並非是一件事實——真理是在發生著。

10.美學必須包容到詮釋學中。我們不能根據相應於形式而產生的感官愉悅來定義「美的因素」，相應於那使藝術作品之所以真正成為藝術者，所產生的愉悅，才是我們定義「美的因素」的根據。在真正的藝術中，在一個限定的形式下，一個世界便能延續地挺立著，同時在存有中拓開一片空間，讓存有的真理昭然若揭。這種所謂的美感因素若與詮釋學經驗的動力（以現象學角度而言）相分離，就不再存在；試圖將美感因素與詮釋學經驗分離，造成了一些基本的誤解和矯作的問題。每一種對於「美的」和「無關美的」所做的區分，都是根據形式——內容的相分離，而這種分離實際上是無效的，同時這也偏離了美感因素其特徵是經驗性的。美感因素不可能與整體的詮釋經驗分離開來理解。

Ch14-1

論超越主——客體圖式

11. 在今日美國中，文學詮釋所面臨的主要挑戰在於超越主——客體圖式（通過此圖式，作品容易被當做一個有待分析的客體，而被放置在遠離詮釋者的地方）。現象學開啟了應對這種挑

---

❸ 見 PL－BH 中的 PL。

戰的方式。海德格和高達美的德國詮釋學為此目的開闢了一條通道。此外，在法國現象學文學批評——此派人物有沙特（Sartre）、布蘭查特（Blanchot）、理查德（Richard）、巴歇拉爾（Bachelard）❹——中，和在當代法國現象學哲學——此派人物有呂格爾（Ricoeur）、杜夫勒尼（Dufrenne）、加斯托夫（Gusdorf）、梅洛龐蒂（Merleau－Ponty）❺——中，已經展示了另一條途徑。許多途徑都被開啓了。

ch14-2

論藝術作品的自主性和客觀狀態

12. 新批評探求文學藝術作品的自主性，基本上這是對的；在作品中尋找作者的主觀性被認為恰恰是一種謬誤（一種意向性謬論），訴諸於作者意向的證明，則被毫無疑問當做是不能接收的證據。例如，一個人感興趣的主要不在於彌爾頓自己對大天使突然從飄渺的天空，發著火焰、向下跌落的意向或情感；感興趣的是觀察撒旦最終存在於此篇作品的方式。人感興趣的是「被說出的事物」本身，而非彌爾頓的意向或個人特質。在作品中，一個「真實性」發生了。在《失樂園》（Paradise Lost）的「伊甸園」一幕中，一種真實性被顯現出來；對於彌爾頓是否實際上真有這些情感，人們並沒抱有多大的興趣；他們也不真正關注亞當和夏娃是否「實際上」真有這些情感。因為在這些情感中，某種更深刻、更普遍的東西將會表現出來：此時，深居於存有中的可

❹ 見尼爾·奧申漢德勒（Neal Oxenhandler）的〈美國與法國存有學的文學批評〉（Ontological Criticism in America and France）一文，載 MLR，第 55 期（1960 年），第 17～23 頁。

❺ 西北大學出版社出版的這些作家的翻譯著作是十分有用的。

能性，它的真理在利那間被開顯出來。這不是一個科學的真理；但是，無論如何，這的確是一個真理。

論方法和關於一些方法的討論

13. 方法是一種詮釋者衡量和控制的努力；它與讓現象為主導的主張相反。「經驗」的開放性——在這種經驗中，是從作品方面來改變詮釋者本人——是與方法截然對立的。照此看來，方法實際上就是一種教條主義的形式，它使詮釋者與作品分離，它處於二者之間，阻礙了詮釋者對作品豐富性的體驗。對經驗來說，分析的觀察是有盲點的；這就是分析的盲目性。

14. 現代的技術性思維方式，和深藏在此方式中的權力意志，導致人是站在「主宰的主體」來思考事物，並且要「宰制」事物。在文學領域中，可以察見到這種技術是專注於尋求一種關於「對象」——即作品——的知識，以便認識對象並能對它加以控制。這種強迫性的詮釋理論——如果我們可以這樣稱呼它們的話——採取了這樣一種自我為中心的、教條的、封閉的方式來審視作品，以至使作品變得索然無味了。有關文學的「愉悅」的論證，很少為對結構和模式的冷酷分析所推進。

15. 形式從不應當成為文學詮釋的起點，形式的因素也不應當被人標示以真正「美的」因素而分離出來。反之，認為形式可以與內容分離，或者可以與作品整全的意義整體分離，這樣一種錯誤信念是基於錯誤的哲學前提；並沒有純粹美的因素存在，同樣，為藝術而藝術也是不可能的。把觀念或主題與其物質形式相分離，也是一種純反省的活動，因為它不是基於人與作品本身遭遇的經驗上。由此，如果斷言作品美的因素是它的形式，而可以和它「無關美的」因素相分離，這是無效的斷言；對於「美的」

與「無關美的」任何區分變成一種基於錯誤定義的文字遊戲，因為美的因素是世界所挺立在其中的一個統一體。這一世界的意義或觀念的內容，不可能與作品的感覺形式相分離，並且事實上，它也不能從美感經驗中分離出來。既然形式與內容的分離從美學上看是無效的，既然它是經驗以後的反省思維的產物，那麼以探究形式為出發點，就意味著從一開始，文學詮釋就偏離了美感因素的整全性及其豐富性。

16. 文學詮釋的起點必須是一個體驗作品本身──即作品所「訴說」的東西──的語言事件。文學作品的訴說能力而非其形式，才是我們與它有意義地遭遇的基礎。它並非是與形式分離的某物，相反，它在形式中並且通過形式而訴說著。形式與所訴說者的內在統一性，是真理與美感經驗內在統一性的基礎。文學作品的訴說是一種對存在的開顯；它展示出來的是存有真理的力量；藝術家有能力運用物質的內在之光（如音響結構、金屬硬度及其反光性，以及色彩的力量）使存有的真理顯現出來。語言自有其訴說的能力，創造世界的能力。此即海德格以賀德齡為例說明，人是「詩意地」居於大地這句話的涵義。❻

17. 對文學真正的熱愛，並非是，也從不曾是那浸淫在純形式中的喜悅。對文學的熱愛之處在於對文學的訴說能力的回應。正像給一隻捲毛狗裝飾打扮以便得到一種「美感的喜悅」，這是一個利己的行為，而毫無關聯於是否對這隻動物本身有更深的喜愛；同樣，把文學純粹視為遊戲或娛樂，也就表現出沒有真正理解文學。跋扈地迫切要求在概念上的宰制，並不是真正的熱愛，而是溺愛和窒息。

18. 並不是詮釋者把握了本文的意義，是本文的意義攫取了

---

❻ 見〈賀德齡與詩歌的本質〉（ Hölderlin und das Wesen der Dichtung ），載 EHD；EB，第 270～291 頁。

他。當我們欣賞一齣戲劇或表演，或閱讀一篇小說時，我們並不是一個站立於外的主體而去凝視它；我們被捲入到所展現的事物的內在變動之中——即我們被攫取住了。這種詮釋學現象，在對文學的技術性審察中，幾乎被忽視了；若一個人將自己看做是情境的主宰者和操縱者，他就錯誤地詮釋了詮釋學情境。相反，他是參與者，甚至還不完全是，因為他不能進入情境中去改變情境，也無力改變本文的固有性。

19. 某些對藝術的審察強調技巧，但是對鞋匠做一雙鞋，或者木匠製作每樣傢俱而言，才需要熟練的技巧。藝術作品並非傢俱。欣賞藝術並不純粹是對形式的感覺愉悅；藝術作品並非某種廉價的愉悅對象。技巧當然是需要的；感性愉悅也是需要的；但是把這些當做藝術的起點或核心的一面，就是樸素的還原主義。當藝術使一個世界呈現於人面前時，藝術才為藝術；偉大的藝術具有這種存有真理的豐富性，以至一個人發現他自己的視域（部分）被否定，同時理解中的「創新」也就產生了，而這種創新唯有在「經驗」這個範疇下才能被理解。就「經驗」一詞最深遠的意義而言，接觸一部藝術傑作始終是一種經驗。

20. 那麼，閱讀一部作品，就不在於通過觀察或反省去獲得概念性的知識：它是一種「經驗」，是突破人的陳舊看法而走向開放。詮釋者並沒有改造作品，因為作品仍是固定不變的；相反，作品使自身在他身上留下印象，作品完全改變了他，以至於他不可能通過經驗之後仍保有先前的單純。

21. 現在，一些試圖去「理解」一部文學作品的方法傾向於用概念化定義的理解——這種定義並不忠實於詮釋學經驗——來運作。這些方法還常常制訂一些公式並事先將其記牢：它們預測作品中的諷語或弔詭，或經常出現的比喻，或者原型的情境。它們與其是在聆聽作品，不如說是在對它嚴密盤詰。文學詮釋不應當具有一種像亞里斯多德的形式分析的特點，像那樣把一切範疇

都事先規劃好;理解一篇文學作品的過程,更像一種蘇格拉底式的對話,即通過問答來環繞著並推進向話題本身。由純粹尋求一個答案並確信自己立場的分析者所提出的問題,是完全不同於那出於詰問自己、承認自己的不確定性所提出的疑問。後者的疑問常是這樣說的:它難道不是……這樣的嗎?這種的詢問不再是對「對象」的詢問,而是「主體」的反身自問(如果可以放在主——客圖式來說的話)。

22.方法僅當發揮作用時才會有效。現在,倘若藝術作品的存在方式——做為開顯一個世界的事件——背離了當今提出的這些「方法」,那麼,即使在與現象的特性不可通約的科學基礎上,方法的結果也具有不可靠的價值。即使在科學根據中,方法也失去了其有效性。

23.理解一篇本文並非純粹是用問題去轟擊本文,而是理解本文向讀者提出的問題。就是理解本文背後隱藏的問題,是理解產生本文的問題。文學詮釋需要增進活力和聆聽的藝術。它需要向創造的否定性開放,為了能認識到那不可預期或預見到的某物而開放。

ch14-4

文學詮釋中歷史意識的必要性

24.今日美國文學詮釋中的一個批判性問題是缺乏歷史意識,結果,就不可能察見到文學中根本的歷史性。在美國,可能大部分文學教師都可以被列入「形式主義者」或者「考古學家」之列。前者無意識地從主體化美學的錯誤出發,而相信,遭遇美的因素本質基本上是相關於形式的。為此,與文學作品的遭遇就被看做是處於靜態的、非時間的範疇中,文學的「歷史」特性就消失不見了。考古學家則不如此,他們沒有為將文學詮釋變成形

式的分析這種努力所迷惑，但他們卻把順著作品本身，和依照作品的時代去理解作品當做目的，以至在研究十八世紀文學的學者，將視其任務是盡可能地把自己想像是生活在十八世紀。他們幻想那個世紀可能比現在更為有趣，因為象徵著那個時代的咖啡館和氣氛，在今天都不再明顯了。因此，在一方面，考古學家並無興趣去探究過去，在另一方面，將文學還原到其形式的生命力中也未表現任何真正的歷史意識。相反，它們是現代缺乏理解歷史是什麼的典型徵兆。

25. 文學從內在上看是歷史的。為了理解一部文學作品，一個人主要運用的不是形式的和科學的範疇；確切地說，在一個人理解的前結構中，所依據的是他在歷史脈絡下所形成的、對自身和對世界的看法，一個人的意圖、前概念，以及視見方式的成型，都是繼承了過去。因此，一個人是在他所理解的、歷史地形成的世界中存在著；當一部文學作品被人接觸時，它就展示了另一個「世界」。此世界與讀者的世界並不是絕對間斷的；相反，人真正地體驗它就會發現他的自我理解是更為深刻了。它使一個人在歷史的脈絡下所形成的理解，得到補充和擴大；閱讀一部偉大的文學作品，實際上是一種「歷史的」經驗。

「經驗」是一個意義深遠的詞，因為經驗自身的特徵就是歷史的。一個人對於世界的理解，是透過歷史而成型的。正如日常的生活經驗常常讓人認識到已經忘卻了的，或以前不曾知道的某事一樣，與文學作品的接觸是真正的「經驗」，並成為人自己歷史的一部分，成為在傳統一脈相傳之中的理解──人就存在這個理解之中──的一部分。

26. 如此觀之，詮釋的任務就在於溝通歷史的間距。在詮釋一篇以往時代的作品時，詮釋者並未使自己的心靈掏空，也沒有絕對地脫離現在；在他自己的視域與文學作品的視域的辯證遭遇中，他帶著他自己的視域並用它們來理解。主張歷史的重建，或

者主張僅僅依照過去來認識過去，都是一種浪漫的神話，它像
「無預設的詮釋」一樣，是一種不可能的事。這類情況絕不存
在。文學詮釋同神學和法律詮釋一樣，必須關聯著「現在」，否
則它就會壽終正寢。在文學裡，凡是不能與立身於現在的我們發
生任何關聯，都將只是一堆死灰。在某些情況中，詮釋的任務也
可能針對某些近乎枯死的東西，展示它與「現在」的聯繫；所謂
的「現在」，就是當刻期望的視域，以及當刻自我理解的世界。
消解神話（它並不是要廢除神話，而是要覺察到神話中有意義的
東西）原則上應當成為文學詮釋的任務。如今，只要當詮釋者獲
得了一種歷史意識，並由此也獲得了一種文學詮釋中對歷史問題
的把握時，它們將會洞察消解神話對於文學的意義。

27. 歷史理解和歷史意識，對於我們今天來說，必須出現在
現象學家對科學觀察的批判的形式之下。這種批判的基礎是對前
理解的分析，此分析揭示了我們的理解和世界的歷史性。其中一
個主要的成果便是發現了時間性（ temporality ）。理解文學或
任何藝術作品都處於時間性的模式之中，即一個人不僅是在當刻
遭遇著作品，但同時也根據著回憶（他的歷史形成的理解）和期
望（他的理解投射未來的方式）進行理解。理解並非時間之外的
靜態認識；它是處於時空的特定位置──在歷史之中。當作品在
現在、在此時此地向讀者展示他的面目時，它的詮釋就將呈現出
不同的特徵。

28. 因此，對文學作品的理解，就不是在概念知識裡空間
的、靜態的、非時間的範疇下被把握住的，因為它具有事件（即
歷史）的特性。一部文學作品的意義是活潑的、時間性的、在於
個人的。在概念認識中，真正在運作的僅僅是一個人心靈的一部
分，但是在理解文學作品時，人的自我理解則必須發揮作用。作
品就像是一個人而在向人們訴說，若不這樣看待，它將只是一個
毫無用處的東西。簡言之，文學並非概念性的知識，而是活生生

的經驗。

29. 科學與概念認識是同路的；經驗則與歷史同路。文學詮釋必須最終認識到它自身是從屬於後者。這並不意味著一個人要拒絕概念的認識，但是他必須超越並包容它。

30. 因此，今天詮釋的任務，就在於打破科學的客觀性以及科學家的視見方式，恢復存在的歷史性的意義。我們現在是如此完全地遭受技術性思維觀點的牽制，唯有把它擊碎之後，歷史性（historicality）才能從這四散的殘片中顯露出來。

當我們認知到沒有一個詮釋是那「唯一的」、「正確的」詮釋時，我們就面臨到了詮釋的歷史性；每個時代都在詮釋柏拉圖、但丁、莎士比亞、彌爾頓和其他偉大人物。在當代藝術和文學面前，我們也可以嘗試窺探到這一事實。儘管我們可以妄膽地高談和評頭論足，終究不可能知道對約翰・巴爾特（John Barth）、約翰・烏浦狄克（John Updike）、以及詹姆士・鮑爾溫（James Baldwin）的「歷史的裁決」是如何。事實上，當今對海明威（Hemingway）、福克納（Faulkner）和艾略特（T. S. Eliot）的裁決絕不是最後的定讞。只要我們去追問，那超越在理論的和科學的虛假客觀性背後，超越了一切可視見的和數學的事物（實際上，就是泛指那一切置身於歷史之外的、固定的、機械的、純粹觀念化的事物，而且，並不包含著我們之所以掌握到這些事物的自我理解）之後的東西到底是什麼，我們將可以察覺到歷史性。當我們為「個人的知識」❼而辯護時，當我們厭煩於科學狂熱地追尋原點、追尋因果基礎和神經科學的先決條件時，以及當我們訴請歸向文學詮釋中具體感受到的豐富性和複

------

❼ 米竭爾・波拉尼（Michael Polanyi）的《個人知識》（*Personal Knowledge*）。

雜性❽時，我們便正是伸向那歷史的事物。當我們將科學概念中
那種清楚明晰的世界，與充滿衝突的、模糊的、我們日常生活所
生存其中的痛苦世界並置在一起比較，我們就可以窺探到生存的
歷史性，因為「活生生的經驗」在其結構上就是歷史的。語言是
歷史的，是我們整個文化的視見方式的儲存所。簡而言之，詮釋
本身是歷史的；如果我們嘗試去改變詮釋，使它不再是歷史的；
將使得詮釋——以及我們自己——變得十分貧乏而所剩無幾。

---

❽茅尼斯・那塔森（Maurice Natanson）的〈現象學與文學理論〉
（Phenomenology and the Theory of Literature）一文，載《文學、哲
學與社會科學》（*Literature, Philosophy, and the Social Sciences*），第
79～100 頁。

參考書目

　　現在我將整個文獻目錄分成三個部分。A部分包括本書討論過的四個主要詮釋學理論家的作品，或有關他們的文章、著作，還有關於一般詮釋學理論的某些著述，這些，我都在腳註中引用過。B部分包括神學詮釋學領域中的文章和著作，也包括屬於新釋經學派的艾貝寧、富赫斯、羅賓遜以及其他人的著作。C部分包括雖然沒有納入前兩種範圍，但卻在本文中引述過的文章和著作，尤為特別的是，這些目錄的作者我們已經在此書中碰到過，他們似乎為詮釋學的一般特性的理論化提供了一些重要的觀念。

　　這裡，我不打算將關於四位理論家的第二手著作統統包含於內。愛好讀書的人可根據提塞（Tice）最近編寫的有關施萊爾馬赫作品的文獻目錄去閱讀，在米勒—伏爾默（Müller-Vollmer）那裡，讀者也可找到有關狄爾泰的第二手著作的有益目錄；論海德格的文章和著作，見利比（Lübbe）、施令伯格（Schnee-burger）和馬康伯（Macomber）編寫的文獻目錄。幸運的是，高達美的許多散見的文章和手稿都已發表在他的《短論集》（Kleine Schriften）中；這裡，有必要將它們列成目錄，雖然還有些文章沒有出現在《短論集》中，但我已在此將它們編列成目，以供人瞭解高達美其它著作中的某些觀點。由諾爾伯特·海恩利希（Norbert Henriches）編纂的有關詮釋詳盡的、系統的文獻目錄將在一九六八年底出版。

　　第三部分，我純粹是想藉此對與詮釋學理論及其意義有關的其他各個領域做些提示。這些領域我在第五章中已經提到過，但仍未做考察。大多數有關語言哲學的德語目錄，我都得益於蘇黎士大學詮釋學研究所圖書館的藏書，在那裡，我完成了本部書研究的絕大部分。

A. HERMENEUTICAL THEORY AND THEORISTS

APEL, KARL OTTO. "Szientifik, Hermeneutik, Ideologie-Kritik: Entwurf einer Wissenschaftslehre in erkenntnisanthropologischer Sicht," *M&W*, I (1968), 37-63.

BETTI, EMILIO. *Die Hermeneutik als allgemeine Methodik der Geisteswissenschaften.* Philosophie und Geschichte series, Pamphlet Nos. 78-79. Tübingen: J. C. B. Mohr, 1962. 64 pp.

———. *Teoria generale della interpretazione.* 2 vols. Milan: Dott. A. Giuffrè, 1955. 634 pp., 348 pp. Translated into German by its author as *Allgemeine Auslegungslehre als Methodik der Geisteswissenschaften.* Tübingen: J. C. B. Mohr, 1967. 771 pp.

———. *Zur Grundlegung einer allgemeinen Auslegungslehre.* Tübingen: J. C. B. Mohr, 1954. 89 pp. Reprinted from *Festschrift für Ernst Rabel.*Tübingen: J. C. B. Mohr, 1954. II, 79-168.

BOLLNOW, OTTO FRIEDRICH. *Dilthey: Eine Einführung in seine Philosophie.* 2d ed. Stuttgart: Kohlhammer, 1955. 224 pp.

———. *Das Verstehen: Drei Aufsätze zur Theorie der Geisteswissenschaften.* Mainz: Kirchheim, 1949. 112 pp.

CASTELLI, ENRICO, ed. *Herméneutique et tradition.* Papers from the International Colloquium at Rome, January 10-16, 1963. Paris: Vrin, 1963.

DILTHEY, WILHELM. *Briefwechsel zwischen Wilhelm Dilthey und dem Grafen Paul Yorck von Wartenburg: 1877-1897.* Halle-an-der-Salle: Niemeyer, 1923. 280 pp.

———. *Das Erlebnis und die Dichtung.* 13th ed. Stuttgart: B. G. Teubner, 1957. 482 pp.

———. *Das Leben Schleiermachers.* Vol. I. Ed. HERMANN MULERT. Berlin: Reimer, 1870. 688 pp. Reprinted Berlin: W. de Gruyter, 1922. 879 pp. To be reissued as Vol. XIII of *GS*.

———. *Das Leben Schleiermachers.* Vol. II. Ed. MARTIN REDEKER. Göttingen: Vandenhoeck & Ruprecht, 1967. 811 pp. Vol. XIV of *GS* (1967).

———. *Gesammelte Schriften.* 14 vols. Göttingen: Vandenhoeck & Ruprecht, 1913-1967. Vols. I-XII reissued Stuttgart: B. G. Teubner, 1958.

DIWALD, HELLMUT. *Wilhelm Dilthey: Erkenntnistheorie und Philosophie der Geschichte.* Göttingen: Musterschmidt, 1963. 262 pp.

GADAMER, HANS-GEORG. "Anmerkungen zu dem Thema 'Hegel und Heidegger,'" in *Natur und Geschichte: Festschrift für Karl Löwith zum 70. Geburtstag.*Stuttgart: Kohlhammer, 1967. 470 pp.

———. "Hegel und die antike Dialektik," *Hegel-Studien*, I (1961), 173-99.

———. "Hermeneutik und Historismus," *PhR*, IX (1962), 241-76. Republished as an appendix to the 2d ed. of *WM*.

————. *Kleine Schriften*. Vol. I: *Philosophie/Hermeneutik*. Vol. II: *Interpretationen*. Tübingen: J. C. B. Mohr, 1967. 230 pp., 234 pp. Vol. III forthcoming.

————. "Die phänomenologische Bewegung," *PhR*, XI (1963), 1-45.

- ————. *Plato und die Dichter*. Frankfurt: Klostermann, 1934. 36 pp.

————. *Platos dialektische Ethik: Phänomenologische Interpretationen zur "Philebos."* Habilitation Lectures. Leipzig: Meiner, 1931. 178 pp.

————. *Le Problème de la conscience historique*. Lectures presented in Louvain, 1959. Louvain: Publications universitaires de Louvain, 1963. 89 pp.

————. "The Problem of Language in Schleiermacher's Hermeneutics," an unpublished lecture presented at Vanderbilt Divinity School, Nashville, Tennessee, February 29, 1968, at a Consultation commemorating the second centennial of Schleiermacher's birth. While in America during March, 1968, Gadamer lectured at a number of universities, including Northwestern, Johns Hopkins, Texas, Yale, and Harvard. The lectures either repeated the Schleiermacher paper, or were on one of two other topics: "Image and Word," and "The Concept of the Divine in Pre-Socratic Philosophy." These three lectures will probably be appearing individually in American journals, thus making some of Gadamer's recent writing available in English. An article, "Notes on Planning for the Future," was published in *Daedalus*, XCV (1966), 572-89; it is not directed specifically to hermeneutics.

————. *Volk und Geschichte im Denken Herders*. Lecture given in Paris on May 29, 1941. Frankfurt: Klostermann, 1942. 24 pp.

————. *Wahrheit und Methode: Grundzüge einer philosophischen Hermeneutik*. Tübingen: J. C. B. Mohr, 1960. 476 pp. 2d ed., 1965, 512 pp., contains a new preface and the article "Hermeneutik und Historismus" as an appendix. Italian and French translations are in preparation. English translation forthcoming from Sheed and Ward, London.

————, and H. KUHN, eds. *Philosophische Rundschau: Eine vierteljahresschrift für philosophische Kritik*. Tübingen: J. C. B. Mohr. Founded in 1953 by the editors and still under their direction. See individual issues for many reviews and articles by Gadamer.

Die Gegenwart der Griechen im neueren Denken: Festschrift für Hans-Georg Gadamer zum 60. Geburtstag. Ed. DIETER HENRICH, WALTHER SCHULTZ, and KARL-HEINZ VOLKMANN-SCHLUCK. Tübingen: J. C. B. Mohr, 1960. 316 pp.

HEIDEGGER, MARTIN. *Erläuterungen zu Hölderlins Dichtung*. 2d ed. Frankfurt: Klostermann, 1951. 144 pp. Partially translated in *EB*.

————. *Existence and Being*. Ed. and with an extensive analytical introduction by WERNER BROCK. Chicago: Regnery, 1949; paperback, 1961. 369 pp.

———. *Gelassenheit.* Pfullingen: Neske, 1959. 73 pp. English translation by JOHN M. ANDERSON and HANS FREUND, *Discourse on Thinking.* New York: Harper, 1966. 90 pp.

———. *Holzwege.* 4th ed. Frankfurt: Klostermann, 1963. 345 pp. First essay, *UK,* translated; see entry below.

———. *Identität und Differenz.* Pfullingen: Neske, 1957. 76 pp.

———. *An Introduction to Metaphysics.* Trans. RALPH MANHEIM. New Haven: Yale University Press, 1959. 214 pp.

———. *Kant und das Problem der Metaphysik.* Frankfurt: Klostermann, 1951. 222 pp. English translation by JAMES S. CHURCHILL, *Kant and the Problem of Metaphysics.* Bloomington: Indiana University Press, 1962. 255 pp.

———. *Platons Lehre von der Wahrheit: Mit einem Brief über den "Humanismus."* Bern: Francke, 1947. 119 pp. Translations of both essays are in WILLIAM BARRETT and H. D. AIKEN, eds., *Philosophy in the Twentieth Century.* 4 vols. New York: Random House, 1962. III, 251-70, 270-302.

———. *Sein und Zeit.* Halle: Niemeyer, 1927. Citations are from the 7th ed., unchanged. Tübingen: Niemeyer, 1963. 437 pp. English translation by JOHN MACQUARRIE and EDWARD ROBINSON, *Being and Time.* London: SCM Press, 1962. 589 pp.

———. *Unterwegs zur Sprache.* Pfullingen: Neske, 1959. 270 pp. Translation forthcoming from Harper.

———. *Der Ursprung des Kunstwerkes.* Einführung von Hans-Georg Gadamer. Stuttgart: Reclam, 1965. 126 pp. Translation of this essay from *Ho* by ALBERT HOFSTADTER, in *Philosophies of Art and Beauty,* ed. A. HOFSTADTER and RICHARD KUHNS. New York: Random House, 1964. 701 pp.

———. *Vom Wesen des Grundes.* 5th ed. Frankfurt: Klostermann, 1965. 54 pp. Bilingual ed., English translation by T. MALICK, *The Essence of Reasons.* Evanston: Northwestern University Press, 1969.

———. *Vom Wesen der Wahrheit.* 5th ed. Frankfurt: Klostermann, 1967. 27 pp.

———. *Vorträge und Aufsätze.* Pfullingen: Neske, 1954. 284 pp.

HENRICHS, NORBERT. *Bibliographie der Hermeneutik und ihrer Anwendungsbereiche zeit Schleiermacher.* Kleine Bibliographien aus dem Philosophischen Institut der Universität Düsseldorf. Düsseldorf: Philosophia-Verlag, 1968. 250 pp.

"Hermeneutics," *OED,* V (1933), 243.

HERRMANN, FRIEDRICH WILHELM VON. *Die Selbstinterpretation Martin Heideggers.* Meisenheim: Anton Hain, 1964. 278 pp.

HIRSCH, E. D., JR. *Validity in Interpretation.* New Haven: Yale Un
versity Press, 1967. 274 pp.

HODGES, H. A. *The Philosophy of Wilhelm Dilthey.* London: Routledg
& Kegan Paul, 1952. 368 pp. (This work should not be confuse
with the earlier and much shorter *Introduction to the Philosoph.
of Wilhelm Dilthey* by the same author and publisher.)

HOPPER, STANLEY ROMAINE, and DAVID L. MILLER, eds. *Interpreta
tion: The Poetry of Meaning.* New York: Harcourt, Brace & World
1967. 137 pp. See esp. HEINRICH OTT, "Hermeneutics and Person
hood," pp. 14-33.

KIMMERLE, HEINZ. "Hermeneutische Theorie oder ontologische Her-
meneutik," *ZThK*, LIX (1962), 114-30. Translated in *HH*, 107-21.
————. "Metahermeneutik, Application, hermeneutische Sprach-
bildung," *ZThK*, LXI (1964), 221-35.

KOCKELMANS, JOSEPH J. *Martin Heidegger: A First Introduction to
His Philosophy.* Pittsburgh: Duquesne University Press, 1965.
182 pp.

LANGAN, THOMAS. *The Meaning of Heidegger: A Critical Study of an
Existentialist Phenomenology.* New York: Columbia University
Press, 1959. 247 pp.

LARENZ, KARL. *Methodenlehre der Rechtswissenschaft.* Berlin:
Springer, 1960. 381 pp.

LIPPS, HANS. *Untersuchungen zu einer hermeneutischen Logik.*
Frankfurt: Klostermann, 1959. 144 pp.

LOHMANN, JOHANNES. "Gadamers *Wahrheit und Methode,*" *Gnomon,*
XXXVII (1965), 709-18. A review; for a list of other reviews ⲥ ᶜ *WM,*
see *WM,* 2d ed., p. xiii.

LONERGAN, BERNARD J. F. *Insight: A Study of Human Understand-
ing.* London: Longmans, 1964. 785 pp.

LÜBBE, HERMAN. "Bibliographie der Heidegger-Literatur 1917-1955,"
Zeitschrift für Philosophische Forschung, XI (1957), 401-52.

MACOMBER, W. B. *The Anatomy of Disillusion: Martin Heidegger's
Notion of Truth.* Evanston: Northwestern University Press, 1967.
227 pp.

MAYR, FRANZ. "Philosophie im Wandel der Sprache: Zur Frage der
'Hermeneutik,'" *ZThK*, LXI (1964), 439-91.

MEIER, GEORG FRIEDRICH. *Versuch einer allgemeinen Auslegungs-
kunst.* Düsseldorf: Stern-Verlag, 1965. 136 pp. Photomechanical
reproduction of the 1757 edition.

MÜLLER-VOLLMER, KURT. *Towards a Phenomenological Theory of
Literature: A Study of Wilhelm Dilthey's "Poetik."* Stanford
[University] Studies in Germanics and Slavics. The Hague: Mouton,
1963. 217 pp. Available in U.S. through Humanities Press.

NOLLER, GERHARD. *Sein und Existenz: Die Ueberwindung des
Subjekt-Objektschemas in der Philosophie Heideggers und in der*

Theologie der Entmythologisierung. Munich: Kaiser, 1962. 167 pp.

PANNENBERG, WOLFHART. "Hermeneutik und Universalgeschichte," *ZThK,* LX (1963), 90-121. Translated in *HH* 122-52.

PÖGGELER, OTTO. *Der Denkweg Martin Heideggers.* Pfullingen: Neske, 1963. 318 pp.

RICHARDSON, W. J. *Martin Heidegger: Through Phenomenology to Thought.* The Hague: Nijhoff, 1964. 764 pp.

RICOEUR, PAUL. *De l'interprétation: essai sur Freud.* Paris: Editions du Seuil, 1965. 533 pp.

————. "Existence et herméneutique," *Dialogue,* IV (1965-66), 1-25.

ROTHACKER, ERICH. *Die dogmatische Denkform in den Geisteswissenschaften und das Problem des Historismus.* Mainz: Verlag der Akademie der Wissenschaften und der Literatur, 1954. 55 pp.

————. *Einleitung in die Geisteswissenschaften.* 2d ed. Tübingen: J. C. B. Mohr, 1930. 288 pp. Originally published in 1919.

————. *Logik und Systematik der Geisteswissenschaften.* Bonn: H. Bouvier, 1948. 172 pp.

SCHLEIERMACHER, FR. D. E. *Hermeneutik.* Ed. and with an introduction by HEINZ KIMMERLE. Heidelberg: Carl Winter, Universitätsverlag, 1959. 166 pp.

————. *Hermeneutik und Kritik: mit besonderer Beziehung auf das Neue Testament.* Ed. FRIEDRICH LUCKE. Vol. VII of the First Division of his *Sämmtliche Werke.* Berlin: Reimer, 1838.

SCHNEEBERGER, GUIDO. *Ergänzungen zu einer Heidegger-Bibliographie.* Bern: Hochfeldstrasse 88 (privately published by author), 1960. 27 pp.

SCHULTZ, WERNER. "Die unendliche Bewegung in der Hermeneutik Schleiermachers und ihre Auswirkung auf die hermeneutische Situation der Gegenwart," *ZthK,* LXV (1968), 23-52.

SEIDEL, GEORGE JOSEPH. *Martin Heidegger and the Presocratics: An Introduction to His Thought.* Lincoln: University of Nebraska Press, 1964. 169 pp.

SINN, DIETER. "Heidegger's Spätphilosophie," *PhR,* XIV (1967), 81-182.

THULSTRUP, NIELS. "An Observation Concerning Past and Present Hermeneutics," *OL,* XXII (1967), 24-44.

TICE, TERRENCE N. *Schleiermacher Bibliography: With Brief Introductions, Annotations, and Index.* Princeton Pamphlets, No. 12. Princeton: Princeton Theological Seminary, 1966. 168 pp.

VERSÉNYI, LASZLO. *Heidegger, Being, and Truth.* New Haven: Yale University Press, 1965. 201 pp.

WACH, JOACHIM. *Das Verstehen: Grundzüge einer Geschichte der hermeneutischen Theorie im 19. Jahrhundert.* 3 vols. Tübingen: J. C. B. Mohr, 1926-1933. Vol. I: *Die grossen Systeme,* 1926. 266 pp. Vol. II: *Die theologische Hermeneutik von Schleiermacher bis*

Hoffmann, 1929. 379 pp. Vol. III: *Das Verstehen in der Historik von Ranke bis zum Positivismus*, 1933. 350 pp. Reprinted, 1 vol., Hildesheim: Georg Olms, 1965.

WOLF, FRIEDRICH.AUGUST. "Darstellung der Altertumswissenschaft nach Begriff, Umfang, Zweck und Wert," in *Museum der Altertumswissenschaft*, ed. F. A. WOLF and PH. BUTTMANN, Vol. I. Berlin: Reimer, 1807. 584 pp.

————. *Vorlesung über die Enzyklopädie der Altertumswissenschaft.* Vorlesungen über die Altertumswissenschaft series, ed. J. D. GÜRTLER, Vol. I. Leipzig: Lehnhold, 1831. 498 pp.

B. THEOLOGICAL HERMENEUTICS

BARR, JAMES. *Old and New in Interpretation.* New York: Harper, 1966. 215 pp.

BARTHEL, PIERRE. *Interprétation du langage mythique et théologie biblique: étude de quelques étapes de l'evolution du problème de l'interprétation des représentation d'origine et de structure mythique de la foi chrétienne.* Leiden: Brill, 1963. 399 pp.

BARTSCH, HANS WERNER, ed. *Kerygma and Myth.* Trans. REGINALD H. FULLER. 2 vols. 2d ed. London: Billing, 1964. 228 pp., 358 pp.

BEHM, JOHANNES. *Ermēneuo, ermēneia...* Article in the *TDNT*, trans. GEOFFREY W. BROMILEY. Grand Rapids, Mich.: Eerdmans, 1964. Originally in the *Theologisches Wörterbuch zum Neuen Testament*, 1935.

BLACKMAN, E. C. *Biblical Interpretation.* Philadelphia: Westminster Press, 1957. 212 pp.

BRAATEN, CARL E. *History and Hermeneutics.* New Directions in Theology Today series, ed. WILLIAM HORDERN, Vol. II. Philadelphia: Westminster Press, 1966. 205 pp.

BROWN, JAMES. *Kierkegaard, Heidegger, Buber, and Barth: Subject und Object in Modern Theology.* New York: Collier Books, 1962. 192 pp.

BULTMÄNN, RUDOLF. *Glauben und Verstehen: Gesammelte Aufsätze.* 4 vols. Tübingen: J. C. B. Mohr, 1952-1965. 336 pp., 293 pp., 212 pp., 198 pp. Vol. II translated by J. C. G. GREIG as *Essays: Philosophical and Theological.* New York: Macmillan, 1955. 337 pp. Other essays appear in *Existence and Faith: Shorter Writings of Rudolf Bultmann*, ed. and trans. SCHUBERT M. OGDEN. London: Hodder and Stoughton, 1961. 320 pp.

————. *History and Eschatology.* Edinburgh: The University Press; New York: Harper, 1957. 155 pp.

————. *The History of the Synoptic Tradition.* Trans. JOHN MARSH. Oxford: Blackwell, 1963. 456 pp.

————. *Jesus.* Berlin: Deutsche Bibliothek, 1926. 204 pp. Reprinted

Tübingen: J. C. B. Mohr, 1958. English translation by LOUISE PETTIBONE SMITH and ERMINIE HUNTRESS LANTERO, *Jesus and the Word*. New York: Scribner's, 1958. 226 pp.

————. *Jesus Christ and Mythology*. New York: Scribner's, 1958. 96 pp.

————. *Theology of the New Testament*. Trans. KENDRICK GROBEL. 2 vols. London: Lowe & Brydone, 1959. 395 pp., 278 pp.

CASTELLI, ENRICO, ed. *Demitizzazione e immagine*. Padua: A. Milani, 1962. 351 pp. Papers from the International Colloquium at Rome, January, 1962, by Ricoeur, Ott, Bartsch, Mathieu, and others.

————, ed. *Il Problema della demitizzazione*. Padua: A. Milani. 1961. 334 pp. Papers from the International Colloquium at Rome, January, 1961, by Bultmann, Danièlou, Ricoeur, Gadamer. Bartsch, Anz, Marlé, and others. A list of titles from other years may be obtained from the publisher.

DOBSCHÜTZ, E. "Interpretation," *ERE*, VII (1914), 390-95.

DOTY, WILLIAM G. *A New Utterance: Studies in New Testament Hermeneutics*. New York: Herder & Herder, forthcoming in late 1969.

EBELING, GERHARD. *Evangelische Evangelienauslegung: Eine Untersuchung zu Luthers Hermeneutik*. Munich: Kaiser, 1942. Reissued Darmstadt: Wissenschaftliche Buchgesellschaft, 1962. 520 pp.

————. *God and Word*. Trans. JAMES W. LEITCH. The Earl Lectures at Pacific School of Religion, 1966. Philadelphia: Fortress Press, 1967. 49 pp.

————. "Hermeneutik," *RGG*, III (1959), 242-64.

————. *Kirchengeschichte als Geschichte der Auslegung der Heiligen Schrift*. Tübingen: J. C. B. Mohr, 1947. 28 pp. Reprinted as the first essay in *Wort Gottes und Tradition*.

————. *The Nature of Faith*. Trans. RONALD GREGOR SMITH. Philadelphia: Fortress Press, 1961. 191 pp.

————. *The Problem of Historicity in the Church and Its Proclamation*. Trans. GROVER FOLEY. Philadelphia: Fortress Press. 1967. 120 pp. Originally published in German in 1954.

————. *Theologie und Verkündigung: Ein Gespräch mit Rudolf Bultmann*. Tübingen: J. C. B. Mohr, 1962. 146 pp. English translation by JOHN RICHES, *Theology and Proclamation*. Philadelphia: Fortress Press, 1966. 187 pp.

————. *Word and Faith*. Trans. JAMES W. LEITCH. Philadelphia: Fortress Press, 1963. 442 pp.

————. *Wort Gottes und Tradition: Studien zu einer Hermeneutik der Konfessionen*. Göttingen: Vandenhoeck & Ruprecht, 1964. 235 pp.

EBNER, FERDINAND. *Schriften*. 3 vols. Munich: Kösel, 1963, 1965. 1086 pp., 1190 pp., 808 pp.

ERNESTI, JOHANN AUGUST. *Institutio interpretis Novi Testamenti*.

4th ed. with observations by CHRISTOPHER FR. AMMON. Leipzig: Weidmann, 1792. (1st ed., 1761.) English translation by MOSES STUART, *Elements of Interpretation*. 3d ed.; Andover: M. Newman, 1827. 124 pp. 4th ed.; New York: Dayton and Saxton,. 1842. Another English translation is by CHARLES H. TERROT, *Principles of Biblical Interpretation*. 2 vols. Edinburgh: T. Clark, 1832-33.

FARRAR, FREDERIC W. *History of Interpretation*. Grand Rapids, Mich.: Baker Book House, 1961. 553 pp. Originally published in 1884.

FORSTMAN, H. JACKSON. "Language and God: Gerhard Ebeling's Analysis of Theology," *Interpretation*, XXII (1968), 187-200.

FRÖR, KURT. *Biblische Hermeneutik: Zur Schriftauslegung in Predigt und Unterricht*. Munich: Kaiser, 1961. 396 pp. 3d ed., rev., appeared as *Wege zur Schriftauslegung: Biblische Hermeneutik für Unterricht und Predigt*. Düsseldorf: Patmos, 1967. 414 pp. English translation forthcoming, James Thin, Edinburgh.

FUCHS, ERNST. "Existentiale Interpretation von Rómer 7, 7-12 und 21-23," *ZThK*, LIX (1962), 285-314.

——. *Glaube und Erfahrung: Zum christologischen Problem im Neuen Testament*. Tubingen: J. C. B. Mohr, 1965. 523 pp.

——. *Hermeneutik*. Stuttgart: R. Müllerschön, 1963. 271 pp. Originally published in 1954.

——. *Marburger Hermeneutik*. Tübingen: J. C. B. Mohr, 1968. 277 pp.

—— *Studies of the Historical Jesus*. Trans. ANDREW SCOBIE. London: SCM Press, 1964. 239 pp.

——. *Zum hermeneutischen Problem in der Theologie*. Tübingen: J. C. B. Mohr, 1959. 365 pp.

FUNK, ROBERT W. *Language, Hermeneutic, and Word of God*. New York: Harper, 1966. 317 pp. (Another book by Professor Funk on language and hermeneutics is in preparation.)

——, and GERHARD EBELING, eds. *The Bultmann School of Biblical Interpretation: New Directions?* Journal of Theology and the Church series, Vol. I. New York: Harper, 1965. 183 pp.

——, eds. *History and Hermeneutic*. Journal of Theology and the Church series, Vol. IV. New York: Harper, 1967. 162 pp.

GRANT, ROBERT M. *A Short History of the Interpretation of the Bible*. Rev. ed. New York: Macmillan, 1963. 224 pp.

HEINRICI, GEORG. "Hermeneutik," *RPTK*, VII (1899), 719.

HERZOG, FREDERICK W. *Understanding God*. New York: Scribner's, 1966. 191 pp.

KRAUS, HANS-JOACHIM. *Geschichte der historisch-kritischen Erforschung des Alten Testaments von der Reformation bis zur Gegenwart*. Neukirchen: Verlag der Buchhandlung der Erziehungsvereins, 1956. 478 pp.

LESSING, GOTTHOLD E. *Lessing's Theological Writings: Selections*.

Trans. and with an introductory essay by HENRY CHADWICK. Stanford: Stanford University Press, 1957. 110 pp.

LORENZMEIER, THEODOR. *Exegese und Hermeneutik: Eine vergleichende Darstellung der Theologie Rudolf Bultmanns, Herbert Brauns, und Gerhard Ebelings.* Hamburg: Furche, 1968. 232 pp.

MACQUARRIE, JOHN. *An Existentialist Theology: A Comparison of Heidegger and Bultmann.* London: SCM Press, 1955. 252 pp.

———. *The Scope of Demythologizing: Bultmann and His Critics.* London: SCM Press, 1960. 255 pp.

MARLÉ, RENE. *Introduction to Hermeneutics.* Trans. from the French *L'herméneutique* by E. FROMENT and R. ALBRECHT. New York: Herder & Herder [1967]. 128 pp.

MICHALSON, CARL. *The Rationality of Faith: An Historical Critiaue of Theological Reason.* New York: Scribner's, 1964. 160 pp.

MÜLLER-SCHWEFE, HANS-RUDOLF. *Die Sprache und das Wort: Grundlagen der Verkündigung.* Hamburg: Furche, 1961. 268 pp. The book consists of four parts: "Die Struktur der Sprache," "Sprache und Existenz," "Sprache und Geschichte," and "Die Sprache und das Wort Gottes."

NEILL, STEPHEN. *The Interpretation of the New Testament: 1861–1961.* London: Oxford University Press, 1964. 358 pp.

NIEBUHR, RICHARD R. *Schleiermacher on Christ and Religion: A New Introduction.* New York: Scribner's, 1964. 267 pp.

OGDEN, SCHUBERT M. *Christ Without Myth.* New York: Harper, 1961. 189 pp.

———. *The Reality of God and Other Essays.* New York: Harper, 1966. 237 pp.

OTT, HEINRICH. *Denken und Sein: Der Weg Martin Heideggers und der Weg der Theologie.* Zollikon: Evangelischer Verlag, 1959. 226 pp.

———. "Das Problem des nicht-objektivierenden Denkens und Redens in der Theologie," *ZThK*, LXI (1964), 327-52.

RAMSEY, IAN. *Religious Language: An Empirical Placing of Theological Phrases.* New York: Macmillan, 1957. 191 pp.

ROBINSON, JAMES M. *A New Quest of the Historical Jesus.* London: SCM Press, 1959. 128 pp.

———. "Theology as Translation," *Theology Today*, XX (1964), 518-27.

———. "World in Modern Theology and in New Testament Theology," in *Soli Deo Gloria: New Testament Studies in Honor of William Childs Robinson.* Richmond, Va.: John Knox Press, 1968, Chap. 7.

———, and JOHN B. COBB, JR., eds. *The Later Heidegger and Theology.* New Frontiers in Theology series, Vol. I. New York: Harper, 1963. 212 pp.

———, eds. *The New Hermeneutic.* New Frontiers in Theology series,

Vol. II. New York: Harper, 1964. 243 pp. See the valuable Introduction, pp. 1-77.

——, eds. *Theology as History*. New Frontiers in Theology series, Vol. III. New York: Harper, 1967. 276 pp.

SCHULTZ, WERNER. "Die unendliche Bewegung in der Hermeneutik Schleiermachers und ihre Auswirkung auf die hermeneutische Situation der Gegenwart," *ZThK*, LXV (1968), 23-52.

SMALLEY, B. *The Study of the Bible in the Middle Ages*. 2d ed. Oxford: Blackwell, 1952. 406 pp.

SMART, JAMES D. *The Interpretation of Scripture*. Philadelphia: Westminster Press, 1961. 317 pp.

SPIEGLER, GERHARD. *The Eternal Covenant: Schleiermacher's Experiment in Cultural Theology*. New York: Harper, 1967. 205 pp.

SPINOZA, BENEDICT DE. *A Theologico-Political Treatise*. Trans. R. H. M. ELWES. Classics of the St. John's Program series. Ann Arbor, Mich.: Edwards Brothers, 1942. 278 pp.

STEIGER, LOTHAR. *Die Hermeneutik als dogmatisches Problem*. Gütersloh: Gerd Mohn, 1961. 200 pp.

WOOD, JAMES D. *The Interpretation of the Bible: A Historical Introduction*. Naperville, Ill.: Alec R. Allenson, 1958. 179 pp.

C. OTHER WORKS CITED OR POTENTIALLY SIGNIFICANT TO HERMENEUTICAL THEORY

ADORNO, THEODOR W. *Zur Metakritik der Erkenntnistheorie: Studien über Husserl und die phänomenologischen Antinomien*. Stuttgart: Kohlhammer, 1956. 251 pp.

ALBRECHT, ERHARD. *Beiträge zur Erkenntnistheorie und das Verhältnis von Sprache und Denken*. Halle: Niemeyer, 1959. 570 pp.

AMMANN, HERMANN. *Die menschliche Rede: Sprachphilosophische Untersuchungen, Teil I und II*. Darmstadt: Wissenschaftliche Buchgesellschaft, 1962. 337 pp.

ARENS, HANS. *Sprachwissenschaft: Der Gang ihrer Entwicklung von der Antike bis zur Gegenwart*. Munich: Verlag Karl Alber, 1955. 568 pp. A methodical and well-documented history of linguistics from Plato and Aristotle to the mid-twentieth century, including coverage of American, French, Russian, and other developments in the twentieth century. Extensive bibliography.

ARISTOTLE. *The Basic Works*. Ed. RICHARD McKEON. New York: Random House, 1941. 1487 pp.

——. *On Interpretation (Peri hermēneias)*. Commentary by ST. THOMAS and CAJETAN. Trans. from the Latin and with an introduction by JEAN T. OESTERLE. Milwaukee: Marquette University Press, 1962. 271 pp.

————. *Organon.* Vol. I: *Categories, On Interpretation, Prior Analytics.* Loeb Classical Library, 325; Cambridge: Harvard University Press, 1938. 542 pp.

AST, FRIEDRICH. *Grundlinien der Grammatik, Hermeneutik una Kritik.* Landshut: Thomann, 1808. 227 pp.

————. *Grundriss der Philologie.* Landshut: Krüll, 1808. 591 pp.

AUERBACH, ERICH. *Mimesis: The Representation of Reality in Western Literature.* Princeton: Princeton University Press. 1953. 563 pp.

BACHELARD, GASTON. *La Formation de l'esprit scientijιγue: contribution à une psychanalyse de la connaissance objective* Paris: Vrin, 1938. 256 pp.

————. *Le Nouvel esprit scientifique.* 5th ed. Paris: Presses Universitaires de France, 1949. 179 pp.

————. *Poetics of Space.* Trans. MARIA JOLAS. New York: Orion Press, 1964. 241 pp.

————. *La Poétique de la rêverie.* 2d ed. Paris: Presses Universitaires de France, 1961. 183 pp.

————. *Psychoanalysis of Fire.* Trans. A. C. Ross. Boston: Beacon Press, 1964. 115 pp.

BOLLNOW, OTTO FRIEDRICH. *Die Lebensphilosophie.* Berlin: Springer, 1958. 150 pp.

BOSSERMAN, PHILLIP. *Dialectical Sociology: An Analysis of the Sociology of Georges Gurvitch.* Boston: Extending Horizons Books, 1968. 300 pp.

BREKLE, HERBERT E., ed. *Grammatica Universalis.* A series of volumes in linguistics and philosophy of language; selections from the seventeenth century to the present. First volume forthcoming in 1969, Frommann-Holzboog, Stuttgart.

BRILLOUIN, LÉON. *Scientific Uncertainty and Information.* 2d ed. New York: Academic Press, 1962. 164 pp.

BRUNNER, AUGUST. *Geschichtlichkeit.* Bern/Munich: Francke, 1961. 204 pp.

BRUYN, SEVERYN T. *The Human Perspective in Sociology.* Englewood Cliffs, N. J.: Prentice-Hall, 1966. 286 pp.

BURKE, KENNETH. *A Grammar of Motives and A Rhetoric of Motives.* Meridian Books. Cleveland: World, 1962. 868 pp.

————. *The Philosophy of Literary Form.* Rev. ed. New York: Vintage Books, 1957. 330 pp.

CAMPBELL, JOSEPH. *The Masks of God: Primitive Mythology.* New York: Viking, 1959. 504 pp.

CAMPBELL, PAUL N. *The Speaking and the Speakers of Literature.* Belmont, Calif.: Dickenson, 1967. 164 pp.

CASSIRER, ERNST. *An Essay on Man.* New Haven: Yale University Press, 1944. 237 pp.

————. *Philosophy of Symbolic Forms.* 3 vols. New Haven: Yale

University Press, 1953, 1955, 1957. 328 pp., 269 pp., 501 pp.

CASTELLI, ENRICO, ed. *Tecnica e casistica*. Papers from the International Colloquium at Rome, January, 1964 [?]. Padua: A. Milani, n.d.

CHOMSKY, NOAM. *Aspects of the Theory of Syntax*. Cambridge: M.I.T. Press, 1965. 251 pp.

———. *Current Issues in Linguistic Theory*. New York: Humanities Press, 1964. 119 pp.

———. *Topics in the Theory of Generative Grammar*. New York: Humanities Press, 1966. 95 pp.

COLLINGWOOD, R. G. *An Autobiography*. Oxford: Oxford University Press, 1939. 167 pp.

———. *Essays in the Philosophy of History*. Ed. WILLIAM DEBBINS. Austin: University of Texas Press, 1965. 160 pp.

———. *The Idea of History*. Oxford: Clarendon Press, 1946. 339 pp.

CORBIN, HENRY. *Avicenna and the Visionary Recital*. Trans. W. R. TRASK. Princeton: Princeton University Press, 1960. 423 pp.

DAGOGNET, FRANÇOIS. *Gaston Bachelard*. Paris: Presses Universitaires de France, 1965. 116 pp.

DANCE, FRANK E. X., ed. *Human Communication Theory: Original Essays*. New York: Holt, 1967. 332 pp.

DANTO, ARTHUR C. *Analytical Philosophy of History*. Cambridge: Cambridge University Press, 1965. 313 pp.

DIEMER, ALWIN. *Edmund Husserl: Versuch einer systematischen Darstellung seiner Phänomenologie*. Meisenheim am Glan: Hain, 1956. 397 pp.

DUFRENNE, MIKEL. *Jalons*. The Hague: Nijhoff, 1966. 221 pp.

———. *Language and Philosophy*. Bloomington: Indiana University Press, 1963. 106 pp.

———. *The Notion of the A Priori*. Trans. EDWARD S. CASEY. Evanston: Northwestern University Press, 1966. 256 pp.

———. *Phénomenologie de l'expérience esthétique*. Paris: Presses Universitaires de France, 1953. 688 pp.

———. *La Poétique*. Paris: Presses Universitaires de France, 1963. 196 pp.

DURAND, GILBERT. *L'Imagination symbolique*. Paris: Presses Universitaires de France, 1964. 120 pp.

———. *Les Structures anthropologiques de l'imaginaire*. Paris: Presses Universitaires de France, 1960. 513 pp.

EDIE, JAMES M., ed. *An Invitation to Phenomenology: Studies in the Philosophy of Experience*. Chicago: Quadrangle, 1965. 283 pp.

———, ed. *Phenomenology in America: Studies in the Philosophy of Experience*. Chicago: Quadrangle, 1967. 306 pp.

Einsichten: Festschrift für Gerhard Krüger. Ed. KLAUS OEHLER and RICHARD SCHAEFFLER. Frankfurt: Klostermann, 1962. 398 pp.

ELIADE, MIRCEA. *Cosmos and History: The Myth of the Eternal*

Return. New York: Harper Torchbook, 1959. 176 pp.

———. *Le Forêt interdit*. Paris: Gallimard, 1957. 645 pp.

———. *Myth and Reality*. Trans. WILLARD R. TRASK. New York: Harper, 1963. 204 pp.

———. *Myths, Dreams and Mysteries*. New York: Harper Torchbook, 1961. 256 pp.

FALLICO, ARTURO B. *Art & Existentialism*. Spectrum Books. Englewood Cliffs, N. J.: Prentice-Hall, 1962. 175 pp.

FINDLAY, J. N. *Hegel, A Re-examination*. London: George Allen & Unwin, 1964. 372 pp.

FINK, EUGEN. *Sein, Wahrheit, Welt. Vor-Fragen zum Problem des Phänomen-Begriffs*. The Hague: Nijhoff, 1958. 156 pp.

———. *Spiel als Weltsymbol*. Stuttgart: Kohlhammer, 1960. 243 pp.

For Roman Ingarden, Nine Essays in Phenomenology. The Hague: Nijhoff, 1959. 179 pp.

FOUCAULT, MICHEL. *Les Mots et les choses: une archéologie aes sciences humaines*. Paris: Gallimard, 1966. 405 pp.

FRANK, ERICH. *Philosophical Understanding and Religious Truth*. New York: Oxford University Press, 1945. 209 pp.

FRYE, NORTHROP. *Anatomy of Criticism*. Princeton: Princeton University Press, 1957. 394 pp.

GARELLI, JACQUES. *La Gravitation poétique*. Paris: Mercure de France, 1966. 217 pp.

GEIGER, DON. *The Sound, Sense, and Performance of Literature*. Chicago: Scott, Foresman, 1963. 115 pp.

GIPPER, HELMUT. *Bausteine zur Sprachinhaltsforschung: Neuere Sprachbetrachtung im Austausch mit Geistes- und Naturwissenschaft*. Sprache und Gemeinschaft series, ed. LEO WEISGERBER, Vol. I. Düsseldorf: Pädagogischer Verlag Schwann, 1963. 544 pp.

GLINZ, HANS. *Ansätze zu einer Sprachtheorie.* Beihefte zum Wirkenden Wort series, Pamphlet No. 2. Düsseldorf: Pädagogischer Verlag Schwann, 1962. 93 pp.

GOGARTEN, FRIEDRICH. "Das abendländische Geschichtsdenken: Bemerkungen zu dem Buch von Erich Auerbach *Mimesis*," *ZThK*, LI (1954), 270-360.

GÜNTERT, HERMANN. *Grundfragen der Sprachwissenschaft*. 2d ed. Ed. DR. ANTON SCHERER. Heidelberg: Quelle & Meyer, 1956. 155 pp.

GÜNTHER, GOTTHARD. *Idee und Grundriss einer nicht-Aristotelischen Logik*. Hamburg: Meiner, 1959. 417 pp. Vol I: *Die Idee una ihre philosophischen Voraussetzungen*.

GURVITCH, GEORGES. *Dialectique et sociologie*. Paris: Flammarion, 1962. 242 pp.

GURWITSCH, ARON. *The Field of Consciousness*. Pittsburgh: Duquesne University Press, 1964. 427 pp.

———. *Studies in Phenomenology and Psychology*. Evanston, Ill.: Northwestern University Press, 1966. 452 pp.

GUSDORF, GEORGES. *Speaking (La Parole)*. Trans. and with an introduction by PAUL T. BROCKELMAN. Evanston, Ill.: Northwestern University Press, 1965. 132 pp.

GÜTTINGER, FRITZ. *Zielsprache: Theorie und Technik des Uebersetzens*. Zürich: Manesse, 1963. 236 pp.

HAERING, THEODOR. *Philosophie des Verstehens. Versuch einer systematisch-erkenntnistheoretischen Grundlegung alles Erkennens*. Tübingen: Niemeyer, 1963. 103 pp.

HART, RAY L. "Imagination and the Scale of Mental Acts," *Continuum*, III (1965), 3–21.

———. "The Imagination in Plato," *International Philosophical Quarterly*, V (1965), 436–61.

———. *Unfinished Man and the Imagination*. New York: Herder & Herder, 1968.

HARTMANN, EDUARD VON. *Ueber die dialektische Methode. Historisch-kritische Untersuchungen*. Darmstadt: Wissenschaftliche Buchgesellschaft, 1963. 124 pp.

HARTMANN, PETER. *Sprache und Erkenntnis*. Heidelberg: Carl Winter, Universitätsverlag, 1958. 160 pp.

———. *Wesen und Wirkung der Sprache: im Spiegel der Theorie Leo Weisgerbers*. Heidelberg: Carl Winter, Universitätsverlag, 1958. 168 pp.

HATZFELD, HELMUT A. *Critical Bibliography of the New Stylistics Applied to the Romance Literatures, 1900-52*. New York: Johnson Reprint, 1953.

———, with YVES LE HIR. *Essai de bibliographie critique de stylistique française et romane, 1955-60*. Paris: Presses Universitaires de France, 1961. 313 pp.

HAUSMAN, CARL R. "The Existence of Novelty," *Pacific Philosophy Forum*, IV (1966), 3–60.

———. "Understanding and the Act of Creation," *RM*, XX (1966), 89-112.

HEEROMA, KLAAS. *Der Mensch in seiner Sprache*. Translated from the Dutch by ARNOLD RAKERS. Witten: Luther, 1963. 262 pp. Sixteen collected lectures, including "Text und Auslegung," "Literatur und Wissenschaft," "Sprache als Wahrheit," "Sprache als Freiheit," "Dichtung als Wahrheit," and "Die Sprache der Kirche."

HEGEL, GEORG WILHELM FRIEDRICH. *Phänomenologie des Geistes*. Hamburg: Meiner, 1952. 598 pp. English translation, with an introduction and notes, by J. B. BAILLIE, *The Phenomenology of Mind*. 2d ed., rev. London: George Allen & Unwin, 1964. 814 pp.

HILGARD, ERNEST R., and GORDON H. BOWER. *Theories of Learning*. 3d. ed. New York: Appleton-Century-Crofts, 1966. 661 pp.

HÜLSMANN, HEINZ. *Zur Theorie der Sprache bei Edmund Husserl*. Munich: Anton Pustet, 1964. 255 pp.

HUSSERL, EDMUND. *Cartesian Meditations: An Introduction to Phenomenology.* Trans. DORION CAIRNS. The Hague: Nijhoff, 1960. 157 pp.

——. *Erfahrung und Urteil.* Ed. and rev. by LUDWIG LANDGREBE. Hamburg: Claassen, 1964. 478 pp.

——. *Ideas: General Introduction to Pure Phenomenology.* Trans. W. R. BOYCE GIBSON. New York: Collier Books, 1962. 444 pp.

——. *Die Krisis der europäischen Wissenschaften und die transzendentale Phänomenologie.* Husserliana, Vol. VI. The Hague: Nijhoff, 1952. 557 pp. A portion (pp. 314-48) of the appendixes, a lecture entitled "Die Krisis des europäischen Menschentums und die Philosophie," appears in *Phenomenology and the Crisis of Philosophy.*

——. *Phenomenology and the Crisis of Philosophy.* Trans. and with an introduction by QUENTIN LAUER. New York: Harper, 1965. 192 pp.

——. *The Phenomenology of Internal Time-Consciousness.* Ed. MARTIN HEIDEGGER, trans. JAMES S. CHURCHILL, with introduction by CALVIN O. SCHRAG. Bloomington: Indiana University Press, 1964. 188 pp.

——. *Philosophie als strenge Wissenschaft.* Ed. WILHELM SZILASI. Quellen der Philosophie series, ed. RUDOLPH BERLINGER. Frankfurt: Klostermann, 1965. 107 pp. English translation included in *Phenomenology and the Crisis of Philosophy.*

HYMAN, STANLEY EDGAR. *The Armed Vision: A Study in the Methods of Modern Literary Criticism.* Rev. ed. New York: Vintage, 1955. 402 pp.

INGALLS, DANIEL H. H. *Materials for the Study of Navya-Nyāya Logic.* Cambridge: Harvard University Press, 1951. 181 pp.

INGARDEN, ROMAN. *Das literarische Kunstwerk.* 2d ed., rev. Tübingen: Niemeyer, 1960. 430 pp. Translation forthcoming from Northwestern University Press.

JOLLES, ANDRÉ. *Einfache Formen: Legende, Sage, Mythe, Rätsel, Spruch, Kasus, Memorabile, Märchen, Witz.* Darmstadt: Wissenschaftliche Buchgesellschaft, 1958. 272 pp. Originally published in 1930.

JÜNGER, FRIEDRICH GEORG. *Sprache und Denken.* Frankfurt: Klostermann, 1962. 232 pp.

KAELIN, EUGENE F. *An Existentialist Aesthetic: The Theories of Sartre and Merleau-Ponty.* Madison: University of Wisconsin Press, 1962. 471 pp.

KAINZ, FRIEDRICH. *Psychologie der Sprache.* 4 vols. Stuttgart: Ferdinand Enke Verlag, 1940-1956. Vol. I: *Grundlagen der allgemeinen Sprachpsychologie,* 1940; 3d ed., unchanged, 1962. 373 pp. Vol. II: *Vergleichend-genetische Sprachpsychologie,* 1943; 2d ed., extensively rev., 1960. 760 pp. Vol. III: *Physiologische Psychologie der Sprachvorgänge*, 1954. 571 pp. Vol. IV: *Spezielle Sprachpsychologie*, 1956. 537 pp.

KAMLAH, WILHELM. *Der Mensch in der Profanität*. Stuttgart: Kohlhammer, 1949. 216 pp.

——. *Wissenschaft, Wahrheit, Existenz*. Stuttgart: Kohlhammer, 1960. 73 pp.

KAUFMANN, FRITZ. *Das Reich des Schönen: Bausteine zu einer Philosophie der Kunst*. Ed. H.-G. GADAMER. Stuttgart: Kohlhammer, 1960. 404 pp.

KITTO, H. D. F. *Form and Meaning in Drama*. New York: Barnes & Noble, 1957. 341 pp.

——. *Poiesis*. Berkeley: University of California Press, 1966. 407 pp.

KOESTLER, ARTHUR. *The Act of Creation*. New York: Macmillan, 1964. 751 pp. Reviewed in Hausman's "Understanding and the Act of Creation," cited above.

KRIEGER, MURRAY. *The New Apologists for Poetry*. Bloomington: Indiana University Press, 1963. 225 pp.

KRÜGER, GERHARD. *Freiheit und Weltverwaltung: Aufsätze zur Philosophie der Geschichte*. Freiburg/Munich: Alber, 1958. 254 pp.

——. *Grundfragen der Philosophie: Geschichte, Wahrheit, Wissenschaft*. Frankfurt: Klostermann, 1958. 288 pp.

KWANT, REMY C. *From Phenomenology to Metaphysics: An Inquiry into the Last Period of Merleau-Ponty's Philosophical Life*. Pittsburgh: Duquesne University Press, 1966. 246 pp.

——. *The Phenomenological Philosophy of Merleau-Ponty*. Pittsburgh: Duquesne University Press, 1963. 257 pp.

——. *Phenomenology of Language*. Pittsburgh: Duquesne University Press, 1965. 270 pp.

LACAN, JACQUES. *Ecrits de Jacques Lacan: le champ freudien*. Paris: Editions du Seuil, 1967. 911 pp.

——. "The Insistence of the Letter in the Unconscious," *YFS*, Nos. 36-37 (1967), 112-47.

LANDMANN, MICHAEL. *Die absolute Dichtung: Essais zur philosophischen Poetik*. Stuttgart: Ernst Klett, 1963. 212 pp.

LEEUW, GERARDUS VAN DER. *Religion in Essence and Manifestation: A Study in Phenomenology*. Trans. J. E. TURNER. London: Allen & Unwin, 1938. 709 pp. Rev. ed., 2 vols., Harper, 1963.

LEVI, ALBERT WILLIAM. *Literature, Philosophy, and the Imagination*. Bloomington: Indiana University Press, 1962. 346 pp.

LIDDELL, HENRY G., and R. SCOTT, eds. *Greek-English Lexicon*. New York: Oxford University Press, 1940.

LIPPS, HANS. *Die Verbindlichkeit der Sprache: Arbeiten zur Sprachphilosophie und Logik*. Ed. EVAMARIA VON BUSSE. 2d ed. Frankfurt: Klostermann, 1958. 240 pp.

LITT, THEODOR. *Die Wiedererweckung des geschichtlichen Bewusstseins*. Heidelberg: Quelle & Meyer, 1956. 243 pp.

LONGFELLOW, HENRY WADSWORTH. *Prose Works.* Vol. II. Boston: Houghton Mifflin, 1886. 486 pp.

LÖWITH, KARL. *Meaning in History.* Chicago: University of Chicago Press, 1957. 257 pp.

————. *Nature, History, and Existentialism, and otner Essays in the Philosophy of History.* Ed. and with a critical introduction by ARNOLD LEVISON. Evanston: Northwestern University Press, 1966. 220 pp.

McKELLAR, PETER. *Imagination and Thinking: A Psychological Analysis.* New York: Basic Books, 1957. 219 pp.

MARROU, HENRI-I. *De la connaissance historique.* 4th ed., rev. Paris: Editions du Seuil, 1959. 301 pp.

MERLEAU-PONTY, MAURICE. "Eye and Mind," trans. CARLETON DALLERY, in *The Primacy of Perception and Other Essays,* ed. JAMES M. EDIE. Evanston: Northwestern University Press, 1964. 228 pp.

————. *Phenomenology of Perception.* Trans. COLIN SMITH. London: Routledge & Kegan Paul, 1962. 466 pp.

————. *Signs.* Trans. and with an introduction by RICHARD C. McCLEARY. Evanston: Northwestern University Press, 1964. 355 pp.

MILLER, JAMES E., JR., ed. *Myth and Method: Modern Theories of Fiction.* Lincoln: University of Nebraska Press, 1960. 164 pp.

MOHANTY, J. N. *Edmund Husserl's Theory of Meaning.* The Hague: Nijhoff, 1964. 148 pp.

MOLES, ABRAHAM A. *Information Theory and Aesthetic Perception.* Trans. JOEL C. COHEN. Urbana: University of Illinois Press, 1965. 217 pp.

NATANSON, MAURICE. *Literature, Philosophy, and the Social Sciences: Essays in Existentialism and Phenomenology.* The Hague: Nijhoff, 1962. 220 pp.

NEHRING, ALFONS. *Sprachzeichen und Sprechakte.* Heidelberg: Carl Winter, Universitätsverlag, 1963. 227 pp.

NIDA, EUGENE A. *Toward a Science of Translating: With Special Reference to Principles and Procedures Involved in Bible Translating.* Leiden: Brill, 1964. 331 pp.

NISHIDA, KITARŌ. *Intelligibility and the Philosophy of Nothingness.* Trans. R. SCHINZINGER. Honolulu: East-West Center Press, 1966. 251 pp.

OXENHANDLER, NEAL. "Ontological Criticism in America and France," *MLR,* LV (1960), 17-23.

"*La Pensée sauvage* et le structuralisme," *Esprit* (November 1963). A special issue on structuralism.

PEPPER, STEPHEN C. *The Basis of Criticism in the Arts.* Cambridge: Harvard University Press, 1956. 177 pp.

PHILLIPS, LESLIE, and JOSEPH G. SMITH. *Rorschach Interpretation.* New York: Grune & Stratton, 1959. 385 pp.

POLANYI, MICHAEL. *Personal Knowledge: Towards a Post-Critical*

Philosophy. Chicago: University of Chicago Press, 1958. 428 pp.

PORZIG, WALTER. *Das Wunder der Sprache: Probleme, Methoden und Ergebnisse der modernen Sprachwissenschaft.* 2d ed. Bern: Francke, 1957. 423 pp. Originally published in 1950. Chap. 4 deals with 'Sprache und Seele" and Chap. 5 with "Die Sprachgemein-schaft."

QUILLET, PIERRE. *Bachelard.* Paris: Seghers, 1964. 220 pp.

RAPAPORT, DAVID, ed. *Organization and Pathology of Thought.* New York: Columbia University Press, 1951. 786 pp.

RICHARD, JEAN-PIERRE. *Onze études sur la poésie moderne.* Paris: Editions du Seuil, 1964. 302 pp.

———— *Paysage de Chateaubriand.* Paris: Editions du Seuil, 1967. 184 pp.

————. *Poésie et profondeur.* Paris: Editions du Seuil, 1955. 248 pp.

————. *L'Univers imaginaire de Mallarmé.* Paris: Editions du Seuil, 1961. 653 pp.

RICHARDS, I. A. *Practical Criticism: A Study of Literary Judgment.* New York: Harcourt, Brace & World, 1966. 362 pp. Originally published in 1929.

RICOEUR, PAUL. *History and Truth.* Trans. C. A. KELBLEY. Evanston: Northwestern University Press, 1965. 333 pp.

————. *Husserl: An Analysis of His Phenomenology.* Trans. EDWARD G. BALLARD and LESTER E. EMBREE. Evanston: Northwestern University Press, 1967. 238 pp.

————. "La Structure, le mot, l'événement," *M&W,* I, 10-30.

————. *The Symbolism of Evil.* Trans. EMERSON BUCHANAN. New York: Harper, 1967. 357 pp.

RUGG, HAROLD. *Imagination.* New York: Harper, 1963. 361 pp.

RUITENBEEK, H. M., ed. *Creative Imagination.* Chicago: Quadrangle, 1965. 350 pp.

RYLE, GILBERT. *Concept of Mind.* New York: Barnes & Noble, 1949. 330 pp.

SCHON, DONALD. *The Displacement of Concepts.* London: Tavistock, 1964. 208 pp.

SCHRAG, CALVIN O. "The Phenomenon of Embodied Speech," *The Philosophy Forum,* VII (1968), 189-213.

SHANNON, CLAUDE E., and WARREN WEAVER. *Mathematical Theory of Communication.* Urbana: University of Illinois Press, 1949. 117 pp.

SNELL, BRUNO. *Der Aufbau der Sprache.* 2d ed. Hamburg: Claasen, 1952. 208 pp.

————. *Die Entdeckung des Geistes: Studien zur Entstehung des europäischen Denkens bei den Griechen.* 3d ed. Hamburg: Claasen, 1955. 448 pp.

SONTAG, SUSAN. *Against Interpretation, and Other Essays.* New York: Farrar, Straus, & Giroux, 1966. 304 pp.

SPIEGELBERG, HERBERT. *The Phenomenological Movement: A Historical Introduction.* 2 vols. 2d ed., rev. The Hague: Nijhoff, 1965. 765 pp.

SPRANGER, EDUARD. *Der Sinn der Voraussetzungslosigkeit in den Geisteswissenschaften.* Darmstadt: Wissenschaftliche Buchgesellschaft, 1963. 31 pp.

STAIGER, EMIL. *Grundbegriffe der Poetik.* Zürich: Atlantis, 1963. 256 pp.

———. *Die Kunst der Interpretation: Studien zur deutschen Literaturgeschichte.* Zürich: Atlantis, 1963. 273 pp.

STEINTHAL, H. *Geschichte der Sprachwissenschaft bei den Griechen und Römern: mit besonderer Rücksicht auf die Logik.* Hildesheim: George Olms, 1961. 742 pp. Originally published in 1863; the present edition is a photomechanical reproduction of the second edition, 1890.

STÖRIG, HANS JOACHIM, ed. *Das Problem des Übersetzens.* Darmstadt: Wissenschaftliche Buchgesellschaft, 1963. 489 pp. An anthology of articles on translation, by Luther, Novalis, Goethe, Schleiermacher, Humboldt, Heidegger, Gadamer, and Oettinger, among others.

STRASSER, STEPHEN. *Phenomenology and the Human Sciences.* Pittsburgh: Duquesne University Press, 1963. 339 pp.

STRAWSON, P. F. *Individuals: An Essay in Descriptive Metaphysics.* London: Methuen, 1959. 247 pp.

"Structuralism," Special Themes of *YFS* (1967), Nos. 36–37 (double issue). 272 pp.

"Structuralismes: idéologie et méthode," *Esprit*, XXXV, No. 360 (1967), 769–976. A special issue devoted to the theme of structuralism.

SUTTON, WALTER. *Modern American Criticism.* Englewood Cliffs, N.J.: Prentice-Hall, 1963. 298 pp.

SUZUKI, D. T. *Zen Buddhism.* Ed. WILLIAM BARRETT. Garden City, N. Y.: Doubleday, 1956. 294 pp.

SZILASI, WILHELM. *Einführung in die Phänomenologie Edmund Husserls.* Tübingen: Niemeyer, 1959. 142 pp.

THÉVENAZ, PIERRE. *What is Phenomenology? and Other Essays.* Ed. and with an introduction by JAMES M. EDIE. Trans. JAMES M. EDIE, CHARLES COURTNEY, PAUL BROCKELMAN. Chicago: Quadrangle, 1962. 191 pp.

TILLICH, PAUL. *Love, Power, and Justice: Ontological Analyses and Ethical Applications.* New York: Oxford University Press, 1954. 127 pp.

TYLOR, EDWARD BURNETT. *Primitive Culture.* 2 vols. New York: Harper, 1958. 416 pp., 539 pp. Originally published in 1871.

ULLMANN, STEPHEN. *Language and Style: Collected Papers.* New York: Barnes & Noble, 1964. 270 pp.

———. *Style in the French Novel.* Cambridge: Cambridge University

Press, 1957. 272 pp.

ERENE, DON. "Kant Hegel, and Cassirer: The Origins of the Theory of Symbolic Forms," forthcoming, 1969, in *Journal of the History of Ideas.*

——. "Plato's Conception of Philosophy and Poetry," *The Personalist,* XLIV (1963), 528-38.

CKERY, JOHN B., ed. *Myth and Literature.* Lincoln· University of Nebraska Press, 1966. 391 pp.

VAS, ELISEO. *The Artistic Transaction.* Columbus: Ohio State University Press, 1963. 267 pp.

ALEY, ARTHUR. *The Way and Its Power: A Study of the "Tao Tê Ching" and Its Place in Chinese Thought.* New York: Grove, 1958. 262 pp.

ARTENBURG, GRAF PAUL YORCK VON. *Bewusstseinsstellung und Geschichte: Ein Fragment aus dem philosophischen Nachlass.* Ed. IRING FETSCHER. Tübingen: Niemeyer, 1956. 220 pp.

EIN, HERMANN. *Sprachphilosophie der Gegenwart: Eine Einführung in die europäische und amerikanische Sprachphilosophie des 20. Jahrhunderts.* The Hague: Nijhoff, 1963. 84 pp.

EINRICH, HARALD. *Linguistik der Lüge: Kann Sprache die Gedanken verbergen?* Heidelberg: Lambert Schneider, 1966. 78 pp.

EISGERBER, LEO. *Die ganzheitliche Behandlung eines Satzbauplanes: "Er klopfte seinem Freunde auf die Schulter."* Beihefte zum Wirkenden Wort series, No. 1. Düsseldorf: Pädagogischer Verlag Schwann, 1962. 34 pp. A good introduction to Weisgerber.

——. *Das Gesetz der Sprache als Grundlage des Sprachstudiums.* Heidelberg: Quelle & Meyer, 1951. 200 pp. An effort to relate language to society and man in seeing the bases for *Sprachsoziologie, Sprachpsychologie, Sprachphilosophie.*

—-. *Von den Kräften der deutschen Sprache.* 4 vols. 3d ed., rev. Düsseldorf: Pädagogischer Verlag Schwann, 1962. Vol. II: *Die sprachliche Gestaltung der Welt.* 455 pp.

EIZSÄCKER, CARL FR. *Zum Weltbild der Physik.* 4th ed. Leipzig: Hirzel, 1949. 183 pp.

ELLEK, RENÉ, and AUSTIN WARREN. *Theory of Literature.* Rev. ed. New York: Harcourt, Brace & World, 1962. 305 pp.

HALLEY, GEORGE. *Poetic Process.* New York: Hillary, 1953. 256 pp.

HORF, BENJAMIN L. *Language, Thought, and Reality: Selected Writings.* Cambridge, Mass.: Technology Press of M.I.T., 1956. 278 pp.

IMSATT, WILLIAM K., JR. *The Verbal Icon: Studies in the Meaning of Poetry.* Lexington: University of Kentucky Press, 1954. 299 pp.

ITTGENSTEIN, LUDWIG. *Philosophical Investigations.* Trans. G. E. M. ANSCOMBE. Oxford: Blackwell, 1963. 229 pp.

——. *Philosophische Bemerkungen.* Ed. RUSH RHEES. Oxford: Blackwell, 1964. 347 pp.

索　引

當代思潮系列叢書

08554

桂冠新知叢書

詮釋學

Hermeneutics

著者 ——— 帕瑪（Palmer, R. E.）
譯者 ——— 嚴平
校閱 ——— 張文慧、林捷逸
責任編輯 ——— 石曉蓉

出版 ——— 桂冠圖書股份有限公司

總經銷 ——— 桂冠圖書股份有限公司
地址 ——— 231 台北縣新店市中正路 542-3 號 2 樓
電話 ——— 02-22193338・02-23631407
傳真 ——— 02-22182859~60
門市 ——— 106 台北市新生南路三段 96-4 號
電話 ——— 02-23631407
郵政劃撥 ——— 0104579-2　　桂冠圖書股份有限公司
登記證 ——— 局版台業字第 1166 號

電腦排版 ——— 友正電腦排版股份有限公司
印刷廠 ——— 海王印刷廠
裝訂廠 ——— 欣亞裝訂公司

初版一刷 ——— 1992 年 5 月
初版四刷 ——— 2002 年 10 月
網址 ——— www.laureate.com.tw
E-mail ——— laureate@ laureate.com.tw

國立中央圖書館出版品預行編目資料

> 詮釋學／帕瑪 (Richard E. Palmer) 著；嚴平譯.
> --初版.: --臺北市：桂冠, 1992 [民81]
> 面； 公分. -- (桂冠新知叢書；55)
> 譯自：Hermenutics
> 參考書目：面
> 含索引
> ISBN 957-551-572-2 （平裝）
>
> 1.方法論
>
> 162 81005561